Artemis & Winkler

Manfred Fuhrmann

Europas fremd gewordene Fundamente

Aktuelles zu Themen aus der Antike

Artemis & Winkler

Artemis & Winkler Verlag

Printed in Germany
ISBN 3 7608 1122 1

Inhalt

Vorwort

Dieses Buch hat darin seine Veranlassung, dass Manfred Fuhrmann – langjähriger Autor, Übersetzer und freundlich zugeneigter Berater unseres Verlags – am 23. Juni 1995 seinen 70. Geburtstag feiern wird.

Wenn wir ihm dazu mit diesem Band ein Geschenk machen, so tun wir das in leichter Zerknirschung, denn die Hauptsache, der Inhalt des Werks, stammt von Manfred Fuhrmann und nicht von Artemis & Winkler. Doch trösten wir uns mit König Salomos Bild von den «goldenen Äpfeln auf silbernen Schalen» (Sprüche 25, 11) und sind es zufrieden, wenigstens die Schalen zu den kostbaren Früchten bereitstellen zu dürfen.

Was Manfred Fuhrmann in den hier gesammelten Aufsätzen – in Besprechungen wichtiger altertumskundlicher Werke und in einigen grundsätzlichen Betrachtungen – vorführt und lebendig macht, ist nicht eine fern gerückte, jetzt entrückte Welt; vielmehr werden hier die handfesten Wirkungen der Antike verfolgt, deren kulturbildende Einflüsse, die bis heute reichen, nachgewiesen und einige Leitfiguren – sowie auch verschiedene Vermittler aus unseren Tagen – vorgestellt. Nicht zuletzt seit dem Untergang moderner Utopien in den letzten Jahren hat diese Antike einen neuen Sinn erhalten: «Gerade jetzt, nach dem kläglichen Kollaps kühnster Fortschrittserwartungen, werden die Einsichten der antiken Dichter, Philosophen und Geschichtsschreiber wieder an Wert gewinnen. Die großen Denker der Griechen und Römer pflegten vorauszusetzen, daß der Mensch sich in seinem Wesen gleich bleibe und daß daher die Erkenntnisse, die sie in ihren Werken festgehalten hatten, auch künftigen Jahrhunderten nützlich sein könnten. Das Scheitern des Glaubens, daß der Mensch schier grenzenlos veränderbar sei, gibt dieser Einstellung offenbar recht, und so wird man sich nicht mehr so rasch der Erfahrungen vergangener Epochen überhoben glauben, wie dies noch in jüngster Zeit bei nicht wenigen der Fall war, die sich eben deshalb für besonders gescheit und aufgeklärt hielten.» So formuliert es der Autor an einer Stelle dieses Buches (S. 79).

Der Titel unseres Buches weist aber auch auf das Fremdwerden unserer europäischen Fundamente hin. Was hat es damit auf sich? Wer die Fundamente seines Hauses nicht mehr wahrnimmt, hat zu hoch gebaut und den Boden unter den Füssen verloren – man denkt an den Turm von Babel als ein Bild menschlicher Wirrnis. Wenn es dazu für den modernen Europäer eine Gegenwelt gibt, so ist es bestimmt die Welt der Antike: komplex genug, um auch den heutigen Menschen zu interessieren, doch einfach genug in ihren Grundlagen, um ihm die Orientierung im eigenen Leben zu erleichtern: ein Fundament also für den Einzelnen und zugleich eine Welt von einer Vielfalt, daß sie in keinem einzigen Menschenleben je ganz ergründet und nacherlebt werden kann.

Wie wichtig solche Grundlagen – als disziplinierende Denkformen und als leuchtende mythische Bilder – in der Hektik unseres «Informationszeitalters» sein können, bedarf keiner Erläuterung. Nichts ist jedenfalls, nach einem Ausspruch Goethes, «furchtbarer anzuschauen als grenzenlose Tätigkeit ohne Fundament» (Maximen und Reflexionen, Nr. 898) ...

Für Manfred Fuhrmanns unschätzbare Hilfe beim Bauen unseres Antike-Programms, für das Vertrauen und die Sympathie, die er unserer Arbeit immer wieder entgegenbringt, und für seine stets so inspirierte und anregende Präsenz danken wir ihm von Herzen. Möge uns seine Partnerschaft noch lange Jahre erhalten bleiben!

Martin Müller
Antike-Lektorat

Inszenierung der Antike: Griechische Literatur

Streit um den Bart des Telemach

Uraltes Weltmärchen – Uvo Hölschers überzeugendes Plädoyer für die dichterische Einheit der «Odyssee»

Irrfahrten, Heimkehr, Freiermord: auf diese Formel läßt sich das Handlungsgefüge der «Odyssee» bringen; sie umgreift das Ganze ebenso wie all jene Figuren und Szenen, auf denen der Reiz, der Glanz, der Schrecken des Epos beruhen. Die ersten vier Gesänge, immerhin ein Sechstel des Werkes, scheinen außerhalb dieses Zusammenhangs zu stehen: die sogenannte Telemachie. Sie schildern, wie Telemach, der Sohn des Odysseus, eine Erkundungsfahrt nach dem verschollenen Vater unternimmt, im zwanzigsten Jahre von dessen Abwesenheit, zehn Jahre nach dem Untergang Trojas. Telemach begibt sich nach Pylos und Sparta, zu Nestor und Menelaos: sie sind von Troja zurückgekehrt; vielleicht vermögen sie ihm Nachricht vom Vater zu geben. Menelaos hat auch wirklich vor nicht allzu langer Zeit von Odysseus gehört (aus dem Munde des Meergottes Proteus): daß er auf einer fernen Insel von der Nymphe Kalypso festgehalten werde. Telemach kehrt daraufhin nach Ithaka, zur väterlichen Residenz, zurück – für die weitere Handlung bleibt seine Unternehmung gänzlich folgenlos, und das fünfte Buch beginnt abermals – wie das erste – mit einer Götterversammlung, in der verhandelt wird, was nunmehr mit Odysseus geschehen soll.

Kein Wunder also, daß sich die Homer-Kritik gerade hier auf festem Boden glaubte: die Telemachie diente immer wieder als Paradebeispiel für die These, daß die «Odyssee» sowenig wie die «Ilias» ein Werk aus einem Guß sei, daß sie aus mehreren Dichtungen bestehe oder jedenfalls Zusätze enthalte, die ein Bearbeiter nachträglich eingefügt habe. Gewiß erhob sich auch Widerspruch, doch was immer die Verteidiger der Einheit vorbringen mochten, die Telemachie war und blieb die sicherste Bastion der Analytiker:

kein Werkstück schien so deutlich zu bekunden, daß die überlieferte Gestalt der «Odyssee» das Produkt sekundärer Arrangements sei, die sich durch die Lockerheit ihrer kompositorischen Fugen zu erkennen gäben.

Uvo Hölschers neues Buch ist ein Plädoyer für die dichterische Einheit der «Odyssee» – wohl das überzeugendste, das bislang vorgebracht worden ist. Das Problem der Telemachie wird ausführlich erörtert, teils werkimmanent durch die behutsame Interpretation der Gegebenheiten, die das Epos selbst enthält, teils durch den Rekurs auf ähnliche Erzählungen, auf Märchen aus aller Welt, denen dieselbe Struktur zugrunde liegt. Das gewichtigste Argument der dem Werk selbst geltenden Betrachtung ist verblüffend einfach: Hölscher fragt nicht, was erforderlich sei, damit die eigentliche Handlung der «Odyssee» gehörig vonstatten gehe, da die Telemachie aus dieser Perspektive in der Tat überflüssig scheinen kann; er fragt vielmehr nach der Erwartung des Hörers oder Lesers, nach der Wirkung, die das Geschehen auf ihn ausübt.

Da zeigt sich denn rasch, daß ohne die Telemachie erst viel zu spät deutlich würde, in welch kritischer Lage sich Odysseus befindet: daß seine Frau von hundert Freiern bedrängt und sein Gut verpraßt wird; wenn dieser düstere Kontrast nicht voranginge, dann wären die Irrfahrten, das Thema der Bücher 5–12, für den Leser kaum mehr als eine beliebige Sequenz von Abenteuern. Hölscher nimmt Aristoteles ernst, der das Drama aus dem Epos hatte hervorgehen lassen: schon das Epos enthält wie das Drama nicht nur kleine und mittlere Spannungsbögen, sondern auch den einen großen, der aus der Folge der Ereignisse ein Ganzes macht, und ebendieser große Spannungsbogen setzt in der «Odyssee» mit der Telemachie ein.

Bei der zweiten Methode oder Argumentationsform, dem Strukturvergleich, hat die Komparatistik, insbesondere ein Klassiker der Märchenforschung, Pate gestanden: die «Morphologie des Märchens» von Vladimir Propp. Hölscher fragt nicht als erster nach dem «uralten Weltmärchen», dem die Odyssee verpflichtet sei, aber er fragt konsequenter und disziplinierter danach als seine Vorgänger. Es geht um Verkettungen von Motiven, die mit staunenswerter Regelmäßigkeit in Erzählungen verschiedenster Herkunft wiederkehren, in Sagen und Märchen des Orients, Rußlands, der Indianer, des europäischen Mittelalters.

Die «Odyssee» erweist sich vor dieser Folie als Repräsentant eines bestimmten Typs von Erzählungen, als «Heimkehrgeschichte»: Ein Held bricht zu einer langen Reise in die Ferne auf; er richtet zum Abschied an die Gattin ein Wort, sich ihrer Treue zu versichern – er vereinbart ein Wiedererkennungszeichen oder eine Frist des Wartens. Die Heimkehrgeschichten enden mit der späten Rückkehr des Verschollenen: in dem Augenblick, da die Frau sich anschickt, einen anderen zu heiraten. Die Frist wird in der «Odyssee» mit den Worten umschrieben: «Wenn du siehst, daß unser Sohn den Bart bekommen hat, dann verheirate dich, mit wem du willst.» Der Ertrag, der sich aus der Erkenntnis dieses von Anfang an zur Geschichte gehörenden Motivzusammenhangs für die Telemachie ergibt, ist nicht gering; diese Partie schildert ja, wie Telemach durch sein Handeln zum mündigen Manne wird: gegenüber der Mutter, den Freiern, den Bewohnern von Ithaka sowie durch seine Reise nach Pylos und Sparta. «Die Telemachie», stellt Hölscher lapidar fest, «ist nichts anderes als die in epische Situationen umgesetzte Terminbestimmung des Märchens: ‹Sobald unserm Sohn der Bart gewachsen ist›.»

Dieses Fazit, das Märchen und Epos miteinander verknüpft, deutet bereits auf die dritte Perspektive des Buches: auf die Gattungsgeschichte, auf die wohlbegründete Annahme, daß die homerischen Epen und überhaupt die Mythen der Griechen aus «einfachen Geschichten» – die «Odyssee» zumal aus Märchen – hervorgegangen seien. Die Rekonstruktion der Gattungsgeschichte verbindet die werkimmanente Betrachtung mit dem Strukturvergleich; sie macht erst plausibel, weshalb der Rekurs auf «uralte

Weltmärchen» der Werkbetrachtung zu Hilfe kommen darf: weil zwischen beidem, dem schlichten Märchen und dem hochartifiziellen Epos, ein genetischer Zusammenhang besteht.

Hölscher entfaltet seine Konzeption in vier Kapiteln, die er mit Bedacht in die Mitte des Buches gestellt hat: sie sind der Schlüssel zum Ganzen und erklären zugleich den Titel – wobei es vor allem auf die Genese des Epos aus dem Märchen und weniger auf die erst viel später, in hellenistischer Zeit sich vollziehende Genese des Romans aus dem Epos ankommt. Hölscher zeigt, daß die großen mythischen Zyklen – der Thebanische Krieg etwa, der Trojanische Krieg und der Argonautenzug – allenthalben aus «einfachen Geschichten», aus lokalen Geschlechtersagen oder ubiquitären Märchen, hervorgegangen seien: man habe sie durch Umerzählen episiert und hiermit einem weit größeren, einem panhellenischen Adressatenkreis zugänglich gemacht. Das Epos als der Akt, in dem sich die Griechen als Nation konstituierten: einerseits dadurch, daß sich Helden aus ganz Griechenland an den zeitlich exakt fixierten Unternehmungen beteiligen, andererseits durch all das, was die Figuren über das Umrißhafte der «einfachen Geschichten» hinaushebt, durch die Charaktere, die Empfindungen, die Gesittung.

Nicht nur gehört die Telemachie zwingend zum Ganzen; Hölscher vermag auch andere, enger begrenzte Anstöße der Analytiker als unbegründet zu erweisen: bei den Irrfahrten, bei den Ereignissen nach der Heimkehr des Helden. Es bleiben Fragen. Zwischen den «einfachen Geschichten» und den Großepen steht die mündliche Praxis des Heldengesanges, wie sie in der «Odyssee» beschrieben wird: ihre Produkte waren offensichtlich erheblich kürzer als die beiden Großepen, die auf uns gekommen sind. Welche Bewandtnis hatte es dort mit den Strukturen der «einfachen Geschichten», die doch unbeschädigt in die Großepen gelangt sind: die kurzen Lieder der mündlichen Praxis haben ja wohl jeweils nur Ausschnitte aus dem Handlungsganzen enthalten – wie aber blieb dann den Sängern und ihrem Publikum dieses Handlungsganze gegenwärtig?

Die Diskussion um Homer wird weitergehen, auch in anderen Fragen. Doch Hölschers Buch hat neue Maßstäbe gesetzt: das dort praktizierte Zusammenspiel von Werkanalyse, Strukturvergleich und Gattungsgeschichte hat das Sezieren der Analytiker ebenso weit hinter sich gelassen wie die etwas monoton gewordene Mündlichkeits-Schriftlichkeits-Debatte der letzten Jahrzehnte: Hölschers Odyssee-Buch, klar gegliedert und in unprätentiösem, aber eindringlichem Parlando verfaßt, hat die Doppelschichtigkeit herausragender Sachbücher: es ist ebenso geeignet, den interessierten Laien einzuführen, wie es den Fachmann zwingt, seine Positionen zu revidieren.

Uvo Hölscher: «Die Odyssee – Epos zwischen Märchen und Roman». Verlag C. H. Beck, München 1988

Bett der Gewalt

Jean Bollacks «König Ödipus»

Mehrbändige Werke über ein einziges griechisches Drama sind ungewöhnlich, aber nicht gänzlich unbekannt. Ulrich von Wilamowitz-Moellendorff zum Beispiel hinterließ ein Monument über den euripideischen «Herakles»: Auf eine Einleitung in die Gattung, die attische Tragödie, folgen Text und Übersetzung sowie ein ausführlicher Kommentar, veröffentlicht in zwei oder auch drei Bänden. Jean Bollack, der Gräzist an der Universität Lille, hat es neuerdings mit seinem «Œdipe Roi de Sophocle» (Lille 1990) sogar auf vier Teile gebracht. Die soeben erschienene deutsche Ausgabe ist ein Ableger dieses großen Unternehmens: Der erste Band enthält den Text nebst Übersetzung sowie eine mit Geschick getroffene Auswahl aus dem Kommentar; der zweite befaßt sich mit einigen Kernproblemen des schwierigen Sophokles-Stückes.

Die Übersetzung, die leider nicht neben dem griechischen Text steht, sondern ihm vorausgeht, ist die erste Überraschung: Sie entstammt offensichtlich im wesentlichen der Feder des Franzosen Jean Bollack, wenn auch kontrolliert von einer deutschen Hand. Sie ist vorzüglich. Sie soll auch den Lesern den Zugang zu den Erörterungen schwieriger Partien ermöglichen, die das Original nicht lesen können; sie ist daher streng wörtlich, «dokumentarisch» im Sinne von Wolfgang Schadewaldt, unter Verzicht auf die Versmaße.

Der Kommentar bringt ebenfalls Staunenswertes. Er betreibt Textphilologie im strengsten Sinne des Wortes. Das Ziel von Bollacks Philologie ist ein radikal historisches: Es gilt zu rekonstruieren, wie ein literarischer Text eigentlich gemeint war. Dieser Text ist ein Kunstprodukt; ihm eignet daher im Verhältnis zu der Umgebung, aus der er erwuchs, ein gewisses Maß an Autonomie.

Er ist andererseits von Anfang an und im Laufe der Zeit auf verschiedene Weise ausgelegt und hiermit auch festgelegt worden. Aus der zuerst genannten Tatsache folgt die Notwendigkeit der seit den sechziger Jahren auch unter Philologen vielgeschmähten werkimmanenten Interpretation. Aus dem zweiten Umstand ergibt sich, daß kein Leser unbefangen an einen Text der Vergangenheit herantritt: Der Dunstkreis älterer Aus- und Festlegungen steuert unversehens sein Verständnis. Er muß sich also von dieser Tradition zu lösen versuchen, indem er sie aufarbeitet und durch Konfrontation mit dem Text selbst objektiviert.

Werkanalyse und Erörterung der jeweiligen Auslegungstradition: Durch die Verbindung dieser beiden Methoden sucht Bollack neue Einsichten über den «König Ödipus» ans Licht zu bringen, eine neue Wahrheit, die zugleich die alte, ursprüngliche ist. Er setzt oft voraus, daß die überlieferte Textfassung keinerlei Entstellung erlitten hat, und immer, daß sie einen präzisen Sinn umschreibt: Er lehnt in messerscharfer Kritik zahlreiche Erklärungen und vermeintliche Verbesserungen der bisherigen Philologie ab und entfaltet in umsichtiger Diskussion seine eigene Auffassung. Einzelne Elemente des Textes, oft nur wenige Verse, werden geduldig betrachtet. Was hat es mit der Sphinx auf sich; wie ist der Schimpf zu verstehen, der Ödipus in Korinth angetan wurde: er sei nicht der Sohn dessen, den er für seinen Vater halte? Geradezu kriminalistisch wird Bollacks Vorgehen, wenn es sich um konkrete Örtlichkeiten oder Szenen handelt: Wie war der Dreiweg beschaffen, an dem Ödipus seinen wahren Vater Laios erschlug, und wie verlief dieses Ereignis nach der Darstellung des Sophokles? Welche Bewandtnis hat es mit den durchbohrten Füßen des Ödipus, und wie muß man sich das Bett vorstellen, an dem Iokaste sich erhängte?

Bollack ist bei aller Umsicht nichts weniger als ängstlich: Manche seiner Auslegungen werden durch ihre Resolutheit die Fachwelt provozieren. Ödipus fordert zu Beginn des Stücks den Mörder des Laios auf, sich zu stellen, und jeden, der etwas von der Sache weiß, Zeugnis abzulegen. Für den Fall des Ungehorsams, des Schweigens, droht er mit einem Bannfluch: Niemand dürfe den Täter bei sich aufnehmen, ein Wort mit ihm wechseln oder gemeinsam mit ihm zu den Göttern beten. So jedenfalls hat man die Stelle bislang verstanden. Bollack hingegen vertauscht Subjekt und Objekt (was die Struktur des Originals gestattet): Der Mann, der seine Tat zu verheimlichen sucht, dürfe niemanden bei sich aufnehmen und an niemanden das Wort richten.

Diese Auffassung scheint, wie Bollack sehr wohl weiß, den Fakten der Rechtsgeschichte hohnzusprechen: Der Bann isolierte den davon Getroffenen nicht, sondern schloß ihn aus; der Verbannte mußte den Heimatstaat verlassen, und kein Mitbürger durfte ihm ein schützendes Dach gewähren. Bollack kann sich indes auf weitere Stellen des Stücks berufen: eine von ihnen ist ebenso doppeldeutig wie die soeben erwähnte, und eine weitere gibt Bollack eindeutig recht – man hatte sie bisher stets in geänderter Fassung gebracht, weil der überlieferte Text, wie es in einem bekannten Kommentar heißt, «sinnlos» sei. Was wird sich hier durchsetzen, Bollacks «Autonomie des Kunstwerks» oder das Tatsachenmaterial der Rechtsgeschichte?

Der Essayband umschreibt zunächst Bollacks eigene Deutung des Ödipus-Mythos und des sophokleischen Stücks im ganzen und unterzieht sodann einige fremde Deutungen einer kritischen Betrachtung. Auch auf diesem Felde wird der Autor manche Replik provozieren. Ödipus sei unschuldig, stellt er apodiktisch fest, ohne deswegen die Kategorie «Schicksalstragödie» aufs neue heranholen zu wollen. Ödipus geht unter, weil er wider das Gebot Gottes gezeugt worden war; er büßt für den Fehltritt des Vaters; er erliegt der Sippenhaft. Bollack behauptet hiermit nichts Geringeres als eine personübergreifende Tragik. Ein Königsgeschlecht, heißt es bei ihm, führe durch immer größere Machtanhäufung sein eigenes Ende herbei: «die Geschichte der Labdakiden», verlautet an anderer Stelle, «ist die eines Geschlechts, das sich maßlos ausgebreitet hat und durch seine Fruchtbarkeit wie seinen Reichtum zum Untergang verurteilt ist.» «Genetische Übersättigung» bewirke das Ende eines Klans. Schon Laios hätte der Letzte sein sollen, und Ödipus ist es dann wirklich – anders als mit Orest geht mit ihm nichts weiter. Doch was soll man bei dieser Deutung mit Eteokles und Polyneikes anfangen, wenn schon die Töchter – Antigone und Ismene – beiseite gelassen werden dürfen? Und was hat wohl das Publikum von Athen, das zugleich die erste Demokratie der Weltgeschichte repräsentierte, gedacht, wenn ihm derlei Geschichten von degenerierenden Adelshäusern vorgesetzt wurden?

Bollack provoziert noch mit anderem, etwa mit der besonders hartnäckig verfochtenen Auffassung, daß die Selbstblendung des Ödipus keine Selbstbestrafung sei, sowie auch damit, daß bei ihm, dem sonst so intensiv auf die Auslegungstradition Bedachten, zur Frage der Schuld des Ödipus wichtige Stimmen fehlen: von Aristoteles bis zu Max Kommerell. Doch all dies nimmt dem Werk nichts von seinem Zugriff, seinem Duktus, von einer Richtigkeit, die in ausgereifter Originalität ihre Wurzeln hat. Und so unverkennbar sich Bollack bei seinen eigenen Deutungen Blößen gibt – im Sinne einer Wissenschaftsauffassung, die das Experiment gutheißt und mit dem Experiment das Wagnis –, so überzeugend wirkt er bei seiner Analyse fremder Deutungen. Sein Freud-Essay ist das Klarste und Solideste, das bislang über die Voraussetzungen des Ödipuskomplexes geschrieben wurde.

Ein letztes Wort zur Sprache: Wie die Übersetzung des Dramas, so wirkt alles übrige so, als wäre es im Deutschen konzipiert. Der Autor hat für die Essays fähige Übersetzer gefunden, und er weiß sich selbst treffend auszudrücken. Er benötigt manchmal Anläufe; wer sie mitmacht, wird bald durch ebenso brillante wie erhellende Formulierungen belohnt. Die Sprache verleiht allen Stufen des Werks ein unverwechselbares, anziehendes, ja fesselndes Gepräge.

Jean Bollack: «Sophokles, König Ödipus». Bd. I: Übersetzung, Text, Kommentar; Band II: Essays. Insel Verlag, Frankfurt am Main und Leipzig 1994

Inszenierung der Antike

Das griechische Drama auf der Bühne: Hellmut Flashars große Gesamtschau

Die Antike ist Vergangenheit, spätestens seit dem Beginn des Mittelalters, wann immer das gewesen sein mag. Die Wirkung der Antike hingegen ist offensichtlich noch nicht Vergangenheit, sie ist präsent und scheint noch eine Zukunft zu haben. Man könnte auch sagen: Die Verluste, welche die Schule hat hinnehmen müssen (durch den Rückgang der humanistischen Bildung), wurden durch das Theater kompensiert – wenn die beiden Bereiche nicht eben doch ziemlich unvergleichbar wären. Immerhin: «Gegenüber den thematischen Verengungen des 19. und der ersten Hälfte des 20. Jahrhunderts sind nun alle erhaltenen Dramen der drei großen Tragiker» (des Aischylos, des Sophokles und des Euripides) «und des Aristophanes für die moderne Bühne wiedergewonnen.»

Hellmut Flashar, der angesichts eines Überblicks der griechischen Zeitschrift «Thespis» vom Jahre 1966 diese Feststellung trifft, gehört zu den wenigen Altertumsgelehrten seiner Generation, die ihre Kompetenz auch dazu benutzen, die eigene Zeit zum Objekt ihrer Forschungen zu machen: durch wirkungs- oder (wie man jetzt gern sagt) rezeptionsgeschichtliche Studien. Er brachte für das ansehnliche Werk, das hier angezeigt werden soll, die besten Voraussetzungen mit: er ist Schüler Wolfgang Schadewaldts, des Mannes also, der – jedenfalls in den deutschsprachigen Ländern – wie kein anderer zur nunmehr erreichten Omnipräsenz des antiken griechischen Dramas beigetragen hat; seine bisherigen Untersuchungen galten (neben der griechischen Philosophie) vornehmlich einer Reihe von Stationen, die für den Siegeszug des griechischen Dramas auf der modernen Bühne von besonderer Bedeutung waren – bis hin zu den «Troerinnen» Werfels und zur «Antigone» Brechts.

Rezeptionsgeschichte muß stets so betrieben werden, daß über dem Zettel der Einschlag oder, ohne Bild gesprochen, daß über dem Rezipierten der Rezipierende nicht zu kurz kommt. Bei dem hier erörterten Gegenstand ist demgemäß nicht nur Kennerschaft des antiken Dramas gefragt, sondern auch gründliche Vertrautheit mit der Geschichte der Sprechbühne während der beiden letzten Jahrhunderte. Flashar hat sich bemüht, beiden Erfordernissen in gleicher Weise Rechnung zu tragen: sein Buch, die erste Gesamtschau über ein Terrain, das sich zumal in den letzten Jahrzehnten erheblich ausgedehnt hat, bekundet auf jeder Seite, wie sehr ihm daran gelegen war, eine Synthese von gräzistischer und theatergeschichtlicher Forschung zu bieten. So ist bei der Analyse einer jeden Inszenierung stets beides gegenwärtig: was das jeweilige Stück bedeutet, d. h. wie es nach der Meinung der heutigen Philologie aufgefaßt werden muß, und was die Regie des inszenierenden Theatermannes daraus gemacht hat, sei es im Sinne des antiken Autors oder gegen diesen Sinn. Flashars Buch sollte daher beiden Arten von Experten etwas zu sagen haben, den Philologen ebenso wie den Regisseuren, und darüber hinaus allen Laien, die sich ernstlich mit einem repräsentativen Stück europäischer Theatergeschichte befassen möchten.

Die nach Epochen gegliederte Darstellung hat gewissermaßen die Form eines sich zur Gegenwart hin mächtig verbreiternden Trichters. Der enge Teil beginnt (wenn man ein isoliertes Vorspiel der Spätrenaissance, eine Aufführung des sophokleischen «König Ödipus» in Vicenza, beiseite läßt) im Weimar Goethes und im klassizistischen Preußen: die Aufführungen der «Antigone» des Sophokles, insbesondere die in Potsdam und Berlin (1841, mit einer Bühnenmusik von Mendelssohn), bereiteten den erst zögernden, dann immer dichter werdenden Versuchen während der zweiten Hälfte des 19. Jahrhunderts den Weg, und zwar nicht nur in Deutschland und Österreich, sondern auch in anderen europäischen Ländern. Damals, mit dem Bildungsbürgertum des 19. Jahrhunderts, begann sich somit der Trichter zu weiten: nach Sophokles wurden Aischylos und Euripides erschlossen, wobei die Übersetzer Wilbrandt, Wilamowitz und Hofmannsthal einander ablösten. Die Inszenierungen Reinhardts waren Höhe- und Wendepunkte der Epoche zugleich: eines Darbietungsstils, der Naturalismus mit psychologischer Deutung und ästhetischem Hedonismus zu verbinden suchte.

Das halbe Jahrhundert von 1918 bis etwa 1968 läßt sich wohl als einheitliches Zeitalter verstehen, dem bei allen Unterschieden unübersehbare Gemeinsamkeiten eigneten. Flashar gliedert diese Periode allerdings in die Abschnitte «Die Zwanziger Jahre – Feierliche Innerlichkeit und Schicksalswalten», «Griechische Tragödie unter der Herrschaft des Nationalsozialismus», «Nachkriegserscheinungen» und «Neue Sachlichkeit in den Fünfziger und Sechziger Jahren.» Die Titel deuten schon an, daß der Autor zögert, den Stoff mit Hilfe von theaterimmanenten, stilgeschichtlichen Kriterien zu ordnen; der Begriff ‹Innerlichkeit› scheint fehl am Platze zu sein, und im übrigen hätten wohl die für die ganze Zeit charakteristischen Merkmale schärfer akzentuiert werden können: der Wegfall der Historisierung, die antiillusionistischen Tendenzen, die eine abstrakte, in Richtung auf Kult und Ritus stilisierte Antike anstrebten, die gesellschaftskritischen Töne und anderes mehr.

Dem modernen Regietheater ist etwa ein Viertel des Werkes gewidmet – der Epoche also, in der «die Inszenierungen antiker Dramen stärker als in früheren Zeiten den Weg widerspiegeln, den das Theater im ganzen gegangen ist». Hier schöpft der Verfasser aus dem vollen, und zumal hier erschließt er Neuland, wobei er sich der vielfältigsten Quellen bedient und wohl auch manches der Autopsie verdankt. Er beurteilt die Exzentrizitäten und Exzesse des Regietheaters mit erstaunlicher Großzügigkeit; Heyme z. B. wird mit Verständnis und im wesentlichen zustimmend gewürdigt. Um so mehr Respekt verdienen die Ratschläge, die Flashar den Theaterleuten im «Epilog» seines Werkes erteilt: daß die Inszenierung einer griechischen Tragödie eine angemessene Darstellung von deren Problematik zum Ziele haben müsse, daß der Text nicht zu einer beliebigen Manipulationsmasse werden dürfe, die der Regisseur in Umkehrung seines natürlichen Verhältnisses zum Dichter zu einem erst noch zu formenden Werk ganz anderer Art benutze.

Die deutschsprachigen Länder stehen im Mittelpunkt, was nicht nur durch die Perspektive des Autors bedingt ist, sondern auch in der Sache liegende Gründe hat. Immerhin kommen die anderen Länder, insbesondere Frankreich, Italien und das moderne Griechenland, ebenfalls einigermaßen zu ihrem Recht. Die stets anschauliche Darstellung unterscheidet behutsam zwischen den Fakten und dem kritischen Kommentar; sie läßt über dem Detail der einzelnen Inszenierungen nie die umgreifenden Zusammenhänge außer acht. Die Anmerkungen enthalten Spezialliteratur und Quellenhinweise in Fülle; ein Namensregister und ein nach Stücken geordnetes Inszenierungsverzeichnis erlauben, daß man das Werk auch zum Nachschlagen von Einzelheiten benutzt.

Hellmut Flashar: «Inszenierung der Antike – Das griechische Drama auf der Bühne der Neuzeit 1585–1990». C.H. Beck Verlag, München 1991

Politik, Schuld und Verhängnis

Christian Meiers Deutung der antiken Tragödien

Schuld und Verhängnis in unentwirrbarem Zusammenwirken, dargetan an Mythen voller Leid und Grauen, sollen beim Zuschauer Furcht und Mitleid erregen: so pflegt die griechische Tragödie – das Werk des Aischylos, Sophokles und Euripides – uns Heutigen vor Augen zu stehen. Diese ästhetisch-moralische Betrachtungsweise ist in ihrer Einseitigkeit keineswegs selbstverständlich. Das Gesetz, daß große Kunst sich von ihrem Entstehungsgrund löst und Nachgeborenen ganz anders erscheint als den Zeitgenossen, gilt auch hier. Das Verständnis der griechischen Tragödie hat sich radikal gewandelt, und hierzu ist das meiste schon in der Antike geschehen, in der unmittelbar auf die Blüte der Tragödie, auf das 5. Jahrhundert v. Chr., folgenden Zeit. Wir besitzen ein imponierendes Zeugnis für diese Metamorphose, nämlich die Poetik des Aristoteles, die wohl um 335 v. Chr. entstanden ist. Dort werden der Aufbau und die Wirkungsabsicht der Tragödie aus der Sicht eines aufgeklärten Weltbürgers beschrieben. Die Götter und das Schicksal sind auf Kategorien wie «Handlungszusammenhang», «Verkettung von Ereignissen» reduziert, und die durch Furcht und Mitleid hervorzurufende seelische «Reinigung» (Katharsis) stellt sich als ein allgemeinmenschliches Phänomen dar, das keinerlei zeitlichen und örtlichen Schranken unterworfen ist. Der Geschichte vollends will Aristoteles die Dichtung, und mit ihr die Tragödie, so weit entrückt wissen, daß er sie als deren Gegenteil bestimmt. Die Geschichtsschreibung habe das je Besondere zum Gegenstand, das sich wirklich zugetragen hat, die Dichtung hingegen das Allgemeine, das sich nach den Regeln der Wahrscheinlichkeit oder Notwendigkeit zutragen könnte.

Die Sicht des Aristoteles, uns vor allem durch die Interpretation vertraut, die Lessing ihr in der «Hamburgischen Dramaturgie» hat zuteil werden lassen, ist nicht falsch, sondern lediglich standortbedingt. Sie bringt auf Begriffe, wie jemand die Tragödien aufnimmt, dem die Voraussetzungen für die ursprünglichen Absichten der Autoren, jedenfalls für einen Teil davon, fehlen. Hierbei geht es nur nebenbei um Einzelheiten, z. B. um unverständlich gewordene Anspielungen auf einst aktuelle Ereignisse. Es geht vor allem um das Verschwinden eines ganzen Lebenszusammenhangs, jener «Polis» – Stadt und Staat in einem – genannten Totalität, in welcher die souveräne Bürgerschaft von Athen ihre Erfüllung fand, indem sie ihr all ihr Tun und Trachten, ihre ganze «Politik» widmete. Kultur ist immer etwas Zusammengesetztes, aber nicht selten haben einzelne Zweige eine herrschende Position inne – das kann die Religion oder auch, wie heutzutage, die Wirtschaft sein.

Im klassischen Athen war es ohne Frage die Politik, der alles übrige diente, auch die Kunst und mit ihr die bei staatlichen Festen von Staats wegen aufgeführten Tragödien. Und ebenso zweifellos existierte die Herrlichkeit der Polis Athen nicht mehr, als Aristoteles seine Poetik schrieb. Die Macht war längst anders verteilt, sie hatte sich schließlich in Makedonien konzentriert. An der Tragödie selbst läßt sich der Unterschied der Epochen nicht ablesen, da nur Stücke aus dem 5. Jahrhundert erhalten sind, wohl aber an der Schwestergattung, der Komödie: dort stehen den ganz und gar «politischen» Stücken des Aristophanes die ebenso entschieden unpolitischen Stücke Menanders gegenüber.

Während die Komödie des Aristophanes ihre politische Funktion an der Stirne trägt, muß sie für die gleichzeitige Tragödie weithin erschlossen werden – um so mehr, als die Tragödie nur indirekt auf aktuelle Situationen und Probleme Bezug nimmt, vor allem im Modell des Mythos und mit großer Scheu vor Illusionsdurchbrechungen.

Dies ist das Ziel, das sich Christian Meier in seinem neuen Buch gesetzt hat. Es soll gezeigt werden, welch enger Zusammenhang zwischen der klassischen Tragödie Athens und der Politik ihrer Zeit bestanden hat, welch wichtige Rolle der Tragödie als sinnstiftender, richtungsweisender Instanz der Politik zukam. Das Buch sucht also der Tragödie exakt die Dimension zurückzugewinnen, die schon Aristoteles aufgegeben hatte: die politische, die nicht nur ästhetisch erfreuende und moralisch bessernde, sondern zugleich auch das öffentliche Handeln der Bürgerschaft steuernde Dimension. Es versteht sich, daß von «Zurückgewinnen» nur im Sinne der Rekonstruktion, des gedanklichen Nachvollzugs gesprochen werden kann. Was den unmittelbaren Zugang zur griechischen Tragödie betrifft, so bleiben wir ein für allemal auf den von Aristoteles abgesteckten Bereich verwiesen. Das Buch des Historikers Christian Meier hat somit ein eminent historisches Erkenntnisinteresse. Etwas für uns unwiederbringlich Verlorenes soll als der eigentliche Quellgrund, die eigentliche raison d'être der Tragödie erwiesen werden. Das Buch wendet sich demgemäß an historisch Interessierte, genauer an «alle diejenigen ..., die ein Problem darin zu sehen vermögen, was in der wichtigsten Phase der Geschichte Athens ... in den tieferen Dimensionen des Denkens und Vorstellens, der Moral und des Glaubens vor sich ging.»

Wer es unternimmt, den ursprünglichen Horizont von Literatur zu rekonstruieren, muß sich fragen, von welcher Art wohl die Probleme waren, für die ein Werk, als es entstand, eine Lösung hat anbieten wollen. So auch Christian Meier. Er sagt, die Wirklichkeit, über welche die Tragödie reflektierte, war die Politik in des Wortes damaliger Bedeutung, und er sagt weiterhin, daß diese Reflexion bitter nötig war, so sehr, daß die Athener ihrer bedurften, um ihre Aufgabe als ganz der Politik lebende Bürger erfüllen zu können. Man ist versucht zu fragen, ob alle Tragödien des 5. Jahrhunderts die normativen Kriterien des politischen Handelns korrigieren und weiterentwickeln sollten, oder ob es nicht spätestens seit Sophokles auch Stücke gegeben hat, in denen es auch für das ursprüngliche Publikum primär um allgemeinmenschliche Probleme ging, und man ist auch versucht zu fragen, ob nicht die Komödie ein mindestens ebenso wichtiges Regulativ der Politik Athens gewesen ist, so daß es sich empfohlen hätte, einige Stücke des Aristophanes in die Untersuchung einzubeziehen.

Doch davon abgesehen ist das Buch großenteils fesselnd geschrieben; souverän werden bestimmte Tragödien als Reflex bestimmter politischer Entwicklungen – zumal der inneren, auf die Demokratie zustrebenden – gedeutet, wobei Aischylos mit Recht im Mittelpunkt steht. Christian Meier beginnt mit dem politisch-sozialen System, das die Tragödie hervorgebracht hat: mit Athen, seinem Aufstieg zur Großmacht und seinem für damalige Verhältnisse unerhört kühnen und einsamen Weg zur Demokratie. Hier kommt bereits ein Grundzug des Werkes zum Vorschein. Die politischen Verhältnisse des klassischen Athen werden immer wieder «kontrastiv», d. h. in expliziter Absetzung von unseren heutigen, viel voraussetzungsreicheren Gegebenheiten geschildert. Schade nur, daß der klaren Skizze der äußeren Politik nicht eine ebenso klare der inneren folgt. Meier hat sich offenbar gescheut, früher Gesagtes einfach zu wiederholen.

Vom Staat der Athener schreitet die Darstellung fort zum Bindeglied zwischen Staat und Tragödie, zu den Götterfesten, zumal denen mit Tragödien-Aufführungen. Hier entsteht vor dem Leser auf wenigen Seiten ein facettenreiches und übersichtliches Bild von den Kultfeiern der Athener, wobei es dem Autor vor allem auf deren integrierende Funktion ankommt, insbesondere auf die für uns schwer vorstellbare Tatsache, daß die Tragödien-Aufführungen trotz der hohen Ansprüche, die sie schon an das ursprüngliche Publikum gestellt haben, eine Angelegenheit der ganzen Bürgerschaft gewesen sind.

Der längste und wichtigste Abschnitt befaßt sich mit dem gesamten Werk des Aischylos (soweit erhalten), ausgenommen die «Sieben gegen Theben». Daß sich gerade der Altmeister der Tragödie in hohem Maße von politischen Zielsetzungen hat leiten lassen, ist gewiß für Kenner keine Neuigkeit – hat er doch in seinem frühesten erhaltenen Stück das nahezu einmalige Wagnis unternommen, sich auch direkt, mit Hilfe eines historischen Sujets, zu politischen Problemen zu äußern: Seine «Perser» haben ein zeitgenössisches Ereignis, die kriegsentscheidende Seeschlacht bei Salamis, zum Gegenstand; sie deuten den persischen Eroberungszug als Werk der Maßlosigkeit und die persische Niederlage als göttliche Strafe. Es geht also weniger um das Was als um das Wie der Untersuchung: Christian Meier, bei der Analyse der jeweiligen politischen Gegebenheiten ohnehin in seinem Element, bewährt sich nunmehr auch als Interpret vielschichtiger Literaturwerke, wobei es ihm überzeugend gelingt, das jeweilige Handlungsgefüge auf einige politisch-religiöse Grundaussagen, wie Sicherung von Sinn, Stimmigkeit des Bildes von Kosmos und Polis, Gerechtigkeitsglaube, Erweis zielgerichteter Entwicklungen und Maßdenken zurückzuführen. Diese Feststellung gilt vor allem für die Ergebnisse, die er den «Persern», der «Orestie» und dem «Gefesselten Prometheus» abgewinnt, weniger jedoch für die «Hiketiden» (die «Schutzflehenden»). Hier wirkt die Annahme eines aktuellen politischen Hintergrundes eher gekünstelt, und wenn ein solcher Hintergrund existiert haben sollte, dann können wir ihn offenbar nicht mehr deutlich genug erfassen.

Das anschließende Sophokles-Kapitel beschränkt sich auf zwei Beispiele, den «Aias» und die «Antigone». Im «Aias» wird mancher Leser eher allgemeinmenschliche als politische Probleme verhandelt finden – auch Christian Meier, der hierüber anders denkt, hütet sich vor allzu bestimmten Annahmen. Im Falle der «Antigone» hingegen ist ein auf das demokratische Athen applizierbarer politischer Gehalt zweifellos vorhanden; hier zögert man, Christian Meiers vorzüglicher Analyse auch dort zu folgen, wo sie – wieder einmal – exakt angeben zu können glaubt, auf welche Themen der zeitgenössischen Politik Sophokles im Medium seines Stückes hat hinweisen wollen.

Das anregende, durch seinen konsequenten Duktus bestechende Buch endet mit einer Betrachtung über den «politischen Grund der griechischen Klassik». Jeder einzelne Polis-Bürger, heißt es dort, sei dem Anspruch nach ein umfassendes Ganzes gewesen, und die übergeordnete Ganzheit der Polis habe nicht auf einer – einem Uhrwerk vergleichbaren – Gesellschaft von Spezialisten beruht. Hier berührt sich Christian Meiers «politische» Deutung der griechischen Klassik mit dem anthropologisch-ästhetischen Griechenbild der Goethezeit, etwa der Schillerschen «Briefe über die ästhetische Erziehung des Menschen».

Christian Meier: «Die politische Kunst der Tragödie». C.H. Beck Verlag, München 1988

Ein Mordfall?

Luciano Canfora über Thukydides

Eco blieb nicht ohne Folgen – hier allerdings geht nicht ein Teil eines berühmten Literaturwerkes endgültig unter, sondern umgekehrt, er wird, da zu Unrecht verloren geglaubt, wiederentdeckt: vom Autor dieses Büchleins. In die Geschichte des Peloponnesischen Krieges, des furchtbaren Machtkampfes zwischen Athen und Sparta (431–404 v. Chr.), teilen sich zwei Historiker: Die Darstellung des Thukydides bricht nach den ersten beiden Dritteln, im Jahre 411/410, brüsk ab; ebendort aber nimmt der um eine Generation jüngere Xenophon den Faden der Erzählung auf – seine «Hellenika» schildern die darauf folgenden Ereignisse bis weit über das Ende des großen Krieges hinaus, bis zu jener Schlacht bei Mantineia, in der der thebanische Feldherr Epameinondas siegte und fiel (362 v. Chr.). So jedenfalls weiß es die Überlieferung: an willkürlicher Stelle beginnt Xenophon fortzusetzen, was Thukydides unvollendet hatte liegen lassen. Und diesen Befund hatte auch die moderne Philologie, wenngleich murrend wegen mancher Schwierigkeit, bestätigt und anerkannt.

Canfora hingegen weiß es ganz anders. In seiner Untersuchung führt eine raffiniert arrangierte Kette von Indizien zu dem Ergebnis, daß der angeblich fehlende Schluß des thukydideischen Werkes im großen Ganzen vorhanden ist: Er ist identisch mit dem Anfang der «Hellenika», mit dem Abschnitt, der die Schlußphase des Peloponnesischen Krieges schildert.

Hiermit nicht genug – Canfora gibt nicht nur, sondern er nimmt auch wieder: nur für die Zeit bis zum Nikiasfrieden (421 v. Chr.) ist das Werk des Thukydides im Original erhalten: die letzten Bücher, den Teil, der durch einen deutlichen Neueinsatz vom Vorausgehenden abgehoben ist (ab 5,26), hat Xenophon bearbeitet.

Nicht hier Thukydides und dort Xenophon ist also, wenn man Canfora glauben will, erhalten, sondern erst unverfälschter Thukydides («Peloponnesischer Krieg» 1 – 5,25), dann von Xenophon manipulierter Thukydides (5,26 bis zum Ende des «Peloponnesischen Krieges» und weiter bis zum Anfang des Kapitels 2,3 der «Hellenika») und schließlich reiner Xenophon (ab «Hellenika» 2,3,11); allein das Spiel der Überlieferung hat die jetzt vorhandenen beiden Werkeinheiten hergestellt.

Mit der Autorschaft der Schriften ändern sich auch – immer laut Canfora – die Biographien der Autoren. Denn nicht Thukydides, wie bisher angenommen, sondern Xenophon schrieb die sogenannte zweite Einleitung, das Kapitel 5,26 des «Peloponnesischen Krieges». Folglich sagt nicht Thukydides, sondern Xenophon von sich, er habe zwanzig Jahre in der Verbannung gelebt und sich so auch mit den Ereignissen auf der gegnerischen Seite gut vertraut machen können. Folglich verbrachten nicht beide Historiker einen Teil ihres Lebens im Exil, sondern nur Xenophon – Thukydides hat sich, von Reisen vielleicht abgesehen, immer in seiner Heimat Athen aufgehalten. Xenophon aber mußte deshalb verschwinden, versichert Canfora, weil er als Handlanger der Dreißig-Männer-Diktatur, die sich nach der Niederlage in Athen etablierte, einen Mord begangen hatte – an Thukydides, und diese Tat verschaffte ihm die Manuskripte seines Vorgängers, so daß er nun in Koautorschaft mit ihm das thukydideisch-xenophontische Gesamtwerk herstellen konnte.

Eco blieb wahrlich nicht ohne Folgen – nur daß hier als Ergebnis wissenschaftlicher Untersuchung aufgetischt wird, was sich bei dem berühmten Vorbild unzweideutig als literarische Fiktion zu erkennen gibt. Und nicht nur die einer Kriminalstory würdigen Motive gemahnen an den «Namen der Rose», sondern auch die reißerische Zubereitung.

Das Büchlein beginnt recht harmlos mit einer Sequenz von Kapiteln, die Ereignisse aus der zweiten Hälfte des Peloponnesischen

Kriegs nachzeichnen; Canfora konzentriert sich hierbei auf Athen und die dort wirkenden antidemokratischen Kräfte, auf die «Oligarchen», zu denen er auch die beiden Historiker rechnet. Ihn leitet dabei eine bestimmte, zunächst noch geheimgehaltene, allenfalls angedeutete Absicht: Thukydides schildert manche Ereignisse auf eine Weise, die darauf schließen läßt, daß er sie aus der Nähe miterlebt hat (er war also nicht verbannt, sondern hielt sich in Athen auf). In der zweiten Hälfte des Buches folgen dann, sich steigernd, die Enthüllungen und Überraschungen Schlag auf Schlag – bis hin zum letzten Satz, bis zu der Insinuation, daß Thukydides von Xenophon umgebracht worden sei.

Die wissenschaftliche Kritik hat Canforas Büchlein, dessen originale Fassung im Jahre 1983 unter dem mehrdeutigen Titel «Storie di oligarchi» («Geschichten von Oligarchen») erschienen ist, bislang ignoriert. Zu Unrecht. Der Autor kann beobachten und hat die Gabe zu kombinieren. So bringt er mitleidlos die Unstimmigkeiten der Überlieferung und die Schwächen der hierauf beruhenden Meinung der modernen Wissenschaft an den Tag: Warum ist das thukydideische Werk, der «Peloponnesische Krieg» unvollendet geblieben, warum klingt der den Rest des Krieges nachtragende Teil der «Hellenika» – und nur er – so thukydideisch? Diese und andere Fragen haben immer noch keine vollauf befriedigende Lösung gefunden.

Canfora schießt allerdings erheblich übers Ziel hinaus, indem er Textstellen, die seiner Sicht der Dinge widersprechen, vergewaltigt oder beiseite läßt. So trifft es nicht zu, daß Xenophons Darstellung exakt an den überlieferten Thukydides anknüpft, und ganz unmöglich ist die Annahme, nicht Thukydides, sondern Xenophon spreche im Kapitel 5,26 des «Peloponnesischen Krieges» von seinem Exil.

Unlängst hat jemand zu beweisen versucht, daß Ovids berühmte Verbannung ans Schwarze Meer bare Fiktion sei: Der Dichter habe dieses Ereignis erfunden, um sich eine neue Stoffquelle für seine Elegien zu erschließen. Der Husarenritt zeigte, wie kümmerlich Ovids Exil bezeugt ist: fast nur durch ihn selbst! Die Überlieferung auch historisch heller Zeiten enthält so viele Lücken und Unstimmigkeiten, daß man versuchen kann, mancherlei Ereignisfolgen aufzulösen und neu zu verknüpfen, die im überlieferten Aggregatzustand gänzlich unangreifbar schienen.

Bedauerlicherweise finden dann gerade Mixturen von wissenschaftlichem Spürsinn und Effekthascherei viel mehr Leser als seriöse Forschung; ihnen stehen belletristische Verlage und, wie in diesem Falle, gute Übersetzer und Herausgeber zu Gebot, die sich redlich bemühen, dem Verständnis eines der Materie fernen Publikums durch ein Nachwort, eine Zeittafel und ein erläuterndes Eigennamen-Register alle Wege zu ebnen.

Luciano Canfora: «Die verlorene Geschichte des Thukydides». Aus dem Italienischen von Hugo Beyer. Nachbemerkung von Otto Kallscheuer. Rotbuch Verlag, Berlin 1990

Verkenne dich selbst

Aus englischer Sicht: Oliver Taplin beschreibt das Erbe der Antike ohne humanistisches Pathos

Der Titel des Originals lautet «Greek Fire». Der Autor spielt hiermit auf eine aus byzantinischer Zeit bekannte Waffe im Seekampf an: Man spritzte aus einer Art von Flammenwerfern brennende Substanzen auf die feindlichen Schiffe. Das Griechische Feuer, schreibt der Autor, symbolisiere für ihn das antike Griechenland, seinen Einfluß auf fremde Kulturen: leuchtend, bald nützlich, bald schädlich, auch unter der Oberfläche wirksam. Die vergeistigende Umdeutung des Titels in der Übersetzung kommt nicht von ungefähr: Das Buch sollte offenbar den Erwartungen deutscher Leser angepaßt werden, von denen man wohl nicht ohne Grund annahm, daß sie immer noch vom humanistisch-idealistischen Griechenbild der Weimarer Klassik geprägt sind. Den Absichten des Verfassers hat man hiermit keinen Gefallen getan: «Greek Fire» ist kein idealistisches Buch, keine Verherrlichung und auch keine Apologie der alten Griechen oder gar der humanistischen Bildungstradition.

Das Buch ist eher nüchtern und pragmatisch: Es nimmt sich nicht nur der Licht-, sondern auch der Schattenseiten an – bei den Griechen selbst und bei allem, was sie verursacht haben. Sie waren nun einmal der Anfang unserer Kultur, und dieser Anfang hat die Neuzeit tief geprägt und prägt mit kaum verminderter Kraft die Gegenwart: Darum geht es dem Verfasser, und dieser fundamentalen Gegebenheit spürt er in nahezu allen Bereichen unserer heutigen Menschenwelt nach.

Das Buch besteht aus zehn Kapiteln: «Erkenne dich selbst – Tragödie – Ästhetik – Mythos – Aphrodite – Physik – Ideen – Politik – Architektur – Krieg». Es sucht zu zeigen und anschaulich zu machen (es ist reich bebildert), was die Griechen in diesen Bereichen jeweils gedacht, getan oder verfertigt haben und was spätere

Zeiten, insbesondere die jüngsten Jahrzehnte, damit anzufangen wußten: wieweit sie sich die griechische Hinterlassenschaft aneigneten und wieweit sie, sich hiervon abwendend, eigene Wege gingen.

Taplin ist so ein faktenreiches, umfassendes, streckenweise fesselndes Buch gelungen: Er läßt in einem durchaus gemeinverständlichen, lockeren Plauderton ein reiches Panorama von Themen, Problemen und auch Kuriositäten am Leser vorüberziehen. Hier hat sich wohl günstig ausgewirkt, daß das Buch aus einer Dokumentarserie des Fernsehens hervorgegangen ist, aus einem Zusammenwirken von modernem Medium und altertumswissenschaftlicher Kompetenz, das bei uns kaum vorzukommen scheint.

Die Rezeption der Antike – der Griechen selbst und ihrer römischen Mittler – war während der italienischen Renaissance total und universal: Sie erstreckte sich auf alle Gebiete, von der Philosophie über die Wissenschaften bis zur Literatur und zu den Künsten. Doch die Schüler entwuchsen ihren Lehrmeistern, zumal in den Wissenschaften, so daß dort die antike Hinterlassenschaft als überholt erschien – die Folge war das auf die ästhetisch-ethische Dimension reduzierte Griechenbild des 18. und 19. Jahrhunderts. Taplins Buch sucht darzutun, daß diese enge Betrachtungsweise den wirklichen Verhältnissen nicht gerecht wird: Selbst in den Naturwissenschaften leben die Griechen weiter, nicht durch ihre Ergebnisse, wohl aber durch ihre Prinzipien und Methoden.

Das Werk hat Schwächen. Dort, wo der Autor besonders gut zu Hause ist, in den Kapiteln «Tragödie, Ästhetik, Mythos», hat er zu viele Details gehäuft. Die Darstellung wird unstet, sprunghaft, buntscheckig und oberflächlich, und über all dem Widerschein geraten die Dinge selbst aus dem Blick. Mitunter ist der Autor allzu rasch bereit, Schwieriges und Fernes mit dem Alltag der Gegenwart in eins zu setzen, so wenn er die «Orestie» des Aischylos zum Anlaß nimmt, die englische Kriminalstatistik zu konsultieren: daß 40 Prozent aller Fälle von Totschlag innerhalb der Familie vorkämen.

Einmal hat er, wie er selbst ohne Zögern gesteht, vergebens nach einer Belegstelle gesucht: für die Behauptung des Aristoteles, daß das Bison seine Opfer durch Furzen töte. Sie sei ihm hier verraten: «Über die Teile der Tiere» 3,2.

Für deutsche Leser ist gewiß der penetrant anglozentrische Standpunkt des Autors ein Hindernis. Oxford kommt alle paar Seiten vor, Weimar nie. Ständig werden englische und amerikanische Berühmtheiten ins Feld geführt (leider stets ohne Nachweise), mit denen man hierzulande wenig anzufangen weiß. Die Bibliographie nennt 113 englische, drei deutsche und zwei französische Titel. Es gehört etwas dazu, unter der Überschrift «Die zweite Renaissance» (womit die Zeit von 1750 bis 1830 gemeint ist) keinen Deutschen zu nennen, nicht einmal Winckelmann oder Goethe – und Wilhelm von Humboldt kommt in dem ganzen Buch nicht vor. Doch dies mag auch dadurch bedingt sein, daß der Autor für die pädagogische Seite seines Themas nichts übrig hat: Das Gymnasium und die humanistische Bildung werden mit Stillschweigen übergangen.

Über das Verhältnis der Deutschen zu den Griechen verlautet viel Negatives. Daß Hitler (der überhaupt gern vorkommt, Mussolini hingegen nie) an Sparta Gefallen fand, wird erwähnt, daß Schiller dasselbe Staatswesen im Namen der Menschlichkeit aufs schärfste verurteilt hat, hingegen nicht. Das vorzügliche Kapitel «Politik» beginnt sinnigerweise mit einer über zwei Seiten sich erstreckenden Fotografie, die deutsche Kampfflugzeuge des Zweiten Weltkriegs über Athen zeigt: «Die Furien des Faschismus fliegen über die Wiege der Demokratie». Antideutsche Gefühle werden kaum vorliegen, eher Ignoranz (Kleist soll eine Ödipus-Tragödie geschrieben haben, und Winckelmann sei auf dem Weg nach Griechenland gewesen, als er in Triest ermordet wurde) – der Autor gibt wohl nur Klischees wieder, die in seiner Umgebung verbreitet sind. Das Problem ist vornehmlich von interdisziplinärer Art: Der Gräzist Taplin hätte sich bei seinen germanistischen Kollegen in Oxford oder sonstwo aufs beste über die deutschen Verhältnisse unterrichten können.

Die Übersetzung ist gut – nur daß ihr der prüfende Blick eines Fachmanns gefehlt hat. «Technologie» statt «Technik» muß jetzt wohl hingenommen werden, doch gegen «die Mythe» (statt: «der Mythos») sei Verwahrung eingelegt. Die Phylakes in Platons «Staat» pflegen «Wächter» zu heißen, nicht «Hüter», und «Petrarch» nennt sich bei uns, wie in seiner Heimat, «Petrarca». Bei «cosmos» und «Becircung» macht die Schreibweise Kopfschütteln, und die Gemahlin des Zeus heißt «Hera», nicht «Helena». Das Wort «beacon» muß, wenn es sich um den Anfang des «Agamemnon» von Aischylos handelt, durch «Feuerzeichen» wiedergegeben werden (statt durch «Leuchtturm»). Aristoteles fand nicht heraus, daß bei der Hyäne die Fortpflanzungsorgane für beide Geschlechter fehlen; er widerlegte vielmehr den Volksaberglauben, daß jede Hyäne mit den Organen für beide Geschlechter versehen sei.

Oliver Taplin: «Feuer vom Olymp». Die moderne Welt und die Kultur der Griechen. Deutsch von Stefan B. Polter. Wunderlich Verlag, Reinbek 1991

Eurogenese

Herodot kommt bis Brüssel

Wie alt ist der Europagedanke? Seit wann kann der Name Europa mehr bezeichnen als eine geographische Größe, seit wann kann sich mit ihm eine kulturelle oder politische Idee verbinden, ein Gemeinschaftsgefühl, ein verpflichtendes Programm gemeinschaftlichen Handelns?

Zwar verwendet schon Herodot, der «Vater der Geschichte», zu Beginn seines Werkes die Namen Europa und Asien, um hiermit zwei grundverschiedene Lebens- und Kulturräume zu bezeichnen – die Gegenüberstellung soll sein Hauptthema, den großen Konflikt zwischen Griechen und Persern, erklären helfen. Trotzdem darf man behaupten, daß die Antike ohne einen Europagedanken ausgekommen ist: Die Welt der Griechen und Römer war mediterran, so daß es schon an der geographischen Basis fehlte.

Dies änderte sich im frühen Mittelalter, als sich mit dem Erstarken des fränkischen Reiches das politische Zentrum Europas von der Süd- auf die Nordseite der Alpen verlagerte. So heißt es in einer anonymen Chronik zu dem Sieg, den man im Jahre 732 bei Poitiers über die Araber errungen hatte: «Die Europäer kehrten alsbald frohgemut in ihre Vaterländer zurück.» Dann der Preis Karls des Großen: seine Verehrer feiern ihn als «Herrscher über Europa», wobei der Europa-Name insgeheim eine polemische Spitze gegen das oströmische, das byzantinische Reich enthält. Etwa anderthalb Jahrhunderte später würdigt Widukind von Corvey den Sieg, den Otto I. auf dem Lechfeld über die Ungarn errungen hatte, als «Befreiung Europas», und wieder drei Jahrhunderte später beschwört Friedrich II., der Staufer, angesichts der Mongolengefahr den Namen Europas als eine alle europäischen Fürsten verpflichtende Formel.

Als im späten Mittelalter der Niedergang von Kaisertum und Papsttum mit schweren innereuropäischen Konflikten einherging, fehlte es nicht an Ratgebern, die durch kühne Ordnungsmodelle Wege zur Überwindung der Krise zu weisen suchten. Alexander von Roes, ein Kölner Kanoniker, ersann gegen Ende des dreizehnten Jahrhunderts eine Art Geschäftsverteilungsplan für die damals wichtigsten Völker Europas: Den Italienern gebühre das Priesteramt, den Deutschen das Herrscheramt und den Franzosen die Pflege der Wissenschaften. Und Pierre Dubois, ein französischer Jurist, forderte in einer Schrift des Jahres 1305 einen europäischen Staatenverein, der mit Hilfe eines ständigen Konzils die Geschicke der Gliedstaaten lenken solle.

Dann verlieh wieder eine Bedrohung von außen dem Europa-Namen programmatische Bedeutung: Papst Pius II. appellierte nach dem Fall von Konstantinopel (1453) immer wieder an ganz Europa, wenn er zum Kampf gegen die auf dem Balkan vordringenden Türken aufrief, und dieser Name bezeichnete für ihn eine Vielheit und eine Einheit zugleich: eine Vielheit von Völkern und Staaten, die durch eine allen gemeinsame Religion und Kultur miteinander verbunden seien.

Schließlich, im sechzehnten und siebzehnten Jahrhundert, erneut schwere innere Auseinandersetzungen, Religionskriege und Machtkämpfe: Man suchte der Misere durch ein Europa-Konzept zu begegnen, wonach sich die gegebene Vielzahl souveräner Staaten in einem Gleichgewicht der Kräfte zu halten habe – nie dürfe ein einzelner Staat mächtiger sein als alle übrigen insgesamt.

Die neueste Brockhaus-Enzyklopädie enthält im sechsten Band das Stichwort «Europa-Gedanke»; es ist als Schlüsselbegriff besonders hervorgehoben. Hier folgen auf eine kurze Einleitung, die sich um eine Definition bemüht, sofort Abschnitte mit den Titeln «Von der Aufklärung bis zum Imperialismus» und «Zwischen den Weltkriegen». Zur Begründung verlautet apodiktisch, daß nicht nur die Antike, sondern auch das Mittelalter keinerlei Europagedanken gekannt hätten; hierzu sei es erst im siebzehnten und achtzehnten Jahrhundert gekommen, wobei man sich zunächst mit der Theorie des Gleichgewichts der Mächte begnügt habe.

Das ist eine recht grobe Verkürzung der Wirklichkeit: die mühsame Genese des Europagedankens bleibt hierbei völlig außer acht. Ein europäisches Gemeinschaftsgefühl hat es gegeben, seit es Europa als distinkten Kulturraum gab, und hieraus konnten bei Krisen jederzeit Forderungen und Appelle entspringen: zu gemeinsamem Frieden im Inneren, zu gemeinsamer Abwehr nach außen. Es fragt sich, wie explizit ein derartiger Appell sein muß, welches Maß an ausformulierter Programmatik man verlangen soll, um zu konstatieren, daß ein Europagedanke vorliegt. Man mag von der karolingischen Europa-Idee absehen, da sie wegen ihres universalen, monolithischen Charakters wenig gemein habe mit der pluralistischen Europa-Idee der Neuzeit, die auf der Prämisse einer Vielzahl souveräner Nationalstaaten beruht. Doch selbst bei strengen Maßstäben wird man nicht umhinkönnen, der spätmittelalterlichen Publizistik einen Europagedanken zuzubilligen, allerspätestens aber der Türkenkreuzzugs-Propaganda Enea Silvios, des Papstes Pius II.

Mit dem Verzicht auf die spätmittelalterliche und frühneuzeitliche Vorgeschichte nimmt man dem Europagedanken seine Tiefendimension. Auf diese Weise bleibt verborgen, daß ein Europagedanke erst aufkommen konnte, als die universalen Mächte Kirche und Reich zerfielen, und daß er von Anfang an als ein Korrektiv des nunmehr um sich greifenden nationalen Egoismus dienen sollte. Die Geschichte Europas ist nicht verständlich, wenn man sie erst vom siebzehnten Jahrhundert an ernst nimmt, und die Geschichte des Europagedankens ist es auch nicht.

Was den Stempel Roms trägt: Lateinische Literatur

Am Anfang war Vergil

Der Mythos Roms und das humanistische Erbe – Gedanken zum zweitausendsten Todestag des Dichters

Das größte Rätsel in Vergils Leben ist und bleibt sein letzter Wunsch: der Dichter befahl auf dem Totenbett, man möge die «Aeneis», sein umfänglichstes Werk, die Anstrengung seiner letzten elf Jahre, verbrennen, jedenfalls nicht der Öffentlichkeit zugänglich machen. Die Geschichte des europäischen Geistes – von Lukans «Gegen-Aeneis» über Dante bis hin zu Blumauers Parodie und Schillers Teilübersetzung – wäre anders verlaufen, hätte nicht Kaiser Augustus dem sonderbaren Befehl widersprochen: die «Aeneis» wurde nicht verbrannt, und so diente sie für nahezu 2000 Jahre als das Lese- und Memorierbuch all derer, die Latein sprachen oder schrieben, und ihr Autor avancierte zum (so der Untertitel eines einst bekannten Buches) «Vater des Abendlandes».

Was hatte den Dichter veranlaßt, so unnachsichtig über sein Hauptwerk zu urteilen? Sicherlich spielte der unfertige Zustand eine wichtige Rolle: Vergil hatte sich bereits nach Griechenland begeben, um teils dort, teils in Kleinasien drei Jahre lang an dem Epos zu feilen, und als ihn, den Fünfzigjährigen, eine heftige Krankheit unversehens dahinraffte, da waren noch 58 über das ganze Werk verstreute Verse unvollständig, da zeigten noch allerlei Widersprüche und sonstige Unstimmigkeiten das Fehlen der letzten Hand.

Warum hatte andererseits der Kaiser nicht gezögert, sich über den letzten Willen Vergils hinwegzusetzen, weshalb war er, der Freund des Dichters, so sehr an der Veröffentlichung der «Aeneis» interessiert? Die Antwort auf diese Frage führt unmittelbar ins Getriebe der damaligen Politik: Augustus, der als Sieger aus schweren Bürgerkriegen und Prätendentenkämpfen hervorgegangen war, benutzte jede Gelegenheit, seine monarchische, folglich – nach den überlieferten Begriffen des römischen Staates – rechtlich schlecht fundierte Machtposition zu stützen und zu sichern, und da er wußte, daß die «Aeneis» im Bilde des Gründers Aeneas ihn selbst als den Vollender des Römischen Reiches zu verherrlichen suchte, glaubte er, die künstlerischen Skrupel des Autors den eigenen propagandistischen Ambitionen opfern zu dürfen.

Eine Todesstunde tiefster Resignation, vielleicht gar der Verzweiflung: wäre denkbar, daß sich Vergil nicht nur durch formale, sondern auch durch inhaltliche Skrupel veranlaßt sah, die größere Hälfte seines eigenen Lebenswerkes zu widerrufen? Die biographischen Tatsachen, von fleißigen Philologen registriert, lassen starke Spannungen vermuten, einen Antagonismus von Leben und Werk, der über die römische Fähigkeit, mit souveräner Blasiertheit die je gewünschte oder erforderliche Rolle zu spielen – bald eine öffentliche, bald eine private –, weit hinauszugehen scheint.

Der begabte Bauernsohn aus der Gegend von Mantua wurde von seinen Eltern nach Rom geschickt, die übliche Erziehung der damaligen Führungsschicht zu genießen, um dann – nach bewährten Vorbildern, etwa dem Ciceros – über die Advokatenpraxis den Sprung in die Politik zu wagen. Es kam anders; Vergil brach nach seinem ersten forensischen Auftritt die kaum begonnene öffentliche Karriere ab und verschrieb sich höchst privaten Belangen: er schloß sich dem Poetenkreis an, der den soeben verstorbenen Catull zum Mittelpunkt gehabt hatte, und ließ sich ein paar Jahre darauf in Neapel nieder, um nach den Maximen der epikureischen Philosophie seinem inneren Glück zu leben.

Die beiden zuletzt genannten Stufen dieses Werdegangs waren ein ziemlich junges, durch das Revolutionszeitalter gefördertes Produkt gesellschaftlicher Differenzierung, ja Desintegration – manche Begabung, die sich eine oder zwei Generationen zuvor noch der Politik, dem bis dahin einzigen befriedigenden Geschäft des Römers, zugewandt hatte, fühlte sich von den brutalen Machtkämpfen, wie sie nunmehr das öffentliche Leben beherrschten, abgestoßen und ergab sich der Dichtung oder der Philosophie. Apolitisch und betont individualistisch pflegte beides zu sein: man lebte in Clubs und Zirkeln, sang von Freundschaft und Liebe oder reflektierte über ein durch innere Selbständigkeit verbürgtes, von außen her möglichst wenig verletzbares Lebensglück.

Nicht nur Vergil begab sich auf diesem Weg in die Abgeschiedenheit: Horaz, sein etwas jüngerer Zeitgenosse, der Provinzler aus Apulien, der ebenfalls nach Rom ausgezogen war, um als Politiker Karriere zu machen, schlug genau dieselbe Richtung ein. Und Horaz blieb bei seiner Wahl: Er lebte und dichtete bis ans Ende seiner Tage als Epikureer und überzeugter Anhänger kultivierten Lebensgenusses, und wenn er auch nicht anstand, dem Regime des Augustus aufrichtige Anerkennung zu zollen, dann blieb gleichwohl stets eine leise Reserve spürbar, und das große, den Herrscher preisende Epos, das auch von ihm verlangt wurde, lehnte er beharrlich und mit Entschiedenheit ab.

Anders Vergil. Von seiner verletzlichen Gesundheit stets gefährdet und mit seinen Kräften haushaltend, verbrachte er zwar die meiste Zeit fern der Hauptstadt in Neapel oder auf Sizilien; auch zeigte er, der wegen seiner Schüchternheit Parthenias, «der Jungfräuliche», genannt wurde, größte Scheu vor Auftritten in der Öffentlichkeit. Doch von dieser konsequent bewahrten privaten Lebensführung entfernte sich stufenweise das immer stärker öffentlichen Belangen zugewandte Werk: Vergil, der, ganz in seiner persönlichen Sphäre aufgehend, als Catullianer begonnen hatte, endete mit der «Aeneis», dem Hohelied der römischen Berufung zur Macht, als der staatlichste Dichter, den Rom je hervorgebracht hat.

Hiermit nicht genug: der Widerstreit von Leben und Werk, von privater Existenz und öffentlichem Wort, hat ein Analogon in den Dichtungen selbst, die allesamt – mehr oder minder deutlich, mehr oder minder unvermittelt – eine zwiespältige Einstellung zur gesellschaftlich-politischen Wirklichkeit ihrer Zeit bekunden. Einerseits: Oktavian, der nachmalige Kaiser Augustus, ist von Anfang an als Retter aus dem Bürgerkriegselend präsent; an ihn hat Vergil erstaunlich früh geglaubt, und diesem Glauben ist er zeit seines Lebens treu geblieben. Andererseits: die chaotischen fünfzehn Jahre, die der Alleinherrschaft des Augustus vorausgingen, spiegeln sich in den Eklogen (der Hirtendichtung) und den «Georgika» (einem Lehrgedicht über die Landwirtschaft) als feindliche, sinn- und lebensbedrohende Gegenwelt, und die «Aeneis», die im Symbol der Gründung die augusteische Erneuerung feiert, beklagt gleichwohl den hohen Preis an sittlicher Substanz, wie ihn konsequentes geschichtliches Handeln zu fordern pflegt.

Vergil, heißt es, hatte die Absicht, sich nach Vollendung der «Aeneis» für den Rest seines Lebens ganz der Philosophie zu widmen. Klingt das nicht, als habe er gemeint, des Rühmens der neuen Friedensordnung sei dann von seiner Seite wahrlich genug geschehen? Und wenn sich in der Todesstunde die Waagschale seiner Skrupel noch weiter geneigt hätte: bis zur völligen Abkehr von dem kühnen Engagement?

Vergil, vom propagandistischen Ehrgeiz eines Kaisers ungewollt zum «Vater des Abendlandes» erhoben: wer liest ihn noch, wer weiß ihn gar zu schätzen? Ist es fair, so zu fragen, ist vollends ein ganz äußerliches Ereignis, die Jubiläumszahl 2000, für eine derartige Bilanz ein zulänglicher Grund?

Vor 51 Jahren, zum 2000. Geburtstag, war kein Mangel an Vergil-Feiern und -Reden: man suchte sich – wie es damals Brauch war – im nationalen, im deutschen Rahmen Rechenschaft über das eigene Verhältnis zu dem Römer abzulegen, wobei man zwischen Skepsis und Hoffnung schwankte. Man meinte etwa, die Deutschen seien von Vergil, den sie stets nur als Pflichtpensum der Schule gekannt hätten, nie tief berührt worden, zum wenigsten seit Lessings Verdikt und seit Goethes Schweigen über ihn; der deutsche Geist bekenne sich eben zu Griechenland, nicht zu Rom, und Vergil, der – anders als Homer, doch ebenso wie Dante – unübersetzbar sei, vermöge nur dort zu wirken, wo man sich der lateinischen Sprache erschließe. Man zeigte Verständnis für dies distanzierte Verhältnis: Vergils klassizistischer Stil ernüchtere durch Kälte und Künstlichkeit; seine Figuren, allen voran Aeneas, seien abstrakte Schemen, und auch seine schrankenlose Hingabe an das Regime des Augustus erschwere den Zugang zu seinem Werk.

Der nationale Gesichtspunkt ist Gott sei Dank hinfällig geworden, und Vergil als obligatorisches Schulpensum gehört leider der Vergangenheit an – auch denen, die noch etwas Latein betreiben, pflegt die römische Dichtung und damit der Wohllaut des vergilischen Verses sowie die Prägnanz und die Monumentalität der vergilischen Sprache verschlossen zu bleiben.

Man wäre heute eher geneigt, noch schärfer zu kritisieren als die kritischsten Stimmen des Jahres 1930: die Bukolik, das Lehrgedicht, das Epos, die von Vergil kultivierten Gattungen, so könnte man argumentieren, seien seit etwa zweihundert Jahren ausgestorben – verrosteter Zierat des literarischen Friedhofs wie irgendwelche Spezialitäten etwa der mittelalterlichen Lyrik. Auch die Inhalte könnte man für nicht mehr belangvoll, ja für gefährlich erklären: die Hirtendichtung suche den Leser durch eine Traumwelt, durch wirklichkeitsfernen Eskapismus zu betören, und die «Aeneis» bekräftige naiv den römischen Weltherrschaftsanspruch.

Was ließe sich einer derartigen Polemik entgegenhalten? Etwa, daß man Vergil lesen müsse, auch wenn man ihn nicht zu schätzen vermöge – sofern man noch an der europäischen Tradition Anteil nehmen möchte, an den Gedanken und Ausdrucksmitteln, die bis zur Schwelle der Jetztzeit gemeinsamer Besitz aller europäischen Völker waren? Denn Vergil, auf dessen Autorität man sich so oft berufen hat, daß sich seine Werke, selbst wenn sie verlorengingen, mühelos aus den vorhandenen Zitaten wieder zusammensetzen ließen – Vergil gehört ja wohl, nicht anders als die Bibel, als Ovids «Metamorphosen», als Platon und einige Schriften des Aristoteles, zu den wenigen wirklich unentbehrlichen Grundlagen: Es wäre schwer vorstellbar, wie, wenn diese Dinge verschüttet sind, rückwärts gewandte Verständigung, wie der Dialog mit Früherem, wie Kontinuität überhaupt noch funktionieren soll. Dabei kommt es nicht unbedingt darauf an, was Vergil selbst mit seinen Werken bezweckt haben mag und ob der heutige Leser diese Zwecke gutheißen und für sich selbst als erheblich betrachten kann: es geht zuallererst um Vergils gewissermaßen formale Bedeutung, um sein Werk als ein stets und allerorten wirksames Ferment des europäischen Geistes, unabdingbar fast wie die Kunst des Lesens und Schreibens oder die Kenntnis der wichtigsten Sprachen. Vergil also als Mittel zum Zweck, nicht mehr als Selbstzweck – wir Heutigen werden ihn meist besser verstehen, wenn wir ihn lesen, ohne uns einreden zu müssen, daß wir ihn schätzen.

Der Markt des schweizerischen Grenzstädtchens Stein am Rhein zeigt ein heiteres Ensemble buntbemalter Fassaden; auf einer prangt ein Bienenkorb, und darunter liest man das Motto: Labor vincit omnia (Arbeit meistert alles). Ein Zitat, eine verkürzte, harmlose Sentenz aus den «Georgika», einst von selbstbewußtem Bürgerfleiß oft im Munde geführt. Dabei verwendete man gewöhnlich die weniger harmlose, dem Original näher stehende Form, die sich auch in Petrarcas Bericht von der Besteigung des Mont Ventoux, einem berühmten Dokument aufbrechender neuzeitlicher Gesinnung, angeführt findet – sie fügte zum labor noch das Adjektiv improbus («böse, schlimm, unselig», vielleicht sogar «verflucht») hinzu.

Die Partie, in der sich dieser Spruch findet, ist vielleicht geeignet, die soeben geäußerte These vom nicht mehr unmittelbar zugänglichen Vergil zu widerlegen; jedenfalls vermag sie den Spannungsreichtum vergilischen Denkens zu veranschaulichen. Sie stammt aus den «Georgika», einer Darstellung des Landlebens, laut Dryden «the best poem of the best poet». Nach kurzer Schilderung des Goldenen Zeitalters zählt der Dichter die Künste auf, die von der «grübelnden Not» erzwungen worden sind:

«Damals begann man, das Wild zu verfolgen, mit Leim und mit Schlingen oder auch mächtige Wälder mit Jagdhunden rings zu umstellen. Hier auf dem Strom wirft jemand die Reuse, die Tiefe durchsuchend, dort auf dem Meer zieht ein anderer das triefende Netz aus den Fluten. Damals starrte zum ersten Mal Eisen und kreischte die Säge; nunmehr gelang's, das fügsame Holz mit Keilen zu spalten. Vielerlei Kunst fand sich ein. Die Arbeit meisterte alles – unselig ist sie – und die bedrängende Kargheit der Armut.»

Der Text beginnt mit der Aufzählung von Schädlingen des Ackerbaus – Vögel, Unkraut, Schatten – und er kommt am Ende darauf zurück: Man muß diese Schädlinge bekämpfen. Derlei Fachbuch-Gebaren ist Fiktion: Vergil wendet sich nicht anweisend an Landwirte, sondern reflektierend an alle, und die Anweisungen dienen ihm lediglich als Vehikel für seine Reflexionen. Es geht um den Sinn der Arbeit, um deren Segen und Fluch. Sprache und Haltung wirken archaisch, «anfänglich», und gemahnen an das Alte Testament, an Sündenfall und Vertreibung aus dem Paradies. Vergils Gedanken sind jedoch in Wahrheit recht voraussetzungsreich: sie greifen eine Diskussion auf, an der sich bereits Hesiod, Aischylos, Lukrez und andere beteiligt hatten.

Die Partie hat ätiologischen Inhalt: sie sucht, wie die genannten Genesis-Kapitel, ein die Menschheit bedrückendes Phänomen, die Arbeit, zu erklären. Sie ist – trotz mythischer Bilder und Motive – nicht eigentlich von mythischer oder religiöser Beschaffenheit; sie enthält keine Theodizee, sondern eine Anthropologie; sie drückt die Überzeugung eines aufgeklärten Denkers aus. Die Götter stehen für die Natur, für alles, worin der Mensch sich schicken muß.

Vergil äußert sich zu einer uralten, unendlich oft wiederholten Vorstellung, zum Kontrastbild eines wirklichen und eines wünschbaren Zustandes – mag der wünschbare Zustand, wie in der Antike, der Vergangenheit (Paradies, Goldene Zeit) oder, wie in der Neuzeit, der Zukunft (klassenlose Gesellschaft) angehören. Vergils Meinung zu diesem Problem ist deshalb so aufreizend, weil sie den angeblich wünschbaren Zustand des Müßiggangs und Überflusses als in Wahrheit nicht wünschenswert hinzustellen sucht und andererseits den wirklichen Zustand, wenn auch nicht ohne Einschränkung, rechtfertigt. Die Goldene Zeit erscheint als Inbegriff der Leere, der Langeweile, der Geschichtslosigkeit; nur die Verhältnisse, wie sie wirklich sind, mit ihrer Mühsal und Arbeit, geben der menschlichen Existenz Spannung und Sinn. Dabei wird das Streben nach Spannungslosigkeit, nach Sättigung, Reichtum und Müßiggang anerkannt – es darf nur nicht auf immer in Erfüllung gehen. Der Mensch ist, meint Vergil, ein paradoxes Wesen, sein Leben eine unauflösliche Antinomie: er muß sich hinkrümmen auf ein Ziel, dessen Erreichung er nur in seiner Phantasie vorwegnehmen darf; die «unselige Arbeit» ist ihm Last und Glück zugleich.

Vergils Auffassung hat beherzigenswerte Aspekte: sie sucht – wie jüngst wieder Toynbee – die Zivilisation nach dem Schema von Herausforderung und Erwiderung zu deuten; sie lindert die Schroffheit der Genesis. Sie ist andererseits nicht in jeder Hinsicht über jeden Zweifel erhaben: schickt sie sich nicht allzu rasch ins Gegebene? Privateigentum statt Kommunismus, Spezialistentum statt Universalität (der Text deutet ja auf beides hin): hätte nicht auch dieser Zustand, wenn oder da er notwendig war, das Attribut «unselig» verdient? Und, was wichtiger ist: der wünschbare Zustand pflegt seit jeher auch die Merkmale Frieden und Gerechtigkeit zu enthalten – macht es sich Vergil nicht allzu leicht, wenn er das Denkbild der Goldenen Zeit desavouiert, ohne diese Merkmale auch nur zu erwähnen?

Ein poetischer Text ist wahrlich nicht verpflichtet, auf alle Fragen, die er stellt, auch eine Antwort, und gar eine eindeutige, zu wissen: er soll – durch die ihm eigentümliche Rhetorik der Prägnanz und Bildhaftigkeit – das Nachdenken, das Gespräch in Gang setzen. Das haben Vergils «Georgika» zwanzig Jahrhunderte lang getan, und es wäre gewiß nicht die Schuld des Autors, wenn sie es jetzt nicht mehr täten. Kann dieses Urteil (wofür doch die Geschichte der Wirkung spricht) auch für die Eklogen und die «Aeneis» gelten? Für die Werke also, in denen man, wenngleich sie aus heutiger Sicht stärker mode- oder zeitgebunden erscheinen, und zwar nicht zuletzt wegen der auch dort überall präsenten Antinomien, ein noch lange nicht erschöpftes Potential deutender Kraft vermuten möchte?

Das Grundbuch der Mythen

Gerhard Fink hat die «Metamorphosen» Ovids neu übersetzt

«Ein blauer Teppich lag dort unter der Asche wie beschneit; auf einem Tisch ... blätterte der Luftzug in einem verkohlten Packen Papier; gebündelte Hefte und Bücher lagen glosend auf den Regalen und in den Nischen; ein Stapel brannte noch.» Diese Sätze findet man im ersten Kapitel von Christoph Ransmayrs Roman «Die letzte Welt». Sie malen aus, wie Ovid auf den Verbannungsbefehl des Kaisers Augustus reagierte: mit der Verbrennung der «Metamorphosen». Das Faktum ist wohl authentisch; man fragt sich, was der Dichter damit bezweckt haben mag. Er selber führt gleich zwei Motive ins Feld: weil er die Musen gehaßt habe, die Ursache seiner Verfehlungen, oder weil die Dichtung noch unfertig gewesen sei.

Immerhin sind sie vorhanden, die «Metamorphosen», und sie haben die Geistes- und Kunstgeschichte Europas befruchtet wie nur noch ein zweites Werk der augusteischen Zeit, das ebenfalls nach dem Willen des Autors den Flammen hatte überantwortet werden sollen: die «Aeneis» Vergils. Kein anderer als Ovid gibt uns des Rätsels Lösung. Dasselbe «Klagelied», das von dem Autodafé vor der Abreise aus Rom berichtet, läßt uns noch wissen, daß damals schon mehrere Abschriften existiert hätten, und so bittet Ovid den ungenannten Freund, an den sich das Gedicht wendet, er möge das Werk von den verwandelten Menschengestalten mit Nachsicht lesen, da es ihm mitten im Schmieden vom Amboß entrissen worden sei.

Warum also die Verbrennung, und welche Bewandtnis hat es mit den Gründen? Daß die «Metamorphosen» unvollendet geblieben seien, ist – anders als bei der «Aeneis» – nicht recht ersichtlich und jedenfalls umstritten: Wollte Ovid als zweiter Vergil erscheinen, unglücklicher noch als der Vorgänger, da er ja lebend an der Vollendung seines Hauptwerks gehindert wurde? Ebenso unbefriedigend ist der Hinweis auf die Musen: *das* Werk des heiter-frivolen Dichters, das am ehesten Anstoß beim sittenstrengen Kaiser erregen mußte, die «Liebeskunst», war bereits im Jahre 1 vor Christus erschienen, fast ein Jahrzehnt vor der Katastrophe, die Ovid auf immer in ein barbarisches Grenzgebiet am Schwarzen Meer relegierte. Ob nicht also das, was der Dichter an anderer Stelle einen *error*, eine Verirrung, nennt, die Hauptursache für die rigorose Maßnahme des Kaisers war: die Verwicklung in einen Skandal der Kaiser-Enkelin Julia? Der dichte Schleier, der die Affäre umgibt, läßt sich nicht mehr lüften, und die sonderbare Verbrennung, die die «Metamorphosen» vernichtete, ohne sie wirklich zu vernichten, scheint nichts gewesen zu sein als der theatralische Akt eines ohnmächtigen Protestes.

Die «Metamorphosen» lassen sich als Replik auf die «Aeneis» lesen. Die Dimensionen sind vergleichbar, und der zeitliche Rahmen reicht hier wie dort von den mythischen Ursprüngen bis zur augusteischen Gegenwart. Doch in Anlage und Tendenz konnte Ovid nicht schärfer von dem Werk des Vorgängers abweichen. Kein Handlungsganzes, kein im Mittelpunkt stehender Held wie in der «Aeneis»: etwa 250 Sagen sind mehr oder minder lose miteinander verknüpft oder ineinander verschlungen wie die Sternbilder des Himmels, und im vielfältigen Repertoire der Stoffe wechseln blutige Tragödien mit Idyllen und Burlesken – besonders häufig sind Liebesgeschichten in mannigfacher Tönung. Vergil hatte eine Generation zuvor verkündet, daß mit dem Augustus-Frieden ein zielstrebiger Geschichtsprozeß, die Weltherrschaft Roms, zum Abschluß gekommen sei; Ovid hingegen, der Skeptiker, ja Nihilist, weiß nichts mehr von einem derartigen Glauben – seine Mythen sollen allenfalls dartun, daß er im Weltlauf nichts zu erkennen vermöge als permanenten, mehr oder minder willkürlich sich vollziehenden Wandel.

Doch im Grunde hat Ovid andere Interessen: Es geht ihm um Menschendarstellung, um die Darstellung von Gefühlsbeziehungen zwischen Menschen. Sein Werk repräsentiert eine letzte Stufe der Tradition, auf der es beruht, des verwandelnden Wiedererzählens von uralten, sonderbaren Geschichten. Einst, im klassischen Griechenland, hatten die Mythen Götternähe und Götterwirken bekundet, und zumal in den Tragödien eines Aischylos oder Sophokles waren sie Träger religiöser Aussage: Dort stand die Grenze von Gott und Mensch, von Schuld und Verhängnis, von eigener Verantwortung und auferlegter Verstrickung zur Debatte.

Die griechischen Mythen hätten hernach, im Zeitalter der Aufklärung und der Demokratie, ein ähnliches Schicksal erleiden können wie später, in der europäischen Tradition, die phantastische Welt der mittelalterlichen Ritterromane: Sie hätten der Lächerlichkeit und schließlich der Vergessenheit anheimfallen können. Ihr Götterszenarium war ja wenig geeignet, einem philosophisch geläuterten religiösen Denken zu genügen, und ihre menschliche Sphäre beschränkte sich im wesentlichen auf den Adel, auf die im Zeitalter der Stadtkultur, der Bürgerlichkeit und der Demokratie nicht mehr unbedingt maßgebliche Schicht. Es kam anders; die Mythen überlebten und dienten weiterhin als Vehikel wesentlicher Aussagen. Das Götterszenarium machte man unschädlich, indem man es nicht mehr ernst nahm; es war hinfort nichts als poetischer Schmuck, als Staffage. Außerdem wurden die überkommenen Heroen auf ein bürgerliches, allgemeinmenschliches Maß zurückgestutzt, was sich besonders an den Stücken des Euripides ablesen läßt.

Trennung von Mythos und Religion, Entheroisierung der Heroen: unter diesen Voraussetzungen ließ sich auch in hellenistischer und römischer Zeit mit den kuriosen Geschichten gut leben. Den Dichtern boten sie nunmehr vor allem Gelegenheit, ihr formales Können zu zeigen sowie ihre Fähigkeit zu pointierter Darstellung extremer Situationen und Verhaltensweisen. Hierher gehört als eindrucksvollstes Beispiel die durch das Verwandlungsmotiv allenfalls äußerlich zusammengehaltene Sagensammlung Ovids. Die dort praktizierte Art der Menschendarstellung erhält dadurch ihre besondere Würze, daß sich die psychischen Antriebe und Reaktionen, die wahrscheinlich und glaubhaft sein sollen, im überkommenen mythischen und somit gänzlich unglaubhaften Rahmen abspielen, wobei das Irreale behandelt wird, als ob es real wäre.

Ovid hat diese Grundspannung noch dadurch gesteigert, daß er für die vielfältigen Variationen des Verwandlungsmotivs eine Art Pseudo-Naturalismus verwendet – jemand will seine Arme bewegen, doch diese sind schon zu Ästen geworden; jemand will reden, er bringt indes nur noch tierische Laute hervor. Die Darstellung der Emotionen soll den Leser engagieren, soll seine Sympathie wecken; die zugleich phantastische und realistische äußere Handlung wiederum schafft Distanz, eine oft noch mit Hilfe rhetorischer Stilmittel und ironischer oder paradoxer Formulierungen gesteigerte Distanz. Ovid bekennt sich durch diese Art der Darbietung zu seiner Zeit und seinem Ambiente, zu einer götterlosen hauptstädtischen Gesellschaft, die raffinierten Lebens- und Kunstgenuß über alles stellte.

Mythen sind gegenwärtig ein beliebtes, aber auch belastetes Thema, und zumal die Bezeichnung ächzt unter dem Gewicht allzu vielfältiger Verwendungen. Bis zur Mitte unseres Jahrhunderts kreiste die Forschung um die Frage nach den Ursprüngen und Quellgründen: Seit der Romantik galt als ausgemacht, daß sich die frühe Menschheit bei all den abstrusen Geschichten etwas gedacht haben müsse, und so suchte man in immer tiefere Schichten vorzudringen, um der «wahren» Bedeutung habhaft zu werden. Einer Richtung galten die Mythen als Verkleidungen von Naturerscheinungen, von Sonnenlauf, Blitz und Gewittersturm. Eine andere Richtung leitete die Mythen aus geschichtlichen Ereignissen ab, sie fragte nach einem «historischen Kern». Wieder andere verknüpften die Mythen eng mit den primitiven Kulturen und den hierzu gehörigen Riten, während eine vierte Auffassung den Ursprung der Mythen nicht wie die genannten in äußeren Bereichen, nicht in der Natur, der Geschichte oder dem Kult suchte, sondern in den Menschen selbst: Sie hob das Spontane, Schöpferische, nicht Ableitbare der Mythen hervor und deutete sie als symbolischen Ausdruck geahnter Ideale.

Diese der Frühzeit, den Ursprüngen zugewandten Perspektiven, Hypothesen und Theorien, die mancherlei Richtiges, aber auch vieles Unhaltbare zutage förderten, wirken gegenwärtig noch überall nach; die Wissenschaft indes hat sich vor etwa einem Menschenalter fast gänzlich von ihnen abgewandt. Dort orientiert man sich jetzt an zeitlosen Erklärungsmodellen, etwa an Carl Gustav Jungs Lehre von den Archetypen oder an jener Art von strukturalistischer Analyse, welche Claude Lévi-Strauss zum ersten Male praktiziert hat. Andere wiederum betreiben überlieferungsgeschichtliche Detailforschung, wobei sie gerade nicht irgendwelche Ursprünge zu entdecken versuchen, sondern sich damit begnügen, die bekannten, durch Kunst- oder Literaturwerke dokumentierten Entwicklungsstadien der einzelnen Mythen zu beschreiben.

Damit nicht genug. Während sich die bisher genannten Gedanken und Erkundungen immerhin noch an einem traditionellen Stoff, an der Mythologie der Griechen, erproben, scheint jetzt der Begriff Mythos, hiervon losgelöst, ubiquitäre Geltung zu beanspruchen. In allen Bereichen der Kultur und Gesellschaft werden Mythen und Mythologeme gewittert, wobei man sie teils als solche zu entlarven und zu entmachten sucht, teils ganz im Gegenteil ihre Unentbehrlichkeit gerade für den modernen Menschen behauptet. Was der Mythos sei, kann man angesichts dieser Sachlage wohl nur noch mit einem Mythos beantworten: Er ist ein Proteus, er kann sich schlechtweg in alles verwandeln und in allem offenbaren. Gewiß, Mythen haben sich immer schon verändert, eine jede Geschichte wurde seit jeher innerhalb eines festen Handlungsgerüsts vielfältig variiert. Jetzt aber scheint der Begriff Mythos selber ins Wanken zu geraten, ja ins Uferlose zu zerfließen – wenn etwa ein Roland Barthes das Beefsteak saignant und Pommes frites zu nationalen Mythen der Franzosen erklärt oder wenn Leszek Kolakowski jedwede Konstitution von Werten und Normen, alles, was Menschen als sinnhaft erfahren, der Kategorie «Mythos» zuweist.

Doch zurück zu Ovids «Metamorphosen», zum europäischen Hauptbuch für wahre Mythen, für uralte Geschichten von Göttern, Heroen und Menschen. Gewiß vermögen auch heutzutage nicht wenige mit Genuß das lateinische Original zu lesen: Ovid, elegant und pointiert, ist zugleich verhältnismäßig schlicht; er meidet gesuchte Metaphern und allzu kühne Trennungen grammatisch eng zusammengehöriger Wörter, und seine geschmeidigen Verse gehen leichter ein als die seiner poetischen Zeitgenossen und Nachfolger. Gleichwohl greifen auch geübte Lateiner gern zu einer Übersetzung, wenn sie nur angemessen ist, und erst recht werden dies Ungeübte und des Lateinischen gänzlich Unkundige tun.

Die Goethezeit, Deutschlands große Zeit des Übersetzens, brachte auch zwei herausragende Versionen der «Metamorphosen» hervor: eine in poetisierender Prosa, eine andere in Hexametern, im Versmaß des Originals. Die Prosa-Wiedergabe erschien zum ersten Male im Jahre 1791; sie entstammte der Feder des später geadelten Dessauer Geheimrats August Rode: Rode hatte einige Jahre zuvor den «Goldenen Esel» des Apuleius übersetzt und ließ später noch eine Verdeutschung eines schwierigen Fachbuches, der «Baukunst» Vitruvs, folgen. Die Vers-Wiedergabe ausgewählter Partien war ein Werk des Übersetzer-Papstes Johann Heinrich Voß; sie kam im Jahre 1798 auf den Markt. Ein sorgfältiger Dilettant, von feinem Geschmack und großer Treffsicherheit, sowie ein professioneller Sprachmeister und Verseschmied nahmen sich innerhalb eines Jahrzehnts der «Metamorphosen» an, und beider Leistung war des Zeitalters würdig.

Rodes poetische Prosa (als Beispiel diene eine Partie des 4. Buches, der Anfang der berühmten Novelle von Pyramus und Thisbe) transponiert den Text wie folgt in ein Deutsch, das damals gewiß nicht altmodisch geklungen hat: «Pyramus, der Jünglinge schönster, und Thisbe, die reizendste unter den Mädchen des Morgenlandes, bewohnten aneinander stoßende Häuser in der erhabenen Stadt, welche – der Sage nach – Semiramis mit Mauern von gebackenen Steinen umgeben hat. Die Nachbarschaft stiftet unter ihnen Bekanntschaft, und Freundschaft, die mit der Zeit Liebe wird. Gern hätten sie sich auch durch eheliche Bande verbunden; allein die Väter verbiethen es. Doch können diese auch verbiethen, daß nicht beyder Herzen, von gleicher Liebe eingenommen, brennen? Sobald sie unbelauscht sind, sprechen sie durch Blicke und Zeichen miteinander; und je verborgener, desto heftiger lodert ihre Flamme.»

Die Auswahl von Voß wiederum gibt diese Partie so wieder: «Pyramus war und Thisbe, der Jünglinge schönster der eine, / Hoch die andre gerühmt vor den morgenländischen Jungfraun. / Dicht angrenzende Häuser bewohnten sie, dort in der Hauptstadt, / Welche Semiramis einst mit thönernen Mauern befestigt. / Beide wurden bekannt, und wie Nachbarkinder vertraulich, / Dann allmählich verliebt; auch hätte sie Ehe vereinigt; / Doch dies wehrten die Väter: was nicht sie zu wehren vermochten, / Von gleichzeitiger Glut entloderten beiden die Herzen. / Fern ist jeglicher Zeug'; Andeutungen sprechen und Winke; / Und je enger bedeckt, je heftiger brauset das Feuer.»

Man sieht, daß hier zwei Könner am Werke waren, aber man sieht auch, wie nachteilig sich das Versmaß der zweiten Version auf deren Sprachduktus auswirkt. Der daktylische Hexameter ist und bleibt im Deutschen ein Problem; er pflegt dort in einförmiger Pracht einherzuschreiten, während er sich in den antiken Sprachen für die verschiedensten Stimmungen und Tönungen eignet, bis hinab zu ungekünstelter Konversation. So auch in diesem Falle. Rodes vom Verszwang freier Erzählton setzt gelassen ein und weiß sich allmählich zu steigern; doch Vossens Hexameter mit ihren sprachlichen Kühnheiten kommen von Anfang an etwas gestelzt daher und verhindern, daß die Diktion sich wandele.

Gerhard Fink hat sich bislang vor allem als phantasievoller Didaktiker der alten Sprachen einen Namen gemacht; an Leser außerhalb der Schule wandte er sich unlängst mit einer Einführung in die altgriechische Sprache sowie – unter dem Titel «Spötter, Götter und Verrückte» – mit einer Sammlung antiker Anekdoten. Er legt nunmehr eine neue Übersetzung der ovidischen «Metamorphosen» vor, eine Prosa-Übersetzung, nach dem Vorbild August Rodes. Das schöne, mit Sorgfalt hergestellte Buch enthält Illustrationen. Auf den durch treffende Überschriften gegliederten Text folgt ein Anhang, der kurz und brillant in Ovids Werk und Wirkung einführt und mit Hilfe eines Registers die Fülle der Eigennamen ordnet.

In den einführenden Betrachtungen äußert sich Fink auch über die Maximen, die er bei seiner Verdeutschung befolgt hat. Für den glücklichen Verzicht auf das Versmaß und anderes von grundsätzlicher Bedeutung beruft er sich zitierend auf den Vorgänger: «... hat gegenwärtiger Übersetzer ... sich bestrebt: so nahe, als es immer Geschmack und Sprache verstatten, sich an das Römische Urbild anzuschließen; die wahren Farben desselben beizubehalten, und den Text eben so wenig durch Verkürzung zu verstümmeln, als durch Paraphrase wässerig zu machen. Diesem Zwecke desto näher zu treten, hat er sich dem Zwange eines Metrums nicht unterwerfen wollen.» Fink erklärt weiterhin, daß er sich zuallererst um Verständlichkeit, Lesbarkeit und Wohlklang bemüht und inzwischen veraltete Wendungen Rodes entfernt habe, ohne doch eine gewisse Patina gänzlich zu beseitigen, ferner, daß es ihm sehr darauf angekommen sei, die Wortfolge und die besonderen Stilmittel des Originals, wie Anaphern und andere Figuren, in die Übersetzung hinüberzuretten; hingegen habe er Patronymika (wie «der Pelide» = Sohn des Peleus für ‹Achill›) und ausgefallene Ortsnamen getilgt, um dem Leser unnötige Hindernisse zu ersparen.

Nichts ist für einen späteren Übersetzer irritierender, ja verführerischer als der ständige Blick auf das Werk eines Vorgängers, und doch ist er legitim, da sonst manche glückliche Lösung, die sich nicht so leicht zweimal einstellt, verlorenginge. Fink hat sich nicht verführen lassen; er hat seinen Standpunkt zu wahren gewußt und treffsicher bald mit, bald gegen Rode eine Übersetzung geschaffen, die aus einem Gusse ist. Die Exposition der Geschichte von Pyramus und Thisbe lautet bei ihm wie folgt: «Pyramus und Thisbe, von den Jünglingen er der schönste und sie das reizendste unter den Mädchen des Morgenlandes, bewohnten aneinanderstoßende Häuser dort, wo nach der Sage Semiramis ihre hohe Stadt mit Ziegelmauern umgeben hat. Bekanntschaft und erste Stufen der Neigung erlaubte die Nähe; mit der Zeit wuchs die Liebe, und sie hätten sich durch die Bande der Ehe vereint, doch das verboten die Väter. Was sie nicht verbieten konnten, war, daß beide, gleichermaßen entflammt, voneinander nicht ließen. Niemand weiß davon; sie sprechen durch Winke und Zeichen, und je verborgener es ist, desto heftiger lodert das Feuer.»

Auch hier steigert sich, wie bei Rode, die Sprache und wird drängender, und wenn es in diesem Falle am Vokabular nur verhältnismäßig wenig zu ändern gab, so nahm Fink desto mehr Gelegenheit, sich in der Wortfolge strenger an das Original anzuschließen. So gleich zu Beginn: die Namen der beiden Hauptpersonen gehen voran, und dann erst folgen die Appositionen: «von den Jünglingen er der schönste...»

Distanz und Nähe, Poesie und Eingängigkeit, Strenge und Eleganz: Fink hat zu verbinden gewußt, was sich meist ausschließt, und so eine zeitgemäße deutsche Wiedergabe des großen ovidischen Mythen-Panoramas zustande gebracht, die – um vom Titelblatt der Übersetzung Rodes zu zitieren – «jungen Leuten, angehenden Künstlern und ungelehrten Kunstliebhabern» in gleicher Weise willkommen sein muß.

Ovid: «Metamorphosen». Das Buch der Mythen und Verwandlungen. Nach der ersten deutschen Prosaübersetzung durch August von Rode neu übersetzt und herausgegeben von Gerhard Fink. Artemis Verlag, Zürich/München 1989.

Streit um Fortunas Schuld

Doch sonst ist Marion Giebel mit Ovid einer Meinung

Der Jäger Actaeon sah die Göttin Diana beim Bade; sie verwandelte ihn in einen Hirsch, und er wurde von seinen eigenen Hunden zerfleischt. Zu dieser Geschichte der «Metamorphosen» Ovids bemerkt Marion Giebel: «Fortuna, das Schicksalsgesetz, führt den Ausgleich herbei. Der Jäger wird zur Beute ... Der Täter muß erleiden, was er dem Opfer zugefügt hat.» Der Dichter selbst jedoch war anderer Meinung: «Wenn man die Sache recht prüft», schreibt er, «wird man bei Actaeon eine Schuld Fortunas finden, kein eigenes Vergehen.» Ovids Götter handeln oft ungerecht und grausam, weil sie gar keine Götter mehr sind, sondern Zeichen für menschliche Machthaber. Ovids illusionsloses, um nicht zu sagen nihilistisches Weltbild war schlechthin unvereinbar mit der Doktrin des augusteischen Staates, und ebendeshalb traf ihn der Bannstrahl des Kaisers nicht von ungefähr.

In Marion Giebels sorgfältig gearbeiteter Ovid-Monographie, einem würdigen Glied in einer bekannten Reihe, kommt diese Seite von Leben und Werk des Dichters nicht vollauf zur Geltung; sie hält sich zu sehr ans Private und wagt sich zu wenig ins Politische vor. Man lese also das vorliegende Büchlein mit einer Prise des zur anderen Seite hin übertreibenden Christoph Ransmayr, seines Ovid-Romans «Die letzte Welt», und man bekommt ein ausgewogenes Bild von einem Dichter, der das Unglück hatte, seiner Zeit in seinem geistigen Habitus weit voraus zu sein.

Die Biographie eines antiken Dichters muß fast immer mit einem dürftigen Skelett von Lebensdaten auskommen – das meiste steuert die Analyse der erhaltenen Werke bei sowie die Rekonstruktion des politischen und kulturellen Hintergrundes. So auch hier: Von Ovids Leben ist nur bekannt, was er selber in seinen Gedichten mitteilte. Die Autorin hat das Vorhandene geschickt zu verwenden gewußt und mit ihrer Gabe, klar und anschaulich darzustellen, ein gegenstandsnahes Bild vom Leben und Werk Ovids entworfen. Zumal die erotische Dichtung – die Elegiensammlung «Amores», die «Heroinenbriefe» und die «Liebeskunst» – wird mit Grazie und Verständnis behandelt, und sowohl hier als auch später steuert die Autorin einen der Sache angemessenen mittleren Kurs zwischen den Klippen eines eilfertigen Biographismus und der allzu skeptischen Chiffre eines «lyrischen Ich».

Über Ovid ließe sich noch vielerlei sagen. Man könnte den Mikrokosmos seiner eleganten Verskunst vorführen; man könnte ihn in größere literatur- und geistesgeschichtliche Zusammenhänge einordnen und dann etwa die «Metamorphosen» mit Vergils «Aeneis», der Vorgängerin, und Lucans «Pharsalia», der Nachfolgerin auf dem Felde des monumentalen Epos, vergleichen. Die Verfasserin hat sich solcher essayistischer Umschweife enthalten. Sie wollte eine Einführung schreiben, die nicht schon alle möglichen Kenntnisse voraussetzt, und das ist ihr gelungen. Wer mehr über den lesbarsten, geistreichsten und «modernsten» Dichter des alten Rom erfahren will, kann sich der ausführlichen Bibliographie bedienen, die den Band abrundet.

Marion Giebel: «Ovid – mit Selbstzeugnissen und Bilddokumenten».
Rowohlt Taschenbuch Verlag, Reinbek 1991

Mit Cicero und Ovid durch das antike Rom

Aktuelle Spiegelungen: Christoff Neumeister legt eine originelle Kulturgeschichte vor.

Ein Buch für Kenner und Freunde der Ewigen Stadt: Wer es gelesen hat, betrachtet Rom mit anderen Augen als zuvor. Der Verfasser hat eine glückliche Verbindung von Archäologie und Literatur geschaffen; Partien aus Gedichten und historiographischen Werken der Zeit von etwa 50 vor Christi bis 150 nach Christi dienen als Schlüssel für die einzelnen Bezirke der Stadt und deren antike Monumente. Der jetzige Zustand wird mit Texten konfrontiert, die eine um zwei Jahrtausende zurückliegende Gegenwart schildern, und dem Leser, der die erstaunliche Intensität und Farbigkeit dieser Texte auf sich wirken läßt, tut sich hinter dem modernen Rom ein kaum minder kompaktes antikes Rom auf – die isolierten, heute vom Straßenverkehr umbrandeten Denkmäler gewinnen unversehens ihren einstigen Lebenszusammenhang zurück. Wer gewohnt ist, in Rom ein einmaliges kunsthistorisches Ensemble und einen ebenso einmaligen Brennpunkt der Geschichte zu erblicken, lernt hier für die wichtigste Epoche der Vergangenheit, die frühe römische Kaiserzeit, eine neue Dimension hinzu: die Zivilisation, den Alltag, die Menschen, die damals lebten und die Straßen und Plätze, die Bäder und Theater bevölkerten. Das Buch bewegt sich zweifellos auf dem heutzutage vielbegangenen Pfade der Kulturgeschichte, der historischen Alltagsforschung; es tut dies indes in einer durchaus originellen, ja unwiederholbaren Weise: durch die Synthese von Topographie, Interpretation literarischer Texte und kulturhistorischer Rekonstruktion.

Der Verfasser nimmt sich, wie in einem Stadtführer üblich, ein Quartier nach dem anderen vor: «Zugang zur Stadt vom Norden her», «Die Suburra», «Der Quirinal», «Der Esquilin», «Das alte Forum» – so die Überschriften der ersten Kapitel. Der jeweils fällige – Vollständigkeit mit Recht nicht anstrebende – Rundgang wird durch Paraphrasen oder Übersetzungen von Texten illustriert, in denen sich die jeweilige einstige Wirklichkeit spiegelt: die Bauten und ihre Funktionen, die sozialen Gruppen, der Tageslauf des Durchschnittsrömers. Das Spektrum der benutzten Autoren reicht von Cicero bis Apuleius, und wie nicht anders zu erwarten, kommen vor allem die beiden Groß- und Hauptstädter der römischen Literatur par excellence zu Wort, der Elegiker Ovid und der Epigrammatiker Martial. Eine kulturhistorische Quelle hohen Ranges fehlt aber eigenartigerweise, was wohl weniger durch bewußte Wahl des Verfassers bedingt ist als durch die überkommenen Grenzpfähle der modernen Fakultäten: das römische Recht, insbesondere die Digesten mit ihrer bunten, mitunter topographisch genau fixierbaren Kasuistik. «Nicht mehr zückt ein Friseur mitten im Passantengedränge bedenkenlos sein scharfes Rasiermesser» (so Martial zu einem polizeilichen Erlaß Kaiser Domitians): hier denkt man sofort an den unglücklichen Sklaven, der sein Leben verlor, weil die Hand des ihn am Straßenrand rasierenden Friseurs von dem Ball eines Sportlers getroffen wurde. Burg und Kapitol: hier hätte sich der steile Anstieg vortrefflich durch den komplizierten Verkehrsunfall veranschaulichen lassen, von dem Alfenus Varus berichtet (beide Fälle im Digesten-Titel 9,2).

Abgrenzungen sind immer schwierig und oft ein allzu wohlfeiles Einfallstor für Kritik – doch warum schweigt sich das sonst nicht ungründliche Buch über die beiden südlichen Hügel, den Aventin und den Caelius, aus? Eine andere Abgrenzung ist problematischer: die zeitliche. Wer nicht gerade Altertumsforscher ist, dem steht das antike Rom als Ganzes vor Augen, einschließlich der gewaltigen Denkmäler, die aus dem dritten und vierten Jahrhundert stammen.

In diesem Punkte muß der Leser des vorliegenden Buches umlernen: das Rom, das ihm dort vorgeführt wird, reicht bis zur Mitte des zweiten Jahrhunderts – es kennt noch keinen Septimius-Severus- und Konstantins-Bogen, noch keine Caracalla- und Diokletiansthermen, noch keine Maxentius-Basilika und keine aurelianische Stadtmauer. Ob sich hier abermals Grenzpfähle der modernen Wissenschaft ausgewirkt haben? Daß der Verfasser das frühchristliche Rom meiden wollte, scheint begreiflich: hiermit hätte sich leicht ein weiterer Band füllen lassen. Doch der Verzicht auf das gesamte spätheidnische Rom wäre in dieser Schroffheit nicht nötig gewesen: hier drängt sich der Verdacht auf, daß der klassizistische Kanon der deutschen Latinistik, der über Juvenal und Apuleius nicht hinauszureichen pflegt, den Maßstab abgab. Zu dieser Annahme stimmt, daß schon Lukan, ein – allerdings überaus barocker – Dichter der frühen Kaiserzeit, sehr unglimpflich behandelt wird.

Ein einleitendes Kapitel könnte die hier angedeuteten Defizite zu erklären und minder fühlbar zu machen suchen. Überhaupt sollte der Verfasser seine Leser nicht gleich in Rom ankommen lassen: ein topographischer Gesamtüberblick mit den sieben Hügeln, den wichtigsten zur Stadt führenden Straßen, den beiden Ummauerungen würde dem Laien das Hineinfinden wesentlich erleichtern.

Im Inneren des Buches ist alles gut aufeinander abgestimmt: die klaren und anschaulichen Darlegungen des Verfassers, die literarischen Zeugnisse sowie die einem jeden Kapitel beigegebenen Pläne und Abbildungen. Das Ensemble von Architektur, Literatur und Kulturgeschichte ist nicht zuletzt deshalb so überzeugend, weil sich bei ihm nicht einstellt, was diese drei Komponenten, wenn man sie je für sich betrachtet, nur allzu leicht bewirken: Übersättigung. Anders ausgedrückt: Im Unterschied zu Literatur-Anthologien, zu archäologischen Leitfäden und auch zu faktenreichen Kultur- und Sittengeschichten kann man das vorliegende Buch mit unverminderter Anteilnahme in einem Zuge lesen.

Christoff Neumeister: «Das antike Rom». Ein literarischer Stadtführer. Verlag C.H. Beck, München 1991

Priap und Properz

Eine Sammlung römischer Gedichte

Die «Römische Lyrik» des Reclam Verlags ist eine von einem bewährten, findigen Auswähler zusammengestellte Anthologie. Lyrik ist im Grunde unübersetzbar; also ist Zweisprachigkeit bei ihr in besonderem Maß angezeigt, zumal wenn es um die Prägnanz des Lateinischen geht. Der Leser findet in Kytzlers Sammlung teils Nachdichtungen von eigenem Wert und Reiz, teils dienende, zum Original führende, nicht selten auf dessen Metren verzichtende Übersetzungen.

Als Lyrik im strengen Sinne galt in der Antike nur, was in Maßen mit konstanter Silbenzahl gedichtet war, nicht jedoch Jambisches oder Hexametrisches. Kytzler hat sich hieran nicht gehalten: Seine Auswahl bringt auch Eklogen Vergils sowie Elegien des Properz und anderer, ferner einige Fabeln des Phaedrus und gelegentlich sogar Partien aus epischen Dichtungen. Die Satire allerdings, diese besondere Leistung der Römer auf dem Felde der kleineren poetischen Gattungen, blieb ausgeschlossen.

Der zeitliche Rahmen ist weit gesteckt: Erzeugnisse der silbernen Latinität (der Nachklassik) und der Spätantike beanspruchen etwa die Hälfte; die Sammlung schließt mit Gedichten aus dem «Trost der Philosophie» des Boethius. Spezifisch Christliches ist allerdings nur durch einen Hymnus des Ambrosius repräsentiert; Prudenz und auch andere fehlen in dieser Auswahl.

Wer Bekanntes, zum Beispiel manche berühmte Horaz-Ode, vermißt, kann sich an Unbekanntem, zumal aus den späteren Jahrhunderten, erfreuen. Schade, daß Anonymes, Spott- und Schimpfverse und was sonst noch von der Gasse kam, nicht Aufnahme fand; immerhin wurden die durchaus nicht prüden Priapus-Gedichte hinlänglich berücksichtigt.

Wie erklärt sich die sonderbare Gliederung? Sie unterscheidet drei Epochen: Anfänge, Klassische Zeit, Spätantike. Sonderbar ist hierbei, daß den «Anfängen» nicht nur Catull, sondern auch die notorischen Klassiker Vergil, Horaz und Properz zugeschlagen werden, während die «Klassische Zeit» im wesentlichen mit dem identisch ist, was gemeinhin als Nachklassik gilt. Dieser Befund befremdet um so mehr, als Kytzler in der Einleitung die übliche Periodisierung vorauszusetzen pflegt: Vielleicht hat ein redaktionelles Versehen, irgendein Mißverständnis bei der Drucklegung dem im übrigen vortrefflichen Bande einen Streich gespielt.

Bernhard Kytzler (Hrsg.): «Römische Lyrik». Lateinisch/Deutsch. Reclam Verlag, Stuttgart 1994.

Leiden um der Ideale willen

Pierre Grimals neue Cicero-Biographie

Cicero ist für Biographen ein ebenso lockender wie schwieriger Gegenstand. Er lockt wegen des Reichtums der Quellen – von keinem Menschen der Antike wissen wir so viel wie von ihm, vor allem (was einmalig ist) dank der nahezu 1000 erhaltenen Privatbriefe. Er setzt aber auch dem Versuch einer ausgewogenen Biographie Widerstand entgegen wie kaum ein anderer: wegen der Widersprüche, in die sich dieser geniale Geistmensch, der zu seinem Unglück in ein Zeitalter der Tat- und Machtmenschen hineingeboren ist, immer wieder zu verstricken scheint. Der Politiker Cicero ist es, der Schwierigkeiten macht, weniger (obwohl auch hier die Meinungen auseinandergehen) der Mensch und am wenigsten der Redner und Philosoph. Daher bestimmt sich der Standort einer jeden Cicero-Biographie vor allem nach der Art, wie sie Ciceros Politik beurteilt. Sie ist der Prüfstein, bei ihr scheiden sich die Geister.

Grimals breit angelegtes Werk tut ein Äußerstes, Cicero – auch und gerade den Politiker – zu rechtfertigen, ja zu verherrlichen; es führt ein durchaus «ciceronisches» Cicerobild vor, als sei es darum gegangen, eine der verlorenen autobiographischen Selbstrechtfertigungen zu rekonstruieren. Zumal gegen Ende, in der Darstellung von Ciceros endgültigem Scheitern, häufen sich die einseitigen und für jeden, der in diesem Punkte anders denkt, geradezu paradoxen Urteile: Cicero war ein «politisches Genie»; man konnte nicht mehr Klarblick beweisen als er; er schätzte die Lage realistischer ein als alle anderen Verteidiger der Republik.

Grimal hat sich ganz und gar mit dem Helden seines Buches identifiziert. Diese Perspektive ist verführerisch; sie scheint zu erlauben, daß man die Fülle des Stoffes mit loser Hand vor dem Leser ausbreite: die Vielfalt der Gestalten in der Weltstadt Rom, die

Turbulenz der Ereignisse, die komplizierten Parteiungen und raffinierten Intrigen. Grimal versteht sich meisterlich darauf, all dies mit großer erzählerischer Frische und ungewöhnlicher Plastizität der Sprache darzubieten. Es fragt sich indes, ob der Leser nicht mitunter Mühe hat, die großen Linien zu erkennen und sich an ihnen zu orientieren, insbesondere dann, wenn der Autor – wie zumal im 7. und 12. Kapitel – wiederholt in der Chronologie vor- und zurückspringt.

Der Biograph Grimal hat sich bislang mit Römern befaßt, deren literarisches Œuvre weit wichtiger ist als ihr Leben und zeitverhaftetes Wirken: mit Horaz, Vergil und Seneca. Die Könnerschaft, die er dort bei der Analyse und Interpretation der Werke bewiesen hat, bekundet sich auch hier, im Cicerobuch; sie macht dessen Hauptvorzug aus. Ob es sich um eine Rede, eine philosophische Schrift oder einen dichterischen Versuch Ciceros handelt: stets gelingt es Grimal, mit verhaltener innerer Anteilnahme die Grundgedanken ebenso klar wie differenziert nachzuzeichnen.

Die Biographie hat durch das deutsche Sprachgewand nichts von ihrer Ausdruckskraft und sprudelnden Lebendigkeit eingebüßt; der Übersetzer bietet bei aller Genauigkeit wirkliches Deutsch, keine Tünche, welche die Idiomatik und Syntax des Originals durchschimmern läßt. Kleine Irrtümer kommen vor: der «Térence» des 3. Kapitels ist der Komödiendichter Terenz, nicht der Polyhistor Terentius Varro; «mythe final» bedeutet «Schlußmythos», nicht «finaler Mythos» usw. Dergleichen geht mitunter auf das Original zurück und fällt, aufs ganze gesehen, nicht ins Gewicht.

Es bleibt Grimals problematische Präsentation des Politikers Cicero. Sie hat einen nicht geringen Tribut gefordert. Das Geschehen wird durchweg aus großer Nähe, aus der tagespolitischen Perspektive betrachtet, ohne Rücksicht auf die Tiefendimension, auf die über ein Jahrhundert sich erstreckende Staatskrise, welche die römische Republik in eine Monarchie verwandelt hat. Der Leser muß also gut in der Geschichte dieses erregenden Zeitalters bewandert sein, wenn er nicht in jenem Labyrinth des Zwistes die Übersicht verlieren will; er muß den römischen Staat und die römische Gesellschaft kennen und wissen, wie beides durch die Revolutionen und Bürgerkriege mehr und mehr zerrüttet, deformiert und desintegriert wurde.

Was Cicero selbst betrifft, so hat Grimals vordergründige, die Ereignisse am Faden der Chronologie aufreihende Darstellungsart die Folge, daß die Dramatik und Tragik seines politischen Wirkens nicht hinlänglich zur Geltung kommt. Die Dramatik nicht, weil der Strom des Geschehens die Wendemarken nicht deutlich hervortreten läßt. Und die Tragik nicht, weil der Verzicht auf die übergreifenden Zusammenhänge mit sich bringt, daß aus Ciceros Scheinerfolgen wirkliche Erfolge werden und aus seinem Scheitern ein mehr oder minder zufälliges Versagen seiner republikanischen Mitstreiter – während er doch in Wahrheit scheitern mußte, weil er, der Mann des Wortes, in Verkennung seiner Ohnmacht das Wagnis unternahm, die unrettbar verlorene Republik gegen die Führer der Revolutionsheere zu verteidigen. Gerade hierin aber (auch dies macht Grimals allzu direkte Apologetik nicht deutlich) liegt der Schlüssel zu Ciceros Größe: seine Ideale waren es wert, daß er für sie litt und schließlich mit dem Leben bezahlte, und sie lebten und wirkten weiter in seinen Schriften, die größtenteils ohne sein Hoffen in hoffnungsloser Zeit nicht entstanden wären.

Grimals Bild vom «genialen Politiker Cicero» und seine den Untergang der Republik auf die Oberfläche des Tagesgeschehens projizierende Darstellungsweise hängen offensichtlich miteinander zusammen und bedingen sich gegenseitig; nur so – durch den Verzicht auf die Voraussetzungen als den Maßstab für die Tragweite der einzelnen Ereignisse – konnte der Eindruck entstehen, Cicero habe etwas für die Bewahrung der Republik erreicht, wo ihm in Wahrheit nur Pyrrhussiege zuteil wurden.

Wer an der Kultur- und Literaturgeschichte des spätrepublikanischen Rom interessiert ist, kommt bei dieser neuen Cicero-Biographie auf seine Kosten. Wem es hingegen um die geschichtlichen Zusammenhänge zu tun ist, die Ciceros Handeln bedingt haben und auf die er selbst eingewirkt hat, dem wird das Buch trotz oder gerade wegen seiner erzählerischen Fülle kaum die gewünschten Aufschlüsse geben.

Pierre Grimal: «Cicero – Philosoph, Politiker, Rhetor». Aus dem Französischen von Ralf Stamm, List Verlag, München 1988

Wie überholt ist Cicero?

Die Klassiker: vergessen und immer wieder neu entdeckt

Der Deutsche Taschenbuch-Verlag brachte unlängst eine «Bibliothek der Antike» heraus: 33 Bände mit Übersetzungen der wichtigsten Werke aus der Hinterlassenschaft der Griechen und Römer, aus Epos, Drama, Roman, Geschichtsschreibung und Philosophie, und er gab dem kühnen Unternehmen das Motto auf den Weg: «Dreitausend Jahre Gegenwart». War das ein Bluff, ein bloßer Reklame-Slogan – oder hat es etwas damit auf sich: sind sie nicht verstaubt und vergessen, überholt und abgetan, die einst viel gerühmten, ja, in den Himmel gehobenen antiken Klassiker? Sind sie wirklich noch gegenwärtig: Homer, Sophokles, Platon, Cicero, Vergil, Tacitus und wie sie alle heißen; hat sich unsere moderne Welt nicht schon lange von ihnen verabschiedet? Und wenn sie noch gegenwärtig sind: wo und wie – wer liest sie noch, wer läßt sich von ihnen erfreuen, trösten, beeindrucken, leiten?

Man bekommt das Problem am besten in den Griff, wenn man von einem Kontrast ausgeht: Wie war es früher, als die von der Weimarer, der deutschen Klassik sanktionierten antiken Klassiker in hoher Geltung standen, und was hat sich seither geändert?

Die Goethezeit hat der Nachwelt nicht nur Literaturwerke in großer Zahl hinterlassen, sondern auch Institutionen, die das von ihr formulierte humanistische Menschenbild weitergaben: das Altsprachliche Gymnasium und die philosophisch-historisch orientierte Philosophische Fakultät. Diese Institutionen sorgten dafür, daß ein ziemlich einheitlicher Standard von Allgemeinwissen und Allgemeinbildung verbreitet wurde. Im Mittelpunkt stand die Antike, standen die Geschichte, die Literatur und die Kunst der Griechen und Römer. Die alten Sprachen beanspruchten in allen Klassen die Hälfte des Stundendeputats; sie wurden so gründlich betrieben, daß der Abiturient die antiken Klassiker nahezu fließend zu lesen vermochte.

Dies änderte sich, als zu Beginn unseres Jahrhunderts andere Formen des Gymnasiums hinzukamen: man konnte das Abitur auch ohne Griechisch erlangen, und der Lateinunterricht wurde mehr und mehr eingeschränkt und zurückgedrängt. Gegenwärtig lernen nur noch ein oder zwei Prozent unserer Gymnasiasten Griechisch, und der Lateinunterricht, den immerhin noch fast jeder zweite genießt, führt oft nur zu ziemlich bescheidenen Kenntnissen. Das humanistische Gymnasium spielt also keine erhebliche Rolle mehr, und das bürgerliche Bildungswissen von einst ist dahingeschmolzen, jener Inbegriff von Zitaten und Formeln, von exemplarischen Situationen und Figuren, mit denen der akademische Mittelstand zu hantieren pflegte: vom Danaergeschenk bis zum Pyrrhussieg, vom gordischen Knoten bis zum archimedischen Punkt.

Sind nun aber deshalb auch die Autoren und Werke, die Stoffe und Gedanken unserem Gesichtskreis entrückt, die jeder Kundige nicht zu Unrecht als das Fundament unserer europäischen Kultur betrachtet wissen möchte?

Zweifellos genießen die griechischen und lateinischen Schriftsteller jetzt nicht mehr das Privileg einer institutionellen Sicherung, wie das im 19. Jahrhundert mit dem humanistischen Gymnasium als dem einzigen Zugang zum Universitätsstudium der Fall war. Das bedeutet, daß es jetzt keinen einheitlichen, keinen eine ganze Schicht prägenden Kanon der Allgemeinbildung mehr gibt; das bedeutet weiterhin, daß nur noch verhältnismäßig wenige die antiken Klassiker im Original zu lesen vermögen.

Es wäre jedoch voreilig, hieraus den Schluß zu ziehen, daß die antiken Klassiker nunmehr zu völliger Wirkungslosigkeit verdammt seien oder, anders ausgedrückt, daß Europa ein gut Teil der Ursprünge vergessen habe, denen es zu verdanken hat, was es in vielen Jahrhunderten geworden ist. Die Werke der Klassiker werden nach wie vor gelesen, studiert, erarbeitet: nicht mehr so oft im Original, sondern vor allem in Übersetzungen, und nicht mehr von einer ganzen Schicht, sondern von vielen einzelnen, die irgendwie – durch ein Buch, eine Theateraufführung, ein Museum, eine Reise – mit der Hinterlassenschaft der Antike in Berührung gekommen sind, die an den Mythen, an der Geschichtsschreibung, an der Philosophie der Griechen und Römer Gefallen gefunden haben und einen erheblichen Teil ihrer freien Zeit dazu benutzen, sich in die monumentalen und daher oft nicht leicht zugänglichen Schriften der Klassiker einzulesen und über das Gelesene nachzudenken: zum Zwecke der Orientierung im eigenen Selbst und in der eigenen Zeit. Und manch einer sucht sogar von den Übersetzungen zu den Originalen vorzudringen und entschließt sich trotz vorgerückten Alters, Latein, ja, Griechisch zu erlernen, wofür jetzt auch Kurse an Volkshochschulen zur Verfügung stehen.

Die Klassiker sind gut dabei aufgehoben, daß die Truppe ihrer Liebhaber nur noch aus Freiwilligen, also aus echten Liebhabern besteht: Sie machen sich jetzt ohne Druck von Vokabel- und Grammatikpensen, von Besinnungsaufsätzen und Zeugnisnoten vernehmbar. Die zerstreute Schar der Antike-Leser, ihrer Zahl nach aus den mitunter erstaunlich hohen Verkaufsziffern besonders geschätzter Werke erschließbar, ist offenbar, was Herkunft und Beruf angeht, überaus bunt gemischt: Juristen und Chemiker, Professoren und Postbeamte, Unternehmer und kaufmännische Angestellte können sich – man mache nur die Probe aufs Exempel! – als Freunde und Kenner der griechischen und römischen Klassiker erweisen.

Gelesen wird nahezu alles, wobei die Interessen geteilt zu sein pflegen – bis hin zu Traumbüchern und astrologischen Schriften. Und nahezu alles ist auch durch deutsche Übersetzungen zugänglich. Die Bibliothek der Alten Welt im Artemis-Verlag, die wiederzubelebende Sammlung des Aufbau-Verlags, die gründlichen Editionen der Reclamschen Universalbibliothek, die eher populär angelegten Ausgaben, die Goldmann und andere Taschenbuchverlage vorlegen, bilden ein breites Spektrum. Nicht alle Übersetzungen sind wirklich gut: Altphilologen lieben die Genauigkeit, die Wörtlichkeit, und so führt ihr Bemühen nicht selten zu einer ziemlich gestelzten Sprache.

In der Blütezeit des humanistischen Gymnasiums, als Übersetzungen vor allem dazu dienten, den Zugang zu den Originalen zu erleichtern, hatte das einen guten Sinn; jetzt, da die Übersetzungen meist an die Stelle der Originale treten, müssen sie ebenso klar und lesbar sein, wie es die Originale ursprünglich waren.

Die Philosophen und Geschichtsschreiber sind gewiß die Spitzenreiter; ihre Probleme und Lösungsvorschläge lassen sich verhältnismäßig umständelos auf unsere heutigen Gegebenheiten übertragen, so daß sie ziemlich unmittelbar Orientierung zu gewähren vermögen, im politisch-sozialen Bereich ebenso wie im privaten. Einst, bis zum 18. und 19. Jahrhundert, wurden auch die großen Redner, allen voran Demosthenes und Cicero, mit Eifer gelesen; daß es sich jetzt anders verhält und sich etwa für Demosthenes, einen Autor ersten Ranges, in unserem Jahrhundert noch kein deutscher Übersetzer gefunden hat, braucht nicht durch mangelndes politisches Interesse bedingt zu sein: Reden gehen aus bestimmten, nicht selten voraussetzungsreichen Situationen hervor und stellen daher an Nachgeborene besonders hohe Anforderungen des Einarbeitens.

Im Bereich der Dichtung sind die homerischen Epen und Ovids «Metamorphosen» von unverminderter Attraktivität, desgleichen die großen Tragödien, wie der «Ödipus» und die «Antigone» des Sophokles. Hier schlagen wohl vor allem die Stoffe und die ihnen inhärenten Menschheitsfragen die Leser in Bann – die Unverwüstlichkeit der griechischen Mythen läßt sich ja auch daran ablesen, daß sie immer wieder moderne Autoren zu neuen Gestaltungen auffordern.

Antike ist in vielerlei Weise anwesend, auf manchen Gebieten intensiver denn je. So hat der Gräzist Flashar (vgl. S. 22ff.) unlängst bewiesen, daß unsere Theater noch nie so viel Antikes aufgeführt haben wie in den letzten Jahrzehnten: kein Stück des Aischylos, des Sophokles, des Euripides oder des Aristophanes blieb übrig, an dem sich nicht ein zeitgenössischer Regisseur versucht hätte. Die Wirkungen der Antike können offen zutage liegen, wie bei Museen, Übersetzungen, theatralischen Darbietungen. Ein gut Teil von ihnen ist jedoch verborgen, dem Auge des Laien nicht erkennbar: in unserem Bürgerlichen Recht, das ohne das Corpus Iuris der Römer nicht denkbar wäre, in der Medizin, in anderen Wissenschaften. Man trifft jetzt, seit dem Schwinden der humanistischen Bildung, nicht selten auf Menschen, die von antiken Begriffen, Vorstellungen, Einsichten und dergleichen mehr Gebrauch machen, ohne zu wissen, woher diese Dinge stammen: derlei «gesunkenes Kulturgut» kann traurig stimmen.

Ein beträchtlicher Teil der präsenten Antike ist oberflächliche Zerstreuung, beliebig vertauschbar mit anderem Freizeitbetrieb. Dem steht jedoch die schwer greifbare, geheime Wirkung gegenüber, welche die antiken Literaturwerke im Studierzimmer einzelner ausüben. Gerade jetzt, nach dem kläglichen Kollaps kühnster Fortschrittserwartungen, werden die Einsichten der antiken Dichter, Philosophen und Geschichtsschreiber wieder an Wert gewinnen. Die großen Denker der Griechen und Römer pflegten vorauszusetzen, daß der Mensch sich in seinem Wesen gleich bleibe und daß daher die Erkenntnisse, die sie in ihren Werken festgehalten hatten, auch künftigen Jahrhunderten nützlich sein könnten. Das Scheitern des Glaubens, daß der Mensch schier grenzenlos veränderbar sei, gibt dieser Einstellung offenbar recht, und so wird man sich nicht mehr so rasch der Erfahrungen vergangener Epochen überhoben glauben, wie dies noch in jüngster Zeit bei nicht wenigen der Fall war, die sich eben deshalb für besonders gescheit und aufgeklärt hielten.

Die neue Chance der antiken Klassiker verleiht auch dem Motto

«Dreitausend Jahre Gegenwart» einen guten Sinn: so sehr sich unsere äußeren Verhältnisse durch die moderne Technik verändert haben, so sehr sind wir in unserem Wesenskern dieselben geblieben: in unseren ästhetischen Bedürfnissen, in unseren politischen Bestrebungen, in unseren ethischen Forderungen.

Was den Stempel Roms trägt

Schematisch, anregend: Michael von Albrechts Literaturgeschichte

Der römische Universalgelehrte Varro war ein eifriger Systematiker: er zergliederte und teilte ein, soviel er konnte, und hielt, wenn möglich, für ähnliche Gegenstände stets dieselben Rubriken bereit. Sein Lehrbuch über die Landwirtschaft etwa unterscheidet Kleinvieh und Großvieh, Hirten und Hunde und erörtert bei jeder Spezies eine konstante Reihe von Punkten: Alter, Aussehen, Rasse, Rechtsvorschriften, Haltung, Zucht und so fort – auch bei den Hirten, die ja meist Sklaven waren.

Hieran wird erinnert, wer sich mit dem hervorstechendsten Merkmal der imposanten römischen Literaturgeschichte Michael von Albrechts vertraut gemacht hat, mit ihrem geradezu geometrischen Bau. Die Hauptmasse besteht aus vier großen Kapiteln, die vier Perioden darstellen: die Literatur der Republik, der augusteischen Zeit, der frühen Kaiserzeit sowie der mittleren und späten Kaiserzeit. Jedes Kapitel beginnt mit einem Überblick, der den jeweiligen Stoff in stereotyp wiederkehrenden Rubriken abhandelt: historischer Rahmen, Entstehungsbedingungen der Literatur, lateinische und griechische Literatur, Gattungen, Sprache und Stil und so fort.

Des weiteren herrschen die Gattungen, die stets in zwei Kolumnen – Poesie und Prosa – aufgereiht sind. Bei dem frühesten Repräsentanten einer jeden Gattung ist ein Längsschnitt eingeschaltet, ein Resümee der Gattungsgeschichte von den Anfängen bis zum sechsten Jahrhundert; auch hier trifft man auf ein sich gleichbleibendes Repertoire von Rubriken. Der aufdringlichste Schematismus des Werkes ist der dritte: Jeder Autor, von Andronicus bis Boethius, wird nach dem Raster Leben/Datierung, Werkübersicht, Quellen/Vorbilder/Gattungen, literarische Technik, Sprache und

Stil, Gedankenwelt I: literarische Reflexionen; Gedankenwelt II (worunter der Verfasser die leitenden Ideen und Tendenzen versteht), Überlieferung, Fortwirken abgehandelt.

Jede Literaturgeschichte muß manchen Zusammenhang opfern, um andere Zusammenhänge hervorheben zu können: Wer das Œuvre der einzelnen Autoren in den Vordergrund rückt, vermag sich nicht gleichermaßen um die Gattungen zu kümmern und vice versa. Das Verfahren von Albrechts indes scheint ungewöhnlich viel zu opfern; insbesondere die Autoren werden geradezu als Ragout dargeboten. Dies gilt zumal, wenn sich ein Autor in mehreren Gattungen erprobt hat: Er wird nur einmal vorgeführt, und zwar immer nach den genannten Gesichtspunkten. Die Betrachtung schreitet also im Falle Vergils nicht von den Hirtengedichten über die «Georgika» zur «Aeneis» fort; sie bringt vielmehr zunächst das Wichtigste zur Frage der Quellen und Vorbilder aller dreier Werke, geht dann auf die jeweilige literarische Technik ein und so fort. Nicht als ob der Verfasser nicht wüßte, daß Vergils Werk eine Entwicklung bekundet und eine innere Biographie spiegelt: doch der Zwang des Schemas setzt all seinem Bemühen, diese Entwicklung zur Geltung zu bringen, fühlbare Schranken.

Die zeitliche Grenze «nach unten», zum Mittelalter hin, ist allenfalls von einer Konvention, nicht aber von der Sache diktiert: Warum wurden Boethius, Cassiodor und das Corpus Iuris Justinians einer ausführlichen Behandlung gewürdigt, Gregor von Tours, Venantius Fortunatus und Isidor von Sevilla hingegen nicht? Zur Spätantike gehören sie alle: Die endet nach heutiger Auffassung erst im siebten Jahrhundert, wenn nicht gar erst mit dem Einsetzen der karolingischen Reformen.

Das Problem der Periodisierung hat generell nicht die Aufmerksamkeit gefunden, die es wohl verdient hätte. So fragt sich, ob nicht die beiden Phasen der römischen Klassik, das Zeitalter Ciceros und das des Augustus, unter *ein* Dach gehören; der Verfasser läßt die politische Zäsur, den Übergang von der Republik zur

Monarchie, maßgeblich sein und stellt demgegenüber die der Literatur immanenten Gegebenheiten zurück. Noch weniger vermag die Gliederung der kaiserzeitlichen Literatur zu überzeugen: Die mittlere und die späte Kaiserzeit sollen einerseits von Hadrian bis Diokletian und andererseits von Konstantin bis Justinian reichen. Hier wird ganz offensichtlich unpassend verbunden und unpassend getrennt: Der tiefste politische und literarische Graben läuft durch die Mitte des dritten Jahrhunderts, liegt also vor dem Regiment Diokletians.

Man könnte nun auch noch bedauern, daß, zumal im letzten Viertel des Werkes – aber auch sonst, etwa bei den Gattungslängsschnitten –, Heidnisches und Christliches allzu friedlich nebeneinander steht. Mehr Beachtung verdienen jedoch einige Eigenschaften, die dieser umfänglichen Literaturgeschichte zur Zier gereichen, so daß sie die erwähnten Bedenklichkeiten einigermaßen aufzuwiegen scheinen. Da muß zuallererst auf eine Fülle von ebenso unkonventionellen wie einleuchtenden Beobachtungen hingewiesen werden, die das ganze Werk durchziehen und sich nicht selten zu kleinen Essays verdichten – trotz der Schemata. Man lese etwa die Seiten über Caesars «Gedankenwelt»: mit sicheren Strichen wird hier aus dem literarischen Œuvre ein kritisches Bild von dem kalt rechnenden Tatmenschen, für den auch sittliche Werte nur Funktionen seines Machtstrebens sind, gezeichnet. Derlei Partien als Früchte großer Belesenheit zu bezeichnen wäre noch zuwenig: Sie zeigen, daß von Albrecht einem erheblichen Teil der von ihm behandelten Autoren ein langes und intensives Studium gewidmet hat.

Überhaupt die Belesenheit: sie ist offenbar immens, und auf sie gründet sich die zweite Eigenschaft dieses Werkes, die großen Dank verdient. Der Untertitel verspricht nicht zuviel: Die Wirkungsgeschichte nimmt einen erheblichen Raum ein, und die Menge der präzis belegten und sachkundig kommentierten Zeugnisse ragt weit über alles hinaus, was die Latinistik bislang auf diesem Felde vorgeführt hat. Wenn man alle Abschnitte zusammennähme, die die Überschrift «Fortwirken» tragen, dann würde evident, daß von Albrechts Materialbeherrschung an die eines Ernst Robert Curtius heranreicht.

Ein dritter Vorzug ähnelt den beiden vorigen: Der Verfasser ist nicht nur ein gründlicher Kenner der römischen Autoren selbst sowie all der europäischen Schriftsteller des Mittelalters und der Neuzeit, die sich von den römischen Autoren haben anregen lassen; er hat auch die wissenschaftliche Diskussion in staunenswertem Maße berücksichtigt. Die Anmerkungen und die einem jeden Abschnitt folgenden Hinweise machen das Werk zu einer handlichen, zuverlässigen Bibliographie.

Der Verfasser möchte seine Literaturgeschichte nicht nur von Studenten und Lehrern der alten und neuen Sprachen, sondern auch von anderen Interessierten beachtet wissen. Dies mag für alle die gelten, die schon einige Vorkenntnisse über die geistige Hinterlassenschaft der Römer mitbringen. Dies gilt indes vor allem für einen Kreis, den der Verfasser nicht ausdrücklich nennt: für die im Bereich der europäischen Literatur Forschenden. Sie können dieses gedankenreiche, durchweg gut formulierte und überaus sorgfältig gedruckte Werk als Handbuch, zum Nachschlagen benutzen; sie werden dort für nahezu alles, was den Stempel Roms trägt, sei es von den Griechen übernommen oder, wie das Recht, von den Römern selbst hervorgebracht, Belehrung und Anregung empfangen.

Michael von Albrecht: «Geschichte der römischen Literatur von Andronicus bis Boethius». Mit Berücksichtigung ihrer Bedeutung für die Neuzeit. Francke/K. G. Saur Verlag, Bern, München 1992

Panorama der Kaiserzeit

Albrecht Dihles antike Literaturgeschichte

Berühmte Verse der «Aeneis» Vergils weisen den beiden wichtigsten Völkern des Reiches, den Römern und Griechen, eine je verschiedene Rolle zu: Die Römer herrschen und verbürgen durch ihre Herrschaft Frieden und Recht; die Griechen gehören zu den Untertanen, leisten jedoch Außerordentliches in den Künsten und Wissenschaften. Etwa anderthalb Jahrhunderte später, unter dem Regiment der Adoptivkaiser, stellten sich die Dinge ganz anders dar als zur Zeit des Augustus. Die Gegensätze waren verschwunden: die Römer hatten den kulturellen Vorsprung der Griechen weithin aufgeholt, insbesondere in der Literatur, und die Griechen fühlten sich, sosehr sie an ihrer Sprache festhielten, weithin als Römer, als vollberechtigte Mitglieder des Reichsverbandes.

Folgerichtig wich die imperialistische, Herrscher und Beherrschte unterscheidende Staatsidee von einst einer neuen, zivilisatorischen Staatsidee, die allen Reichsangehörigen in gleicher Weise die Segnungen der Friedensordnung verhieß. Dieses Ganze des *Orbis Romanus* hielt trotz einer schweren Krise im dritten Jahrhundert bis zum Beginn der Völkerwanderung. Damals trennten sich die Wege von West und Ost, der lateinischen und der griechischen Reichshälfte: Westrom ging unter im Sturm germanischer Eindringlinge; Ostrom behauptete sich das ganze Mittelalter bis zur Eroberung durch die Türken.

Es gibt gute Gründe für eine Literaturgeschichte auf dem Terrain der Antike, die sich durch zwei Eigenschaften auszeichnet: dadurch, daß sie sich der Kaiserzeit widmet, der Zeit von Augustus an, sowie dadurch, daß sie sich beider Literaturen des Reiches, der lateinischen ebenso wie der griechischen, annimmt. Diese zeitliche Begrenzung und ein derartiger komparatistischer Ansatz hängen miteinander zusammen. Erst mit der Begründung des Kaisertums, einer gleichermaßen über den Römern wie über den Nichtrömern stehenden Instanz, setzt der erwähnte Ausgleichsprozeß ein, und erst von damals an sind die Römer auf kulturellem Gebiet im Verhältnis zu den Griechen nicht nur Empfangende, sondern auch Gebende, so daß es sinnvoll wird, die beiderseitigen, auf vielfältigem Austausch beruhenden Leistungen nebeneinanderzustellen und aneinander zu messen. Für die untere Grenze der Darstellung aber kommen im Strom der Ereignisse zwei Zäsuren in Betracht: die Reichskrise in der Mitte des dritten Jahrhunderts und das nahezu totale Erlöschen geistiger Betätigungen zu Beginn des siebten Jahrhunderts, des «dunklen Zeitalters».

Albrecht Dihles großangelegte Literaturgeschichte hat die genannten Eigenschaften. Sie stellt eine Synopse der beiden durch das Repertoire der Gattungen, Stoffe und leitenden Ideen mannigfach vergleichbaren, nur durch die Sprache sich unterscheidenden Literaturen dar, und sie tut dies für die ganze Kaiserzeit, sowohl für die Epoche des Prinzipats als auch für die sogenannte Spätantike von Diokletian (284 bis 305 n.Chr.) bis zum Ausgang des sechsten Jahrhunderts. Innerhalb dieses Rahmens aber wird, wie es in der Altertumswissenschaft üblich ist, alles Erhaltene erörtert und das Nicht-Erhaltene, von dem wir aus zweiter Hand wissen, mindestens erwähnt: die schöne Literatur, die philosophischen Werke, die Schriften der Fachwissenschaften. Dihles zutreffende Begründung hierfür lautet: «Man kann für die Erschließung der Werke hoher Literatur nicht auf die Hilfen verzichten, die man beim Studium der Fachliteratur gewinnt.» Und: «Im Fall der griechisch-römischen Antike muß mit der Erschließung ihres literarischen Nachlasses diejenige der Gesamtkultur Hand in Hand gehen, denn beide gehören ganz und gar der Vergangenheit an.»

Die gesamte Literatur im Blick auf die gesamte Kultur: ein derartiges Programm setzt eine immense Belesenheit voraus. Überdies hat die Kaiserzeit die Fundamente für zwei neue Bereiche gelegt, die seither zur europäischen Kultur gehören: für das römische Recht und die christliche Kirche; wer die Literatur dieser Periode darstellen will, muß sich also nicht nur in der Dichtung, der Philosophie und der Geschichtsschreibung auskennen, sondern auch in der Jurisprudenz und der Theologie. Dihle hat für sein derart umfassendes Unternehmen Voraussetzungen mitgebracht wie kaum ein anderer: die Philosophie, insbesondere die Ethik, und die christliche Literatur sind seit jeher Hauptdomänen seines Forschens, und der eher konventionellen Gebiete der Altphilologie hat er sich durch vielfältige Einzelstudien angenommen, in der römischen Literatur kaum minder als in der griechischen.

Die Darstellung ist nach Maßgabe der politischen Zäsuren in acht Abschnitte gegliedert, von der «julisch-claudischen Zeit» bis zum «christlichen Imperium», also bis zur Zeit nach Konstantin. Hier macht sich ein gewisses Ungleichgewicht bemerkbar: während dem Prinzipat einschließlich der großen Reichskrise des dritten Jahrhunderts sechs Kapitel gelten, muß sich die ebenfalls drei Jahrhunderte währende Spätantike mit zwei Kapiteln begnügen, wobei lediglich die diokletianisch-konstantinische und die nachkonstantinische Zeit unterschieden werden. Dort hätte sich wohl eine genauere Periodisierung empfohlen; jedenfalls hätte die Zeit Augustins, die große Zeit der patristischen Literatur (350 bis 430 n. Chr.), einen eigenen Abschnitt verdient. Jetzt aber kommen über den gattungsgeschichtlichen Querschnitten – Grammatik, Rhetorik, Geschichtsschreibung, Philosophie jeweils über zweieinhalb Jahrhunderte hinweg – die Längsverbindungen zu kurz: örtlich und zeitlich begrenzte Sonderentwicklungen wie die Blüte im Italien Theoderichs erhalten nicht das ihnen zukommende Profil, und das Œuvre manches bedeutenden Autors, auf die Rubriken der Gattungen verteilt, tritt kaum noch als ein Ganzes vor das Auge des Lesers.

Dihle hat, wie er im Vorwort ausdrücklich bemerkt, kein Nachschlagewerk schreiben wollen: sein Buch sei zur kursorischen Lektüre bestimmt. Dieses geradezu paradoxe Ziel – eine lesbare, eher den Regeln eines Essays gehorchende Gesamtschau in den Dimensionen eines Handbuches – hat er durchaus erreicht, abgesehen vielleicht vom allzu kompakten Schlußkapitel. Der eigentlichen Darstellung geht eine grundlegende Einleitung voraus, eine Schilderung des Zustandes, welchen die beiden Literaturen zur Zeit des Augustus erreicht hatten. Sie waren nämlich erst jetzt einander ebenbürtig, da nunmehr auch die Römer – wie die Griechen seit dem fünften Jahrhundert v. Chr. – eine Klassik besaßen, an der sie sich orientieren, von der sie sich abgestoßen oder angezogen fühlen konnten.

Alle Abschnitte beginnen mit einer knappen und treffenden Skizze des historischen Hintergrundes; dann folgen die jeweils einschlägigen Literaturwerke, die sachgerecht teils nach Gattungen, teils, bei den Großen und Vielseitigen, nach Autoren geordnet sind. Die Darstellung beruht offenkundig überall auf gründlicher Kenntnis des Gegenstandes; sie wäre sonst nicht so anschaulich ausgefallen, nicht so treffend und ausgewogen im Urteil.

Dem Werk scheint sich etwas von der während der Spätantike herrschenden neuplatonischen Philosophie mitgeteilt zu haben: es verbindet Einheitlichkeit mit großer Vielfalt. Jeder Abschnitt enthält ein reiches Spektrum von Dichtungs- und Prosagattungen, die stets nach Struktur, Stil, Stoffen, leitenden Gedanken und so weiter betrachtet werden. Dabei wahrt Dihle allen Einzelheiten gegenüber so viel Distanz, daß er die jeweiligen Voraussetzungen vorführen und die Verbindungslinien ziehen kann – worauf er sich bei den Subtilitäten philosophischer oder theologischer Debatten nicht weniger gut versteht als bei der Schönheit und Eigenart erlesener Dichtwerke. So ergibt sich wie von selbst Einheitlichkeit: Jedes Detail verweist auf das bedingende Kulturganze, und die Mannigfaltigkeit der Gattungen und Werke fügt sich zu einem eindrucksvollen Panorama des kaiserzeitlichen Geisteslebens zusammen.

Gleichwohl ist die vom Verfasser anvisierte Zweckbestimmung

zusammenhängender Lektüre schwerlich so gemeint, daß man sich das ganze Werk in einem Zuge aneignen solle. Dafür ist es doch wohl zu gründlich, zu sehr auf Vollständigkeit bedacht. Zwar bleibt dem Leser im wesentlichen erspart, was nur für den Spezialisten von Belang ist: biographische Einzelheiten, Echtheitskontroversen, Datierungsfragen, Textkritik und Textgeschichte etwa; andererseits nimmt sich die Darstellung nicht nur aller erhaltenen, sondern auch vieler Werke an, die nur durch Fragmente oder Zeugnisse Späterer bekannt sind. Dem Leser sei daher empfohlen, das Werk in Abschnitten zu studieren: die einzelnen Abschnitte sind für ein solches Vorgehen selbständig und in sich geschlossen genug. Außerdem aber kann er es trotz der Warnung des Verfassers ein wenig als Handbuch benutzen: als Hinführung zu gründlicherer Beschäftigung mit einzelnen Gegenständen. Ebendiesem Zwecke dient eine Bibliographie, die nahezu für jede Seite der Darstellung die wichtigsten weiterführenden Titel nennt.

Kurz und gut, das Werk ist wohl wirklich (wie der Klappentext verheißt) einzigartig und ohnegleichen in der Literaturgeschichtsschreibung: noch nie ist es einem einzelnen Gelehrten gelungen, die Literatur und das Geistesleben der römischen Kaiserzeit in solcher Geschlossenheit als ein vielstimmiges Ganzes darzustellen. Das Buch geht alle an, die sich für antike – sei es pagane, sei es christliche – Literatur interessieren.

Albrecht Dihle: «Die griechische und lateinische Literatur der Kaiserzeit». Von Augustus bis Justinian. Verlag C. H. Beck, München 1989.

Wehe Herr, die Türken sind da!

Peter Burke verschenkt ein großes Thema: das nachmittelalterliche Latein

Die Humanisten, allen voran Lorenzo Valla, verfochten ein neues Stilideal: Sie strebten fort von jenem «vulgären», «barbarischen» Latein, das nahezu ein Jahrtausend in Kirche, Staat und Wissenschaft geherrscht hatte; sie griffen zurück auf das Goldene Zeitalter der Latinität, auf die römische Antike, insbesondere auf Cicero. Ihr Stilkampf veranlaßte sie, alsbald auch ein Spott- und Schimpfwort im Munde zu führen, für das die Küche, seit jeher Quell herabziehender Komik, herhalten mußte: das überkommene mittelalterliche Latein, bisher das auszeichnende Merkmal der Gelehrten und Schriftkundigen, wurde in die «Niederungen» des Alltags verwiesen.

Also ein Gegenstand, möchte man meinen, der Peter Burke, dem Sozialhistoriker, dem Erforscher des Alltags, dem Kenner der Renaissance, auf den Leib geschrieben ist. Von Sprachen handelt bereits ein Kapitel in dem Werk «Städtische Kultur in Italien zwischen Hochrenaissance und Barock», in einem der Bücher, mit denen sich Burke auch hierzulande einen Namen gemacht hat (neben einer Einführung in Leben und Werk Vicos und neben der «Renaissance in Italien»). Der Titel des neuen Büchleins läßt daher eine gediegene und zugleich einfallsreiche Betrachtung des Sozialphänomens Latein erwarten: der alten, mancherlei Wildwuchs zeigenden Sprache der Mönche und des neuen, eleganten, klassizistischen Idioms der Humanisten – man malt sich schon aus, wie Burke die überkommenen Positionen des großen Stilkampfs mit neuen Tatsachen und neuen Gesichtspunkten in Frage stellt, wie er relativiert und differenziert, was bisher so eindeutig schien.

Diese Erwartungen werden gründlich enttäuscht: Niveau und Thematik des Büchleins bleiben weit hinter dem zurück, was man sonst von dem Autor gewohnt ist. Das Titelwort «Küchenlatein» kommt überhaupt nicht vor, und auch die Sache, der Stilwandel, wird nur kurz und mit summarischen Gemeinplätzen abgetan. Außerdem haben zwei der drei Aufsätze, die hier recht willkürlich zusammengebracht worden sind, nichts mit Latein zu tun. Das erste Stück enthält eine Art Einführung in die Soziolinguistik, plakativ und mit anfechtbaren Unterscheidungen. Das dritte Stück wiederum führt Materialien zu einem Kapitel der Bildungsgeschichte vor: Es handelt vom «Lesen und Schreiben im Italien der frühen Neuzeit».

So bleibt die mittlere Abhandlung: «Heu domine, adsunt Turcae! (Wehe Herr, die Türken sind da!) – Abriß einer Sozialgeschichte des postmittelalterlichen Latein». Hier wird skizziert, in welchem Maße auch die frühe Neuzeit noch das Lateinische als internationales, in ganz Europa kursierendes Verständigungsmittel verwendet hat: in der Kirche, in der Wissenschaft, in der Diplomatie, im Recht und im Geschäftsleben. Der Verfasser behauptet zu Beginn, nur «soziolinguistisch reformierte» Fragestellungen vermöchten über Aufstieg und Niedergang des Lateinischen nach 1500 hinlänglich differenzierte Auskünfte zu geben – und bleibt, indem er Einzelfakten häuft und die bedingenden, übergreifenden Zusammenhänge ignoriert, diese Auskünfte ganz und gar schuldig. Die positivistisch orientierte Alltagsforschung reicht hier offensichtlich nicht aus; das große Thema läßt sich ohne die herkömmlichen geistes- und institutionengeschichtlichen Perspektiven (zum Beispiel ohne die Lateinschule, die von Burke mit keinem Wort erwähnt wird) nicht zulänglich bewältigen.

Zur Entlastung des Autors sei gesagt, daß der deutschen Fassung kein exakt entsprechendes englisches Original zugrunde liegt: das erste und dritte Stück sind dem von Burke und Roy Porter herausgegebenen Sammelband «The social history of language» (Cambridge 1987) entnommen; der Aufsatz über das neuzeitliche Latein wurde eigens – und wohl auch eilig – für den deutschen Band hergestellt. So drängt sich der Verdacht auf, daß der deutsche Verlag die Konjunktur hat nutzen wollen – in diesem Falle zu seinem und seines Autors Schaden. Das nachantike Latein, die Sprache ebenso wie die Literatur, ist im deutschen, noch stets vom einseitigen Antikekult der Goethezeit geprägten Horizont ein wichtiges, eingehender Betrachtung bedürftiges Thema. Das vorliegende Bändchen vermag dem hier vorhandenen Desiderat durchaus nicht abzuhelfen.

Peter Burke: «Küchenlatein». Sprache und Umgangssprache in der frühen Neuzeit. Aus dem Englischen von Robin Cackett. Verlag Klaus Wagenbach, Berlin 1989

Vom römischen Recht und seiner Wirkung

Europas fremd gewordene Fundamente

Franz Wieackers Summe der römischen Rechtsgeschichte

Das Recht der alten Römer ist noch überall gegenwärtig: in unseren Gesetzbüchern, juristischen Lehrsätzen und Gerichtsentscheidungen, nur daß ein ungeschultes Auge hiervon wenig oder nichts bemerkt. Da es aber zu den Pflichten einer jeden Nation gehört, sich stets ihrer eigenen Voraussetzungen zu vergewissern, dürfen die Europäer nicht aufhören, sich mit dem römischen Recht, der wichtigsten Grundlage ihrer Staatlichkeit, zu beschäftigen – was leider zur Zeit von den Studienordnungen unserer juristischen Fakultäten nicht mehr hinlänglich beachtet wird.

Das monumentale Werk Franz Wieackers, dessen erster Band nunmehr erschienen ist, repräsentiert den einen Hauptzweig römischrechtlicher Gesamtdarstellungen: nicht die Institutionen (wie Eigentum, Kauf) und deren Entwicklung, sondern die sogenannte äußere Rechtsgeschichte, das heißt die (wie Wieacker sagt) «Rechtsbildung», das Ensemble der die Rechtsordnung bedingenden und verändernden Faktoren, einschließlich der Juristen und ihrer Literatur selbst. Was hier vorgeführt wird, ist das Recht als Ausdruck und Funktion einer Kultur, als das sich wandelnde Produkt sich wandelnder geistiger, politischer, wirtschaftlicher und sozialer Gegebenheiten. Dies gilt um so mehr, als sich der vorliegende erste Teil von Wieackers Diptychon – von allgemeinen Präliminarien wie Definition des Gegenstandes, Forschungsgeschichte und Quellenkunde abgesehen – auf die Zeit bis zum Ende der Republik beschränkt, auf die Zeit also, die nur mittelbar auf Europa gewirkt hat: als Grundlegung des Rechts der römischen Kaiserzeit. Der erste Band befaßt sich demnach, betrachtet aus der Perspektive der Wirkung auf Europa, mit der Phase der Fremdheit, der Alterität, wie sich der zweite, im Entwurf schon fertiggestellte, mit der Phase der Nähe, der Identität befassen wird – wobei man sich allerdings hüten muß, den Kontrast auf die Spitze zu treiben: Wie hätte aus den Zuständen der Republik das uns Nahe und Vertraute hervorgehen können, wenn sie nur Erscheinungen gezeigt hätten, die uns fremd sind; und andererseits: Das Recht der Kaiserzeit enthielt noch des Fremden genug, das der Assimilation durch die europäische Tradition bedurfte.

Aufbau und Methodik des ersten Bandes waren durch die verhältnismäßig geringe Anzahl primärer juristischer Textzeugen vorgezeichnet: Es galt, die republikanischen Gegebenheiten sowohl aus Gleichzeitigem als auch aus Späterem – gewissermaßen durch ein Netzwerk horizontaler und vertikaler Verbindungsstreben – zu rekonstruieren. So rechtfertigt sich die Fülle des Gleichzeitigen, die horizontale Breite der Darstellung: Wieacker bringt eine Verfassungs-, Kultur- und Sozialgeschichte der römischen Republik in nuce, und die im eigentlichen Sinne rechtshistorischen Erscheinungen werden im Lichte einer umsichtigen Gesamtschau vorgeführt und gedeutet. So erklärt sich weiterhin das Verfahren, das Wieacker angewandt hat, die epochalen Gegebenheiten der Rechtsgeschichte – das urtümliche Zwölftafelgesetz, die Jurisprudenz der Pontifices (der obersten Kultbeamten), die Rechtsprechung des Prätors – voneinander abzugrenzen und doch wieder miteinander zu verknüpfen. Seine Behandlung dieser vertikalen Linie beruht durchweg auf der Annahme, daß sich die Entwicklung in kleinsten Schritten vollzogen habe: Was kann – so etwa lautet stets die leitende Frage – nach Lage der Quellen ein Zustand a vom darauffolgenden Zustand b schon antizipiert, was kann andererseits der Zustand b vom vorausgehenden Zustand a noch bewahrt haben? Daß sich schwerlich ein besseres Prinzip finden ließ, Stetigkeit und Wandel richtig aufeinander abzustimmen, wird jedem einleuchten, der bedenkt, wie konsequent und gradlinig sich Rom im Lauf seiner langen Geschichte vom Stadtstaat zum Weltreich entwickelt hat – trotz der innenpolitischen Zäsur des Übergangs von der Republik zur Monarchie.

Wieacker hat sein Werk den strengen Regeln des im vorigen Jahrhundert gegründeten systematischen «Handbuchs der Altertumswissenschaft» unterworfen, das gerade in der den antiken Rechten vorbehaltenen Abteilung auch in jüngster Zeit Bearbeiter findet – es sei nur an Max Kasers «Römisches Privatrecht» (das die «innere» Rechtsgeschichte, das System und die Institutionen, behandelt) erinnert. Wieacker hat in dieser Hinsicht ein Äußerstes getan. Seine Darstellung gibt – den Regeln des «Handbuches» gemäß – eine klare und ausgewogene, die Unsicherheiten und Lücken unseres Wissens nie verbrämende Synthese dessen, was mehr als ein Jahrhundert intensiven Forschens auf den verschiedensten Gebieten der Altertumswissenschaft erbracht hat. Sie läßt indes hierbei – ebenfalls den Regeln oder wohl richtiger dem Ideal des «Handbuchs» gemäß – nichts undokumentiert: zu jeder Tatsache, jeder Vermutung und jedem Gedankenschritt findet der Leser sowohl alle wichtigen Primärzeugnisse als auch eine Fülle von Hinweisen auf die Forschungsliteratur. Zumal das zuletzt genannte Faktum ist schier unbegreiflich, selbst wenn man bedenkt, daß Wieacker die Summe seiner eigenen reichen, über fünfzig Jahre sich erstreckenden Forschertätigkeit ziehen konnte: Man fragt sich, wie es möglich war, daß ein einzelner auf allen von ihm in Betracht gezogenen Gebieten, auch den ihm fernliegenden, sämtliche Spezialuntersuchungen zu Rate gezogen und ausgewertet hat, so daß sich die Substruktionen der Darstellung auf etwa 20000 Literaturhinweise belaufen dürften.

Wieackers «Römische Rechtsgeschichte» steht im Horizont der Überzeugung, daß die Hinterlassenschaft der Antike Europas Schicksal sei – auch jetzt noch und solange es Europa bleibt. Jeder, für den diese Überzeugung noch nicht obsolet geworden ist, wird für dieses durch Aufbau, Gedankenreichtum und Darstellungskunst gleichermaßen herausragende Werk dankbar sein – ob er es zum Nachschlagen benutzt oder zu kontinuierlicher, ebenso fesselnder wie unterrichtender Lektüre.

Franz Wieacker: «Römische Rechtsgeschichte». Quellenkunde, Rechtsbildung, Jurisprudenz und Rechtsliteratur. 1. Abschnitt: Einleitung – Quellenkunde – Frühzeit und Republik (Handbuch der Altertumswissenschaft X.3.1.1). C.H. Beck'sche Verlagsbuchhandlung, München 1988.

Ex oriente ius

Walter Selbs allzu knapper Überblick über die antike Rechtsgeschichte

Dieses Buch ist nicht zufällig von einem Wiener Rechtshistoriker verfaßt. In Wien hatte Ludwig Mitteis gewirkt, dessen Hauptwerk «Reichsrecht und Volksrecht in den östlichen Provinzen des römischen Reichs» (1891) zum erstenmal mit Entschiedenheit den Versuch unternahm, die orientalischen Rechtstraditionen in ein Verhältnis zum römischen Privatrecht zu setzen. Mitteis regte hiermit seinen Schüler Leopold Wenger zur Konzeption der «antiken Rechtsgeschichte» an, zu einem Programm, das alle antiken Rechte in ihren wechselseitigen Beziehungen zu untersuchen versprach. Der Begriff «Antike» schloß hierbei den ganzen Alten Orient mitsamt den Keilschriftquellen ein – so daß Kritiker mit guten Gründen fragten, ob sich denn auf einem derart weit abgesteckten Terrain noch irgend etwas Verbindendes ausfindig machen lasse.

Der Verfasser kennt diese Bedenken, und so versichert er, daß seine Darstellung keinen neuen Versuch enthalte, «eine ‹Einheit des Altertums› zu fassen oder wenigstens eine einheitliche Geschichte der Rechtskulturen bei den Anwohnern des Mittelmeerraumes zu erfahren». Andererseits glaubt er den Überblick über ein derart ausgedehntes Gebiet damit rechtfertigen zu können, daß alles, was sich dort hervorgetan habe, zu den Voraussetzungen der abendländischen Kultur zähle – auch die Keilschriftrechte, die ja zur Umwelt des Alten Testaments gehört hätten. Ein nicht selten begegnender Zwiespalt: Als Legitimation soll genügen, daß die Fülle der neuen Quellen zumal aus Ägypten, Kleinasien und Mesopotamien, seit jeher eine wichtige Triebfeder für die Unternehmungen der Wiener Schule, nach Erschließung verlangt; für diese mühevolle Detailarbeit aber darf es von vornherein an einem übergeordneten Ziel nicht fehlen.

Das Buch wendet sich nicht nur an Fachkollegen, an Rechtshistoriker. Es soll allen Juristen, denen die Geschichte ihrer Wissenschaft etwas bedeutet, sowie Althistorikern und Orientalisten Aufschlüsse über zahlreiche, großenteils wenig bekannte Rechtskreise geben. Hierbei ist es dem Verfasser vor allem darum zu tun, auf den mannigfachen von ihm behandelten Gebieten in den heutigen Stand der Forschung einzuführen.

Ein erster, vorbereitender Teil behandelt die Geschichte der neuzeitlichen Beschäftigung mit antikem Recht: Man wollte für die eigene Praxis daraus lernen und begnügte sich daher im wesentlichen mit der hierfür besonders geeigneten Hinterlassenschaft der Römer; erst in den letzten hundert Jahren gewöhnte man sich daran, sowohl das römische als auch die außerrömischen Rechte allein aus wissenschaftlicher Neugier als historische Erscheinungen zu würdigen. Schon hier ist vieles zu skizzenhaft ausgefallen; so endet zum Beispiel der Abschnitt «Die neue Orientalistik» mit den Assemani (18. Jahrhundert): Kein Wort über den großen Aufschwung, den die unter diesem Begriff zusammengefaßten Disziplinen seit der Mitte des 19. Jahrhunderts genommen haben.

Der Hauptteil läßt die einzelnen Rechtsgebiete Revue passieren: Rom – Griechenland – Hellenistische Welt – Ägypten – Alter Orient – Südarabien – Israel – Christlicher Orient. Der Verfasser widmet sich dort vor allem den Quellen und ihrer wissenschaftlichen Erschließung; er versucht außerdem, durch einige Daten eine Vorstellung von der allgemeinen Geschichte eines jeden Rechtskreises zu vermitteln, und bringt gelegentlich Beispiele, die etwas über die Eigenart der jeweils erörterten Rechtstradition aussagen sollen.

Dies alles geht nicht systematisch und nach festem Plan, sondern eher in einem lockeren Plauderton vonstatten, nicht ohne Wiederholungen und – bei den orientalischen Rechten – mit dem ständigen Hinweis, daß die Materie noch so gut wie gar nicht erforscht sei. Nichts wird gründlich erörtert; und über den vielen Präliminarien (der Beschaffenheit der Quellen, der Lückenhaftigkeit unserer Kenntnisse, der Schwierigkeit, zumal in Ägypten die zahlreichen Rechtsschichten voneinander zu sondern) kommt die Sache selbst, die einzelne Rechtsordnung, erheblich zu kurz.

Das Buch leidet an einem inneren Widerspruch: Es will Außenstehende ansprechen und konzentriert sich gleichwohl auf Interna. So ist es für die Fachwelt zu populär und für den Laien nicht anschaulich genug. Und vor allem zu kurz: Es ist ein Ding der Unmöglichkeit, von der bunten Welt der antiken und altorientalischen Rechtstraditionen auf wenig mehr als 200 Seiten auch nur gröbste Umrisse zu vermitteln.

Erwünscht wäre ein Werk von mindestens dem doppelten Umfang, das nicht ständig auf die Lücken und Mängel der bisherigen Forschung aufmerksam macht, sondern darstellt, was als gesichertes Wissen gelten darf, ein Werk, das über den Substruktionen nicht die Fassade vergißt – ohne Bild gesprochen: das sich vor allem dem Überlieferten selbst widmet und dann erst den Voraussetzungen, deren es bedarf, das Überlieferte zu verstehen. Das römische Recht, die Pandekten zumal (deren Namen der Verfasser erstaunlicherweise für «modern» hält, er stammt aber von keinem anderen als von Kaiser Justinian, ihrem Schöpfer), ein leicht zugänglicher Stoff, mag hierbei ruhig außer Betracht bleiben, oder es kann als Kontrastfolie und Vergleichsmaßstab zu den griechischen und altorientalischen Ordnungen dienen.

Walter Selb: «Antike Rechte im Mittelmeerraum». Rom, Griechenland, Ägypten und der Orient. Böhlau Verlag, Wien, Köln, Weimar 1993.

Ein aristokratischer Beruf

Römisches Recht nach Mario Bretone

Kann man, ohne sich im römischen Recht auszukennen, ein guter Jurist – Richter, Anwalt und so weiter – sein? Zweifellos. Kann man, ohne sich im römischen Recht auszukennen, ein guter Rechtsgelehrter, genauer: ein guter Professor für bürgerliches Recht sein? Hier wird sich so rasch keine bestätigende Antwort einstellen. Es scheint sich mit dem Recht anders zu verhalten als mit der Astronomie, der Mathematik, der Medizin: Dort hat die Neuzeit spätestens seit zweihundert Jahren das Beste und Fortschrittlichste aus der Hinterlassenschaft der Antike überflügelt. Das römische Recht aber hat sie nicht überflügelt, sondern sich einverleibt, was zumal für das deutsche Bürgerliche Gesetzbuch geradezu im Wortsinne gilt. Analyse des römischen Rechts ist demnach Selbstanalyse, und ihrer kann niemand entraten, der die Rechtsdogmatik, die leitenden Linien für die Rechtsprechung, durchdenken und fortentwickeln möchte.

Diese Überlegungen zielen bereits auf Mario Bretones «Storia del diritto romano», die nunmehr auch in einer vorzüglichen deutschen Übersetzung erschienen ist. Der Autor hat nämlich der eigentlichen Darstellung ein wuchtiges Eingangsportal vorangestellt, worin unter dem Titel «Recht und Geschichte» über die heutige Bedeutung des römischen Rechts und über die heutzutage angemessene Behandlungsart von dessen Geschichte reflektiert wird. Dort verlautet ziemlich genau das Gegenteil von dem soeben Gesagten. Das Band, meint Bretone, das noch im neunzehnten Jahrhundert das Privatrecht mit der antiken Welt verknüpfte, sei unwiderruflich zerschnitten; nicht nur das öffentliche Recht Roms, sondern auch das Privatrecht sei eine Wirklichkeit der Vergangenheit: «Es wäre anachronistisch, würde man juristische Formen und Strukturen, die den Problemen der heutigen Gesellschaft nicht mehr entsprechen, für aktuell halten und ihnen eine Art zeitloser Gültigkeit zuerkennen.» Bretone möchte den Historiker «von einer idealistischen oder spiritualistischen Konstruktion des Rechts» weggebracht wissen, und wenn er auch das Recht nicht kurzerhand zum Spiegelbild der sozialen Verhältnisse und der Wirtschaft degradieren will, so fordert er doch, daß das Recht mit Hilfe der Soziologie «von außen» betrachtet werde: «Der Historiker muß sich bereitwillig, aber auch mit Mißtrauen, zum Theoretiker und Soziologen des Rechts machen.»

Das Buch löst dieses Postulat nicht ein – fast möchte man sagen: glücklicherweise nicht. Zwar finden sich in den ersten Kapiteln mancherlei Hinweise auf Klassiker der Soziologie, auf Tocqueville, Durkheim, Max Weber oder Luhmann; sie haben indes allenfalls die Funktion eines bestätigenden Etiketts, sind für den Gang der Argumentation nicht maßgeblich. Die Darstellung ist konventioneller, als der Autor anzunehmen scheint; die Garnierung mit Zitaten aus soziologischer Literatur hört spätestens im siebten Kapitel auf, und schon im vierten Kapitel stellt die nivellierende Komparatistik sich selbst in Frage: «Weder in der islamischen noch auch in der jüdischen Kultur gibt es etwas Vergleichbares zu den römischen Priester-Juristen mit ihren Bescheiden. Und auch die in Athen im vierten Jahrhundert tätigen ‹Exegeten› haben mit den römischen Pontifices lediglich einige wenige Züge gemein.»

Der Titel des Werkes verweist auf einen Typus: nicht das privatrechtliche System mitsamt seinen Institutionen, sondern dessen äußere Bedingungen pflegen Gegenstand einer «Geschichte des römischen Rechts» zu sein: die Vielfalt der das Recht hervorbringenden und verändernden Gegebenheiten, einschließlich der Juristen und der Formen ihrer Literatur. Der kundige Leser greift also mit bestimmten, durch die Fachtradition geprägten Erwartungen zu dem Buch, und er wird, was den Aufbau des Ganzen und die

Folge der Kapitel angeht, nicht enttäuscht: Die Darstellung setzt mit der archaischen Kodifikation, dem Zwölftafelgesetz, ein und bewegt sich über die Rechtsweisung der Pontifices (der obersten Kultbeamten) und die klassische Jurisprudenz bis hin zum anderen Ende der Entwicklung, zum Corpus Juris, zur großen Kodifikation Kaiser Justinians.

Die Chronologie und die äußeren Ereignisse werden indes nicht scharf markiert. Schon die Kapitelüberschriften – wie «Brauch und Gesetz in der archaischen Praxis», «Priester und Deuter», «Die Überwindung des Formalismus» – verraten, worauf es dem Autor vor allem ankommt: er möchte in essayartigen Überblicken die für eine jede Epoche maßgeblichen Verhältnisse, Probleme und Leistungen vor Augen führen. Und dies ist ihm besonders dort vorzüglich gelungen, wo die voll entfaltete Jurisprudenz, wo die von den Juristen der späten Republik und der frühen Kaiserzeit angewandten Prinzipien und Techniken der Rechtsfindung zur Erörterung stehen, etwa in den Kapiteln «Ein aristokratischer Beruf», «Das Responsum», «Die Mittel eines Faches». Gerade hier läßt sich Bretone, ganz im Gegensatz zu seiner programmatischen Ankündigung, von der Frage nach der Gerechtigkeit als dem Prinzip leiten, das nun einmal – bei aller Abhängigkeit von äußeren Bedingungen – das Recht als Recht auszeichnet. Er zeigt auch, daß es der einzelne Fall ist, an dem sich der Gerechtigkeitssinn des Juristen bewähren muß; die ebenso scharfsinnige wie sachgerechte Kasuistik, die er hier, ohne zu geizen, vorführt, macht das Buch streckenweise zur Quelle eines ungewöhnlichen Erkenntnisvergnügens.

Dieses Licht ist mit einigem Schatten verknüpft: die rechtstheoretischen Reflexionen erheben sich auf einem allzu schwachen Fundament von Tatsachen. Insofern wird sich also der von dem Titel des Werkes angelockte Leser doch nicht ganz befriedigt fühlen. Alles Recht wird nicht nur von den jeweiligen gesellschaftlichen und wirtschaftlichen Verhältnissen nachhaltig geprägt (die Bedenken, die zu Beginn gegen eine forcierte soziologische Betrachtungsweise erhoben wurden, sollten dies keineswegs in Abrede stellen): Es pflegt auch mit den übrigen Gegebenheiten einer jeden Kultur verflochten zu sein. Die in Deutschland verbreiteten Darstellungen der Geschichte des römischen Rechts nehmen hierauf nicht immer mit der Meisterschaft eines Franz Wieacker Bedacht, sind aber doch mit mehr Glück als Bretone bestrebt, die Entwicklung des Rechts in ein kulturelles Gesamttableau einzufügen.

Bretones Buch ist in dieser Hinsicht nicht durchweg defizient, sondern ungleichmäßig: bald läßt es sich in hinlänglicher Weise herbei, die allgemeinen Prämissen der rechtsgeschichtlichen Phänomene vorzuführen, bald wenig oder gar nicht. Besonders auffällig ist das Fehlen jeglichen Hinweises auf literarhistorische Zusammenhänge. Die römische Jurisprudenz war, da sie zur Schriftlichkeit fand, ein Stück römische Literatur, und sie hat an deren Schicksalen in charakteristischer Weise teilgehabt. So lassen sich die zu Beginn des zweiten Jahrhunderts vor Christus einsetzenden Bemühungen um das Zwölftafelgesetz in eine «romantische», rückwärts gewandte Strömung der spätrepublikanischen Zeit einordnen, die sich sowohl durch die Geschichtsschreibung als auch durch die Erforschung von Sach- und Sprachaltertümern manifestierte.

Die fühlbarsten Lücken machen sich bei der Behandlung der Spätantike bemerkbar. Hier sind sogar die vom Autor favorisierten gesellschaftlichen und wirtschaftlichen Bedingungen zu kurz gekommen. Vor allem wird keinerlei Einsicht in den kulturellen Hiat vermittelt, der die diokletianisch-konstantinische Zeit, den Beginn der Spätantike, von der Zeit der Severer trennte: um das Jahr 238 erlosch in Rom nicht nur die juristische, sondern auch alle übrige Literatur, und erst zu Anfang der Regierung Diokletians, nahezu ein halbes Jahrhundert später, setzt nach völligem Fehlen jeglicher Produktion wieder ein bescheidenes, nur langsam erstarkendes literarisches Leben ein. Bretone hat diesen Hiat wohl selber nicht wahrgenommen und daher auch nicht erkannt, daß die Fragmenta Vaticana, die «Paulus»-Sentenzen und andere juristische Schriften der Spätantike nicht einfach an Papinian und die anderen Spätklassiker der Severerzeit anknüpften, sondern mühsam wiederherzustellen suchten, was einst zusammengebrochen und über Generationen hinweg verschüttet war: Uns Zeitgenossen des zwanzigsten Jahrhunderts fehlt es nicht an Anschauungsmaterial dafür, was das bedeutet haben muß.

Das Werk ist – als «Rechtsgeschichte» – ein Zwitter: es setzt zu viel voraus und vernachlässigt nicht selten das Faktische. Der Spezialist kann aus den zahlreichen geistvollen Betrachtungen Gewinn ziehen. Als Einführung ist das Buch weniger geeignet – trotz der Absicht des Autors, sich nicht nur an Fachleute zu wenden –, und hieran ändern auch die Beigaben nichts, die chronologische Tabelle und der ausführliche bibliographische Anhang. Die flüssig geschriebene Übersetzung weiß die bei einem derartigen Werk besonders gefährlichen terminologischen Klippen mit Geschick und Sachkunde zu umschiffen. Statt «institutionelle» und «problematische Schriften» (für bestimmte Typen der Rechtsliteratur) sagt man allerdings wohl besser «Institutionen»- und «Problemata-Schriften».

Mario Bretone: «Geschichte des römischen Rechts». Von den Anfängen bis zu Justinian. Aus dem Italienischen von Brigitte Galsterer. Verlag C. H. Beck, München 1992.

Das Himmelsgewölbe aller Rechtssystematik

Eines der zwölf wichtigsten Bücher der Welt: Das Corpus Iuris und seine «Institutionen»

Der oströmische Kaiser Justinian zog um 530 die Summe aus der Rechtsüberlieferung der Römer: er schuf das Corpus Iuris. Der in der Mitte stehende größte und wichtigste Teil, die Digesten, enthält Auszüge aus den für die Praxis bestimmten Schriften der klassischen Juristen. Ihm geht ein elementares Lehrbuch des Zivilrechts, Institutionen betitelt, voraus; ihm folgt eine Sammlung von Kaisergesetzen, der sogenannte Codex. Alle drei Teile erhielten von Justinian Gesetzeskraft.

Die Institutionen sind, genaugenommen, ein Flickenteppich: die Beauftragten des Kaisers beuteten eine Reihe von Einführungsschriften des 2. und 3. Jahrhunderts aus, indem sie bald hier, bald dort Textstücke abschrieben und sie – nicht ohne sich von Zeit zu Zeit mit eigenen Worten ins Mittel zu legen – zu einem neuen Ganzen verbanden.

Die Institutionen gleichen dem Giganten Atlas, der das Himmelsgewölbe trug: auf ihnen ruht alle Systematik der Rechtswissenschaft von den Römern bis heute und weit über Europa hinaus. Kein Wunder also, daß sie, wenn man auf ihre Verbreitung blickt, zu den zwölf wichtigsten Büchern der Welt zählen.

Die juristische Literatur der Römer pflegte aus Ansammlungen von Fällen zu bestehen, die mehr oder weniger willkürlich geordnet waren; nur der Rechtsunterricht der Kaiserzeit bemühte sich um ein nach rationalen Gesichtspunkten aufgebautes System, wobei die stoische Philosophie wichtige Dienste leistete. Von den Lehrbüchern, die damals kursierten und die von den Beauftragten Justinians benutzt wurden, ist immerhin der kostbare Gaius fast vollständig erhalten; er wurde indes erst im Jahre 1816 in einer Veroneser Handschrift entdeckt. Damals aber waren die Systeme des europäischen Naturrechts längst fertig: die Institutionen Justinians, ein Ableger des Gaius, hatten das Rennen gemacht.

Die letzte deutsche Übersetzung des Corpus Iuris entstammt den dreißiger Jahren des vorigen Jahrhunderts: das respektable siebenbändige Unternehmen von Otto, Schilling und Sintenis. Seither haben sich nicht nur die sprachlichen, sondern auch die sachlichen Voraussetzungen erheblich geändert: als jene Übersetzung entstand, gab es noch kein einheitliches deutsches Zivilrecht mit einer einheitlichen deutschen Terminologie, wie seit dem Inkrafttreten des Bürgerlichen Gesetzbuches am 1. Januar 1900, und es gab auch noch keine rein historisch orientierte Erforschung der römischen Rechtsquellen, wie sie die juristische Romanistik seit etwa einem Jahrhundert betreibt.

Wilde Tiere, die ihre natürliche Freiheit zurückgewonnen haben, hören auf, jemandes Eigentum zu sein; der nächste beste kann sie sich aufs neue zu eigen machen. In diesem Zusammenhang verlautet in der Übersetzung von 1830: «Die natürliche Freiheit wieder erlangt zu haben, wird es (nämlich das wilde Tier) aber dann angenommen, wenn es entweder aus deinen Augen flieht, oder du es zwar siehst, aber seine Verfolgung schwer ist.» Die neue Übersetzung bringt statt dieser kaum verständlichen, allzu stark an das lateinische Original angelehnten Version folgendes: «Für wiedererlangt aber hält man die Freiheit dann, wenn dir das Tier aus den Augen gekommen ist oder wenn du es zwar noch im Blick hast, aber seine Verfolgung schwierig ist.»

Und hier ein Beispiel für den Wandel in der Terminologie: «Der Kauf ist contrahirt», verlautet bei Otto und Mitautoren, «sobald man über den Preis übereingekommen, wenn auch derselbe nicht gezahlt und kein Draufgeld gegeben ist. Denn was statt Draufgeldes gegeben wird, ist ein Beweisgrund der Vollziehung des Kaufcontracts.» Dieselbe Stelle hat bei Behrends u. a. folgenden Wortlaut: «Ein Kaufvertrag kommt zustande, sobald man über den Preis einig ist, mag auch der Preis noch nicht gezahlt und nicht einmal ein Angeld gegeben worden sein. Denn das, was als Angeld gegeben wird, ist nur Beweis für den zustande gekommenen Kaufvertrag.»

Die Notwendigkeit einer neuen Übersetzung des Corpus Iuris bedarf keiner Diskussion. Und offensichtlich haben sich auch die richtigen Autoren für dieses Wagnis zusammengefunden. Sie hätten sich darum bemüht, schreiben sie, daß der deutsche Text natürlich klinge und unmittelbar verständlich sei – sie wollten keine ängstliche Nachzeichnung des lateinischen Originals. Zustande gekommen ist ein Muster von klarer, schlichter und eleganter Rechtssprache, das nicht nur seinen unmittelbaren Zweck erfüllt, sondern auch manchem in sprachlichen Dingen nur allzu fröhlich sündigenden Gesetzgeber oder Verwaltungsmann Anleitung zu Besserem geben könnte.

Wenn schon etwas beanstandet werden soll: unnötige Abweichungen von der Wortstellung des Originals sollten vermieden werden. «Auch eine Sache, die es nicht gibt, kann wirksam vermacht werden, wenn es sie künftig geben wird, z. B. Früchte ...» So die neue Übersetzung. Hier aber könnte es ebensogut, dem Original entsprechend, heißen: «Auch eine Sache, die es nicht gibt, kann, wenn es sie künftig geben wird, wirksam vermacht werden ...»

Besonderes Lob verdient die Umsicht, mit der die Autoren das heikle Problem der Terminologie, der Rechtsbegriffe, behandelt haben. Hier wurde mit der Übersetzung der Institutionen, die ja als einführender Überblick ein Mikrokosmos des gesamten römischen Privatrechts sind, Pionierarbeit geleistet: die etwa fünfzehnmal so umfänglichen Digesten enthalten zwar eine enorme Vielfalt von Kasuistik; sie warten indes kaum noch mit Termini auf, die nicht schon in den Institutionen vorgekommen wären.

Die Generalregel lautet natürlich, daß die heutigen Entsprechungen verwendet werden, auch wenn keine völlige Kongruenz gegeben ist. Furtum bedeutet also «Diebstahl», obwohl das römische furtum der weitere Terminus ist: er umfaßt die Gebrauchsanmaßung sowie Fälle von Unterschlagung und Betrug. Dergleichen ist unvermeidlich; dem rechtskundigen Leser verrät der Kontext, wo die römischen Begriffe von den heutigen abweichen.

Es bleibt aber ein erhebliches Quantum von Ausdrücken, die dem römischen Recht, und nur ihm, eigentümlich sind: der historische Bodensatz, der nicht weitergewirkt hat. Hier haben sich die Autoren, wo es anging, um Lehnübersetzungen bemüht («Statusänderung» für capitis deminutio) oder auf eine Eindeutschung verzichtet (Arrogation, Manzipation) – für diese Fälle ist ein erklärendes Glossar beigegeben.

Wenn auch hier eine Kleinigkeit für weniger gelungen befunden werden darf: bei den restitutorischen Interdikten hielten die Autoren unnötigerweise einen Wechsel im Ausdruck für unvermeidlich. «Wiederherstellende (restitutoria) Interdikte sind die, mit denen der Prätor befiehlt, daß etwas herausgegeben (restitui) wird»: warum nicht (in Anlehnung an Otto, Schilling, Sintenis) «Auf Herausgabe zielende Interdikte sind die ...» oder ähnlich?

Sowohl der lateinische Text als auch die Übersetzung bekunden große Sorgfalt im Ganzen und im Detail; einführende Betrachtungen stellen das Institutionenwerk selbst vor und skizzieren seine Wirkungsgeschichte. Jeder Jurist und jeder an Rechtsdingen Interessierte könnte an dem schönen Buch Freude haben; es bleibt zu hoffen, daß es bald zu einem erschwinglicheren Preis erhältlich ist.

«Corpus Iuris Civilis». Text und Übersetzung I: Institutionen. Aus dem Lateinischen von Okko Behrends, Rolf Knütel, Berthold Kupisch, Hans Hermann Seiler. C. F. Müllers Juristischer Verlag, Heidelberg 1990. (Seit 1993 bei demselben Verlag als Taschenbuch erhältlich.)

«Die Kaisermacht braucht nicht nur Waffen»

Das Gesetzgebungswerk des oströmischen Kaisers Justinian

«Aristo erteilte dem Cerellius Vitalis die folgende Rechtsauskunft: er glaube nicht, daß jemand berechtigt sei, aus einem Käsereibetrieb Rauch in die oberhalb davon gelegenen Grundstücke eindringen zu lassen. Er sagt auch, daß man ebensowenig aus einem höher gelegenen Grundstück Wasser oder etwas anderes in die unterhalb davon gelegenen Grundstücke eindringen lassen dürfe; denn jedermann sei nur insoweit berechtigt, auf seinem Grundstück etwas vorzunehmen, als er nichts in ein fremdes Grundstück eindringen lasse, und mit der Zuführung von Rauch verhalte es sich ebenso wie mit der von Wasser. Er ist demnach der Meinung, daß der, der von der Gemeinde Minturnae einen Käsereibetrieb gepachtet habe, vom oberhalb wohnenden Nachbarn daran gehindert werden könne, Rauch eindringen zu lassen; die Gemeinde Minturnae sei ihm jedoch auf Grund des Pachtvertrages schadensersatzpflichtig.»

Ein Fall aus dem Privatrecht der alten Römer, wie deren Tausende überliefert sind – nur daß das lateinische Original mit etwa halb so vielen Wörtern auskommt wie die deutsche Wiedergabe. Nicht alle Fälle sind so einfach, so unmittelbar verständlich wie dieser, sie sind jedoch von ähnlicher Kürze und Schlichtheit der Sprache. An ihnen hat seit dem hohen Mittelalter Europa, hat seit dem vorigen Jahrhundert ein großer Teil der Welt gelernt, was Recht ist, worin eine wissenschaftlich fundierte Entscheidungskunst besteht. Daß sie in so großer Zahl überliefert sind, verdankt die Menschheit dem bedeutenden Gesetzgebungswerk des oströmischen Kaisers Justinian.

Rom ist nicht an einem Tage erbaut worden. Das gilt auch und gerade für die römische Rechtsüberlieferung: Justinians Kodifikation war der Abschluß einer etwa tausendjährigen Entwicklung. Schon in sehr früher Zeit, im trüben Dämmerschein der Anfänge, gelang ein erster wichtiger Schritt: Das Recht löste sich von der Religion, der Juristenstand vom Priestertum. Die Römer brachten etwas hervor, was weder der Orient noch die Griechen je gekannt hatten: das Recht als eine eigene, ganz für sich stehende Größe und die Rechtsanwendung und -fortbildung als Aufgabe einer Zunft eingefuchster Spezialisten, die von religiösen Rücksichten gänzlich, von politischen nahezu gänzlich frei waren. Die Männer, die zu dieser Zunft gehörten, nannten sich iuris consulti, «um Rechtsauskunft Gebetene». Sie waren weder Beamte, noch pflegten sie von ihren Klienten irgendwelche Vergütung entgegenzunehmen: Sie entstammten der Oberschicht und übten ihre Gutachtertätigkeit, wie es sich für Standesherren geziemte, unentgeltlich aus.

Gesetzgeber und Richter in einem

Die Auskünfte der Juristen halfen nicht nur den Parteien und Gerichtsbehörden. Sie leisteten auch dem Staatsganzen einen unentbehrlichen Dienst. Roms Gesetzgebung für das komplizierteste Rechtsgebiet, das Privatrecht, war völlig unzulänglich; die Juristen konnten sich daher im allgemeinen nicht damit begnügen, bestehende Gesetze anzuwenden, sie mußten vielmehr auf gesetzesfreiem Felde rechtsschöpferisch tätig werden – sie fungierten gleichsam als Gesetzgeber und Richter in einem. Und so brachten sie in zäher, von Fall zu Fall fortschreitender Gedankenarbeit eine Rechtsüberlieferung hervor, die wandlungsfähig genug war, Roms Aufstieg vom Bauernstädtchen zur Welthandelsmetropole mitzugestalten – hierbei aber taten sie (nach der Emanzipation vom Priestertum und im hellen Licht der Geschichte) den zweiten wichtigen Schritt: Sie hielten ihre Gutachten schriftlich fest, sie schufen eine weitverzweigte, im wesentlichen am einzelnen Fall orientierte Rechtsliteratur.

Eine Zunft von Spezialisten, die im Verlauf einer langen Entwicklung ein in Hunderten von Schriften fixiertes Fallrecht ausarbeitete: Was war daran so Besonderes, daß man gerade dort – und *nur* dort – den vollkommenen Ausdruck einer rationalen Kunst der Rechtsfindung vor sich zu haben vermeinte? Das römische Recht läßt sich vielleicht zuallererst als Zeugnis römischer Disziplin begreifen. Wie die lateinische Sprache keine Dialekte hatte, so schien das römische Recht rein zu sein von jeder willkürlichen Tönung und Färbung, und wie die strenge Gleichheit der Bewaffnung und des Drills den einen Legionär so tauglich machte wie den anderen, so setzte sich auch die Friedensarmee der Rechtskundigen aus Männern zusammen, die frei von aller Subjektivität und nahezu ununterscheidbar stets nach denselben Prinzipien und stets mit derselben Exaktheit das Recht wiesen.

Das römische Recht hatte zudem Methode, das heißt, es beruhte auf Verfahrensweisen, die lehrbar, die tradierbar waren und die somit verbürgten, daß die soeben gerühmte Gleichförmigkeit der Rechtsanwendung ein Höchstmaß an Präzision erreichte. Die Kriegsberichte Caesars lassen sich gut als Pendant dafür anführen, worum es hierbei geht: Wie dort die verwirrende Vielfalt des Wirklichen auf das taktisch Notwendige reduziert erscheint, auf das jeweilige Gelände und die jeweils verfügbaren Streitkräfte, genauso hat sich die römische Juristenzunft darauf verstanden, aus der komplexen Ereignisfülle des bürgerlichen Lebens jeweils die Elemente herauszupräparieren, die für die rechtliche Beurteilung des Falles unentbehrlich sind.

Noch ein dritter und letzter Wesenszug des römischen Privatrechts sei hervorgehoben: seine Uninteressiertheit, seine Freiheitlichkeit. Der römische Staat garantierte den Rechtsfrieden und sonst nichts. Die Bürger genossen volle Privatautonomie, und Handel und Wirtschaft funktionierten ohne dirigistische Eingriffe. Die römischen Juristen konnten sich daher, ohne durch Vorgaben von seiten des Staates, etwa durch Gesetze, zu bestimmten Tendenzen verpflichtet zu sein, bei ihren Bescheiden in unerhörtem Maße auf rechtsimmanente Kriterien stützen, wobei sie zwar (nach heutigen Begriffen) mitunter soziale, keineswegs aber im eigentlichen Sinne moralische Gesichtspunkte außer acht ließen.

Als Justinian im Jahre 527 den oströmischen Kaiserthron bestieg, da gehörte die Herrlichkeit des nur sich selbst verantwortlichen Juristenrechts längst der Vergangenheit an; sie gehörte ebenso der Vergangenheit an wie die gesamte freiheitliche Staats- und Gesellschaftsordnung, aus der sie hervorgegangen war. Man lebte damals seit nahezu zweieinhalb Jahrhunderten in einem anderen Zeitalter; die politische Kultur der griechisch-römischen Antike, die auf der Autonomie der Person und der Kommune (der Gemeinde, der Polis) beruht hatte, war in einer schweren inneren Krise des gesamten Römerreiches zusammengebrochen, und an ihrer Stelle hatte sich nach äußerster Verwirrung endlich etwas gänzlich anderes etabliert: der zentralistische, totalitäre, bürokratische Zwangsstaat der Spätantike.

Es war eine Monarchie, die mehrere Monarchen und mehrere Residenzen vorsah und die auf einem umfangreichen, streng hierarchisch gegliederten Behördenapparat beruhte, bei völliger Trennung der Zivil- und Militärgewalt. Das Reichsterritorium hatte nunmehr das Aussehen eines einheitlichen Flächenstaates, der in eine Anzahl von Bezirken mit gleichem öffentlich-rechtlichem Status eingeteilt war. Die einstigen Stadtverwaltungen hatten sich in Zwangskollektive, in Befehlsempfänger der zentralen Bürokratie verwandelt. Die Zugehörigkeit zum Stadtrat war nunmehr eine erbliche Last und begründete eine persönliche Haftung für die öffentlichen Steuern. Nichts geschah mehr von selbst, auf Grund von lokaler Initiative; alles wurde von oben reglementiert. In unablässigem Strome ergossen sich die kaiserlichen Gesetze mit ihren furchtbaren Strafandrohungen über die geknechtete Reichsbevölkerung, Gesetze, die das darniederliegende Wirtschaftsleben zu regulieren, die vergebens dem ständigen Mangel am Nötigsten zu steuern suchten und selbst vor rigorosen Beschränkungen der individuellen Freiheitsrechte – der Bestimmung des Aufenthaltsortes oder der Berufswahl – nicht haltmachten.

Diese Zustände haben sich ohne wesentlichen Wandel vom ausgehenden 3. bis zum beginnenden 7. Jahrhundert zu halten vermocht – als ein Inbegriff von Staatlichkeit, der für die große Masse der Bevölkerung gerade noch ein Quentchen besser gewesen sein mag als die Nichtstaatlichkeit, welche die Grenzen des römischen Territoriums umbrandete. Zwar wurde die westliche Reichshälfte bereits im 5. Jahrhundert von germanischen Invasoren überflutet. Dieses Ereignis machte indes nicht in dem Maße Epoche, wie eine ältere Betrachtungsweise angenommen hat. Die Germanen, die sich in Italien, Gallien, Spanien und Afrika als kriegerische Herrenschicht etablierten, ließen die unteren und mittleren Instanzen des römischen Verwaltungsapparates im wesentlichen bestehen. Und vor allem: Sie fanden, so sehr sie sich als völkische oder Stammes-Einheit erlebten, in den von ihnen eroberten Gebieten des Reiches zu keiner neuen staatlichen Identität; Rom, Staat und Recht waren und blieben auch für sie ein unauflösliches Ganzes.

So etwa war das Zeitalter beschaffen, in dem Justinian gelebt und gewirkt hat. Die Jugend dieses Mannes, ja seine gesamte Entwicklung bis zum 35. Lebensjahr ist in tiefes Dunkel gehüllt; er erscheint unvermittelt, als fertiger Staatsmann und im Vollbesitz seines umfassenden Wissens, auf der Bühne der Weltpolitik.

Justinian hat offenbar in dem knappen halben Jahrhundert seines politischen Wirkens – als Neffe und Ratgeber des Kaisers Justinus und als dessen Thronfolger – nur einem Ziele nachgestrebt, und dies mit einer Hartnäckigkeit, die auf einen Willen und eine Überzeugung jenseits allen rationalen Kalküls schließen läßt: dem Ziel, das Reich und die Kirche – für ihn eine Einheit – in ihrem einstigen, durch Konstantin begründeten Glanze wiederherzustellen. Hieraus resultierten die beiden wichtigsten Unternehmungen seines Regiments: seine Tätigkeit als Gesetzgeber und seine Reconquista-Politik im Westen.

Vision eines besseren Staates

Justinian berief, unmittelbar nachdem er seine Herrschaft angetreten hatte, eine Kommission von zehn hohen Beamten: Die Arbeit am Gesetzgebungswerk begann. Die Nachwelt ist über das allmähliche Zustandekommen der justinianischen Rechtsbücher, die man seit dem 16. Jahrhundert durch die Bezeichnung Corpus Juris zusammenzufassen pflegt, ziemlich genau unterrichtet: dank der einführenden Erlasse, mit denen der Kaiser die einzelnen Phasen seiner Kodifikation begleitet hat – einer von ihnen beginnt mit den Worten, die hier als Titel zitiert wurden. Die Teile des Corpus Juris sind nur in geringem Maße originale Rechtsschöpfung; sie sind im wesentlichen eine Auswahl, man könnte geradezu sagen: eine Anthologie aus bereits vorhandenen Rechtssätzen, aus einer vielschichtigen, umfangreichen Rechtsüberlieferung.

Dieser Stoff gliedert sich in zwei Massen: in die Leges, die kaiserlichen Erlasse, und das Ius, das Juristenrecht. Justinian ließ zunächst die Leges bearbeiten, den minder schwierigen Traditionsstrang, der in schier lückenloser Kontinuität von Augustus bis in seine eigene Zeit reichte. Seine Kommission traf binnen Jahresfrist eine maßgebliche Auswahl; mit der Verkündung dieser Sammlung, des sogenannten Kodex (der einige Jahre später in einer berichtigten und ergänzten Fassung seine endgültige Gestalt erhielt), traten alle nicht darin aufgenommenen Kaisererlasse außer Kraft.

Nunmehr folgte der schwierigere Teil des Unternehmens, die Auslese des Besten und Wichtigsten aus dem Ius. Dieser Überlieferungsstrang war in den Wirren des 3. Jahrhunderts für immer gerissen, und der Staat der Spätantike hatte auch in seinen besten Tagen kein unmittelbares Verhältnis mehr zu ihm gewonnen. Justinians Beamte konnten sich immerhin gelehrte Vorarbeiten zunutze machen, die aus dem zeitgenössischen Rechtsunterricht hervorgegangen waren, und so gelang es ihnen, innerhalb von drei Jahren aus, wie sie selbst berichten, 2000 Büchern oder mehr als 3 Millionen Zeilen zirka 150000 Zeilen auszuwählen – das Werk, heißt es weiterhin, solle den Titel Digesten, «Zusammengestelltes», oder Pandekten, «Allumfassendes», tragen, weil alle anerkannten Rechtsbescheide der Juristen darin eingegangen seien.

Noch vor der Veröffentlichung der Digesten brachten Justinians fleißige Beamte ein Elementarwerk für angehende Juristen heraus, das wie die entsprechenden Lehrbücher der frühen Kaiserzeit den Titel «Institutionen» erhielt; es hatte, da es Teil der justinianischen Kodifikation war, zugleich Gesetzeskraft. Nach etwa sechs Jahren – mit dem Erscheinen der Zweitfassung des Kodex im November 534 – war das großangelegte Unternehmen abgeschlossen.

Das Corpus Juris hat die Erwartungen seines Schöpfers nicht erfüllt, und zwar offensichtlich deshalb, weil es von Grund auf an einem inneren Widerspruch krankte. Es sollte einerseits als geltendes Gesetz den praktischen Bedürfnissen der Gegenwart dienen; Justinian erklärt selbst, daß zu diesem Zweck der originale Wortlaut des Materials geändert wurde, wo immer es erforderlich schien. Es war andererseits – zumal in seinem umfänglichsten und wichtigsten Teile, den Digesten – der Versuch eines Klassizisten, ja Romantikers, die Rechtskultur einer vergangenen Epoche ins Leben zurückzurufen, und mit dieser Tendenz zielte es gänzlich an den Möglichkeiten seiner Entstehungszeit vorbei. Denn die Digesten wissen ja so gut wie nichts von all den Änderungen, die der Staat der Spätantike mit sich gebracht hatte: Das Kirchenrecht fehlt, das Recht der Zwangswirtschaft ist unbekannt, und es wimmelt von Rechtsinstituten, die längst der Vergangenheit angehörten. Die Wirkung, die Justinian sich von seiner Restaurationstat erhofft haben wird, trat nicht ein, und so blieben die Digesten die unzeitgemäße Vision eines besseren Staates, die erst in großer zeitlicher und räumlicher Distanz von ihrem Ursprung Früchte zu tragen beginnen sollte.

Die Rückeroberungskriege im Westen, Justinians zweite große Unternehmung, haben dem Reiche nicht nur nicht genützt, sondern sogar erheblich geschadet. Zwar führten die hartnäckigen Anstrengungen zunächst zu beachtlichen Erfolgen; gegen Ende der Herrschaft Justinians war das Mittelmeer aufs neue, wie vordem, ein römisches Meer. Dieser äußere Glanz war indes, wie sich bald herausstellen sollte, zu teuer erkauft, und schon zu Lebzeiten Justinians setzten die Prozesse ein, die man als die Geschichte seiner negativen Wirkungen bezeichnen könnte. Die Eroberungen waren allesamt in die einzige Richtung gegangen, aus der dem Reiche keinerlei Gefahr gedroht hatte – mit der Folge, daß alsbald weder das ursprüngliche Territorium noch die neuerworbenen Gebiete ohne Einbußen behauptet werden konnten. Die Ostgrenze im Zweistromland war, wenn auch mit Unterbrechungen, stärkstem persischem Drucke ausgesetzt; plündernde Slawenschwärme ergossen sich über die ganze Balkanhalbinsel bis tief nach Griechenland hinein und begannen schließlich, gegen Ende des Jahrhunderts, sich dort anzusiedeln; der größte Teil Italiens ging unmittelbar nach dem Tode Justinians an die Langobarden verloren, und auch in Spanien war es mit der erneuerten Reichsherrlichkeit bald wieder vorbei.

Man möchte mit Justinian rechten: Hätte er nicht besser daran getan, sich zu bescheiden, den Gebietsstand zu wahren und zu sichern, zu dem das römische Territorium nun einmal zusammengeschrumpft war? Hat er nicht durch seine Pyrrhussiege im Westen die schwere Krise herbeigeführt oder jedenfalls verschärft, in die das Reich einige Jahrzehnte nach seinem Tode durch die persischen Angriffe und die slawische Landnahme gestürzt wurde? Andererseits: Wer Justinians Corpus Juris bejaht, kann seine Eroberungspolitik nicht mißbilligen: Beides ist aus dem Geist der Restauration erwachsen. Dieser Geist aber wird verständlich, wenn man bedenkt, daß für Justinian Staat und Recht keine Abstrakta waren, die sich beliebig von ihren historischen Entstehungsbedingungen hätten absondern und auf andere politische Gebilde übertragen lassen; für ihn und seine Zeit war beides unlöslich mit dem Namen Roms, dem Inbegriff aller Staatlichkeit, verbunden; für ihn gab es nur eine denkbare Ordnung, das universale Römische Reich und die universale christliche Kirche. Er hatte daher lediglich die Wahl, entweder selbst die Wiederherstellung dieser Ordnung anzustreben oder sie seinen Nachfolgern zu überlassen – etwas Drittes, ein endgültiger Verzicht auf die Einbußen, die das Reich erlitten hatte, kam für ihn nicht in Betracht. Er hat die Ordnung von einst selbst wiederherzustellen versucht. Man kann nicht behaupten, daß er hierin leichtfertig gehandelt hätte. Er gebot über hervorragend befähigte Helfer, insbesondere über den Rat seiner Gemahlin Theodora, die sich durch großen politischen Scharfblick auszeichnete, er gebot über gesunde Finanzen und ein innerlich gefestigtes Reich – kurz, es war einfach zuviel da, als daß er den Versuch nicht hätte wagen sollen.

Daß die Bibel zur wichtigsten Klammer zwischen der antiken und der europäischen Kultur geworden ist, erscheint als Notwendigkeit, seit sich die christliche Kirche über das gesamte Gebiet des Römischen Reiches verbreitet hatte und sie auch dort zu überleben vermochte, wo dieses Reich zusammengebrochen war. Daß die Bibel des Rechts, das Corpus Juris, zu einer beinahe ebenso wichtigen Klammer werden würde, nimmt sich demgegenüber eher wie ein sonderbarer Zufall aus. Wie kam es zu dieser Wirkung, der positivsten Justinians, wieweit vermag man sie trotz ihres kapriziösen Verlaufs zu erklären?

Das römische Recht ist im lateinischen Westen nie gänzlich untergegangen; es überlebte – abgesehen von seiner Metamorphose im Kirchenrecht – durch Teile des justinianischen Kodex und vulgarisierte Reste des Juristenrechts. Die Digesten indes, der Kern des Corpus Juris, waren dort fast völlig unbekannt – bis in der zweiten Hälfte des 11. Jahrhunderts von einer irgendwo in Süditalien befindlichen Handschrift zahlreiche Kopien angefertigt wurden und sich auf dieser Grundlage zu Bologna eine Rechtsschule etablierte. Nunmehr setzte eine Kettenreaktion ein: Schon um die Mitte des 12. Jahrhunderts sollen sich in Bologna 10 000 Studenten befunden haben, die das Gelernte, das nach scholastischer Methode erklärte römische Privatrecht, in aller Herren Länder trugen. Die Digesten wurden jetzt – und blieben bis ins 19. Jahrhundert – der Sauerteig der europäischen Rechtswissenschaft; sie wurden hierdurch zu einem der wichtigsten gemeinsamen Fundamente aller europäischen Staaten, und zumal Deutschland hätte den Prozeß der territorialen Zersplitterung schwerlich wieder rückgängig machen können, wäre nicht mit Hilfe des Römischen Rechts ein Stand von Verwaltungs- und Rechtsfachleuten herangebildet worden, der über ein einheitliches Repertoire von Begriffen und Argumentationsweisen verfügte.

Die künstlerische Hinterlassenschaft

Das lange Dunkel um die Digesten und auch das plötzliche Aufflammen werden wohl stets etwas von einem Mysterium behalten; dafür jedoch, daß dieses Werk, nachdem es einmal entdeckt war, zur hohen Schule des Rechts avancierte, lassen sich handfeste Gründe nennen. Die römischen Juristen der Republik und der frühen Kaiserzeit hatten durch ihre Entscheidungskunst einer freiheitlichen Staatsordnung gedient, sie hatten primär sozial gehandelt und nur sekundär, um der wechselseitigen Kommunikation willen, Aufzeichnungen angefertigt; Justinian aber war es gelungen, dieses Handeln, diese Kunst in ein Buch, in einen abgelösten und transportierbaren Text zu bannen – so daß die Juristen des Mittelalters und der Neuzeit den umgekehrten Weg gehen konnten: vom Buch, das sie vorgefunden hatten, von der Schule, die daraus erwachsen war, zurück zum Leben, zur Anwendung, zur Ausübung staatlicher Funktionen.

Die Gegenwart weiß mit Justinian und seinen Taten nur noch wenig anzufangen. Die geschichtliche Wirklichkeit pflegt ebenso unbekannt zu sein wie die einst so beliebten romanhaften Zerrbilder nach Art von Felix Dahns «Kampf um Rom». Und was das römische Recht betrifft, so ist es jetzt (nachdem es – welche Ironie! – trotz des Verdiktes im NSDAP-Programm: «Wir fordern Ersatz für das der materialistischen Weltordnung dienende römische Recht» das Dritte Reich unbeschädigt überdauert hat) im Namen angeblicher Entrümpelungserfordernisse aus den Plänen des rechtswissenschaftlichen Studiums verschwunden, und kein angehender Jurist braucht nunmehr noch das Corpus Juris in die Hand zu nehmen.

Am ehesten mag Justinian durch seine künstlerische Hinterlassenschaft im Bewußtsein der heutigen Allgemeinheit präsent sein: Die Hagia Sophia in Istanbul zieht Jahr für Jahr unzählige Besucher an, und ebenso die alten Kirchen in Ravenna mitsamt ihrem vornehmsten Schmuck, den Mosaiken. In Ravenna, in San Vitale, findet man ja auch auf zwei herausragenden Exemplaren der justinianischen Mosaikkunst den Kaiser selbst und seine Gemahlin Theodora, wie sie sich inmitten ihres Gefolges, die eucharistische Opfergabe in Händen, auf die von ihnen erbaute Kirche zubewegen – gerade diese Bilder sprechen unmittelbar zum Betrachter und verraten ihm manches über die Welt, aus der sie hervorgegangen sind. Die höchste Staatsgewalt manifestiert sich im feierlich-entrückten liturgischen Akt. Und das Kaiserpaar selbst nimmt dort nicht nur die bei Weihungen übliche Stifterrolle wahr: Justinian und Theodora wollen außerdem, wie der Nimbus, der sie auszeichnet, unzweideutig erkennen läßt, als heilige Personen angesehen werden, als der biblischen Sphäre zugehörig, die den Gegenstand der übrigen Mosaiken von San Vitale ausmacht. Der Kaiser und die Kaiserin als Verehrende und Verehrte zugleich: Ihre Doppelrolle versinnbildlicht eindrucksvoll ihre Mittlerfunktion zwischen Gott und Menschheit; sie versinnbildlicht den theokratischen Herrschaftsgedanken der christlichen Spätantike, in dem Kirche und Staat, Religion und Recht zu einer unauflöslichen Einheit verschmolzen waren.

Zum Antike-Bild der Deutschen

Nichts Neues unter der Sonne

Das Verdikt über Wieland und sein Bild der Antike

Erst verstoßen, dann vergessen, jetzt noch immer nicht ganz zurückgeholt: so etwa steht es um Christoph Martin Wieland, den großen Sprachmeister des 18. Jahrhunderts, den unermüdlichen Vermittler unterhaltsamer westeuropäischer Aufklärung. «Ein berühmter Name, gewiß; aber wie ich gestehen muß, mir nur eine Schattengestalt»: diese Worte, mit denen Arno Schmidt schon vor etwa dreißig Jahren sein Gespräch «Wieland oder Die Prosaformen» in Gang brachte – diese Worte gelten auch heute noch. Gewiß, die Fachwelt hat längst begonnen, das verbreitete Wieland-Fehlurteil zu revidieren: Bereits im Jahre 1949 erschien Friedrich Sengles bewundernswerte Biographie, und – um vieler anderer Bemühungen nicht zu gedenken – unlängst brachte die «Hamburger Stiftung zur Förderung von Wissenschaft und Kultur» im Greno-Verlag einen Neudruck der Göschen-Volksausgabe von 1794 bis 1811 heraus. Doch was lediglich die Fachwelt und einige Liebhaber bewegt, hat Mühe, anderthalb Jahrhunderte des Vorurteils zum Verschwinden zu bringen – Wieland, der Zeit nach der erste der großen vier, die vor rund zweihundert Jahren in Weimar Quartier nahmen, ist für viele noch immer nichts als eine «Schattengestalt».

Wieland wurde angegriffen, seit er im Rampenlicht des Ruhmes stand: Goethes Farce «Götter, Helden und Wieland» war nur die Spitze eines Eisbergs. Doch derlei Polemik verhallte rasch und blieb ohne Konsequenzen. Gefährlich hingegen wurden die Attacken der Romantiker, allen voran August Wilhelm Schlegels, der den Kampf im «Athenaeum» 1799 mit einer symbolischen Konkurseröffnung begonnen hatte: Das Verfahren sei von Lukian, Fielding, Sterne und anderen eingeleitet worden; die Masse enthalte auch sonst allerlei fremdes, dem Horaz, Ariost und anderen zustehendes Eigentum – ein jeder möge innerhalb der gesetzlichen Frist seine Ansprüche geltend machen. «Kein selbständiger Originalgeist», «ans Plagiat grenzende Nachahmung fremder Muster, insbesondere der Franzosen»: so läßt sich derselbe August Wilhelm Schlegel einige Jahre darauf in seinen Berliner «Vorlesungen über schöne Literatur und Kunst» vernehmen.

Das Verdikt der Romantiker machte Schule bis an die Schwelle der Gegenwart: Wieland wurde von den einflußreichsten Literarhistorikern einhellig für unwürdig befunden, den Ehrentitel eines deutschen Dichters zu tragen. Er habe sich an welsche Quellen und welsche Natur angelehnt und lasse die schaffende Kraft der Phantasie vermissen. Er sei der Fremdländerei verfallen und vertrete die französische Kultur, die Kultur des um alles Höhere unbekümmerten heiteren Lebensgenusses, die Kultur der Sinnlichkeit und Frivolität. Seine staunenerregende Fruchtbarkeit sei nicht ein Zeugnis seines Reichtums, sondern seiner Gedankenenge, die immer nur von fremden Anempfindungen zehre. Unter seinen Poesien finde sich keine einzige unmittelbare und originale Schöpfung des deutschen Geistes; überall zeige sich die Abhängigkeit von ausländischen Schriftstellern alter und neuer Zeit: «Unsere Bewunderung für diesen ‹Klassiker› ist längst dahin» und: «Ein großer Könner, nicht ein großer Schöpfer». Dieses stereotype Urteil ist um so erstaunlicher, als es von Georg Gottfried Gervinus bis Adolf Bartels wiederholt wird – von einem Mitglied der Paulskirche bis zu einem chauvinistischen Sprachrohr des Dritten Reiches.

Wieland der Plagiator, der seine Stoffe und Ideen aus fremdländischer, zumal französischer Literatur zusammengerafft hat, dessen allzu umfängliches Werk kaum mehr ist als minderwertige, dem Rokoko verhaftete, undeutsche Imitation: zu diesen offen zutage liegenden, von der Germanistik der Gegenwart längst kritisch registrierten und auf ein gerechtes Maß reduzierten Attacken kommt noch ein zweites: Wielands Schriften schienen nicht nur dem Dogma vom Originalgenie hohnzusprechen; sie fügten sich auch nicht in das neue, von Deutschen entdeckte oder vielmehr erdachte Bild von der Antike, vom klassischen Hellenentum. Als Wieland seine großen, von antiken Realien gesättigten Romane schrieb und als er sich anschickte, Horaz, Lukian und das ciceronische Brief-Corpus zu übersetzen, kamen, unmittelbar nach dem Auftreten Rousseaus und Winckelmanns, rings um ihn her die kulturkritischen und geschichtsphilosophischen Spekulationen in Mode, und allenthalben bereiteten sich die beiden miteinander verwandten Perspektiven vor, die sich in den ersten Dezennien des 19. Jahrhunderts der gesamten Überlieferung bemächtigten: der Idealismus und der Historismus. Wieland nahm an alledem keinerlei Anteil. Er war Skeptiker; er mißtraute jedweder Art theoretischen Höhenfluges. Er verharrte auf dem seit eh und je geläufigen, von der Aufklärung mit Nachdruck bestätigten Standpunkt, daß sich die Menschheit im wesentlichen gleich bleibe, daß es unter der Sonne nichts grundsätzlich Neues gebe, daß sich alles wiederhole. Er konnte daher mit einer Antike, die etwas Herausragendes, Unvergleichliches sein sollte, der innerhalb der Menschheitsgeschichte ein Sonderstatus gebühre, nichts anfangen, und er machte daher die große Umwertung der Werte, die sich um ihn her vollzog, nicht mit: Homer, Pindar, die attischen Tragiker, die klassische Kunst und die Polis zur Zeit des Perikles, kurz, alle jene Entdeckungen Winckelmanns, Lessings, der Genies, die seither und für lange Zeit als die eigentliche, die wahre Antike galten, ließen ihn ziemlich unberührt.

Wielands Antike begann erst später, sie begann mit Sokrates und dem vierten, dem philosophischen Jahrhundert, und sie gipfelte im spätrepublikanischen und kaiserzeitlichen Rom, im Zeitalter Ciceros, Horazens und Lukians. Seine Romane und Übersetzungen hielten sich an das Überkommene: an den lateinischen Humanismus, an das Antikebild Frankreichs. Er wußte mit dem Heroischen, Schroffen und Wuchtigen der archaischen Meister nichts anzufangen; er fühlte sich erst in der aufgeklärten, zivilisierten, urbanen und eleganten, kurz, in der «modernen» Welt des Hellenismus und des römischen Kaiserreichs zu Hause, in Jahrhunderten, die, wie er nicht zu Unrecht annahm, mancherlei Ähnlichkeit mit seinem eigenen Zeitalter aufwiesen. Zumal seine Wertschätzung Roms widersprach den Überzeugungen, denen Winckelmann den Weg gebahnt hatte, und hierbei half es ihm wenig, daß er sich mit erstaunlicher Schärfe für die Republik und gegen die von Augustus geschaffene Monarchie aussprach: diese Umwertung, die Abkehr vom Rombild des Absolutismus, war im wesentlichen eine Erscheinung der westeuropäischen Aufklärung; mit ihr blieb Wieland in Deutschland ziemlich allein. Selbst Goethe, der Wieland verstand und anerkannte wie kaum ein anderer, der ihn schätzte und ihm einen ehrenvollen Platz in der Literatur seines Jahrhunderts vorauszusagen wagte – selbst Goethe meinte, es habe seinem Freund bei der Beschäftigung mit der Kunst der Alten an Enthusiasmus gefehlt, und so sei ihm, dem allzu Behutsamen, allzu Bedächtigen, der «Zugang in das innere Heiligtum» verschlossen geblieben. Goethe also maß Wieland an Winckelmann und verwies ihn hiermit aufs entschiedenste in den zweiten Rang. Diese Bewertung wurde beharrlich weitergegeben, ja erheblich vergröbert: Wieland hatte die Größe nicht gehabt, die Antike «richtig» zu erfassen; seine spöttisch-realistische Abderiten-Perspektive fügte sich nicht in die ideale Denkwelt des Neuhumanismus. So weiß denn auch Walther Rehms bekanntes Buch «Griechentum und Goethezeit» nur ganz nebenbei von Wieland, und stets aus dem stark relativierenden Blickpunkt, den schon Goethe gewählt hatte. Auf Wieland lastete vom Beginn des 19. bis zur Mitte des 20. Jahrhunderts ein doppeltes Anathem: seine Produktion war unselbständig, war Kopie, und sie versagte sich dem Höhenflug des Philhellenentums. Diese beiden Hauptangriffspunkte aber lassen unschwer eine gemeinsame Basis erkennen: Wieland erwies sich hier wie dort – bei seinem Verhältnis zu seinen literarischen Mustern wie bei seinem Antikebild – als unbrauchbar für die auf Selbstfindung der Nation bedachte deutsche Bewegung; er hatte sich hier wie dort zu wenig von Rom, vom Romanischen, von Frankreich, von Westeuropa distanziert. Unsere deutsche Überlieferung (nicht nur die politische, sondern auch die kulturelle) zeigt ungewöhnlich viele Verwerfungen, Brüche und Risse – auf literarischem Gebiet ist wohl kein Verzicht so revisionsbedürftig wie der auf Wieland, obwohl oder gerade weil er nicht nur von den Romantikern und Deutschtümlern, sondern auch von Goethe und den Neuhumanisten zurückgesetzt worden ist.

Sprich, Oßmannstedt, sprich

Jan Philipp Reemtsma entdeckt seinen Wieland

Keine Sorge: Auch der erste Teil des Titels – «Das Buch vom Ich» – zielt nicht auf das Ich des Autors Reemtsma; er sucht vielmehr pointiert zu umreißen, was der Autor als die Quintessenz von Wielands großem Altersroman angesehen wissen möchte. Ein Buch also über ein Buch, wobei das Objekt-Buch die Funktion eines Beispiels hat: Es repräsentiert Wieland als deutschen Aufklärer und somit ein seit der Goethezeit verschüttetes Stück deutscher Intellektualität. Das Subjekt-Buch setzt eben hiermit ein; es behandelt in der Einleitung (ebenfalls mit kryptischer Überschrift: «Osmannstädt und Titelkupfer») die betrübliche, ja beschämende Geschichte der Wieland-Wirkung, die Geschichte eines «berühmten Namens», wie Arno Schmidt formulierte, der im allgemeinen Bewußtsein nur noch auf eine «Schattengestalt» verwies. Wieland war vom literarischen Kanon der bürgerlichen Epoche ausgeschlossen, und hierzu hat, wie der Autor meint, nicht nur die Attacke der Brüder Schlegel, die symbolische Bankrotterklärung im «Athenaeum», sondern auch Goethes scheinbar so wohlwollende Gedenkrede den Grund gelegt.

Es folgen sechs Kapitel: «Politeia – Politik – Philosophie – Lais – Ästhetik – Symposion». Es sind sechs Essays, mit festem Kern und lockerer Peripherie, Betrachtungen eines gründlich und vielfältig Belesenen, der sich der literaturwissenschaftlichen Forschung bedient und zugleich von ihr Distanz hält.

Das Kapitel «Politeia» befaßt sich mit dem langen Exkurs, den Wieland in das vierte, das letzte ausgeführte Buch seines unvollendeten Briefromans einzufügen gewagt hat: Die Titelfigur Aristipp legt einem Freunde in fünf umfänglichen Schreiben dar, was ihr an Platons großer Staatsutopie mißfällt. «Der Staat ist um des Bürgers willen da, nicht der Bürger um des Staats willen»: Aristipp setzt dem rigorosen Totalitarismus Platons einen liberalen Standpunkt entgegen, den der Autor mit Recht aus modernen Quellen (er verweist auf Locke; er hätte wohl auch auf Wilhelm von Humboldt verweisen können) ableitet. Aristipps Anti-Politeia-Briefe, aus heutiger Sicht wohl die beste Partie des ganzen Romans, wären es wert, gesondert ediert und kommentiert zu werden; dort sollten – was der Autor gänzlich ausgespart hat – Wielands treffende Commonsense-Argumente der allzu affirmativen Platon-Rezeption des neunzehnten Jahrhunderts gegenübergestellt werden.

Die Kapitel «Politik und Philosophie» fesseln durch ihre zupackende Art; ihnen ist gemeinsam, daß sie in Wielands scheinbar antiquarischen Darlegungen überzeugende Aktualität entdecken. Grob gesagt: Das krisengeschüttelte Kyrene, Aristipps Heimat, soll als Bild und Gegenbild für Frankreich, für das zeitgenössische Frankreich zwischen Direktorium und Konsulatsregiment zumal, verstanden werden, und Wielands aufs Ganze gehende Platon-Kritik richtet sich vor allem gegen Kant. Das Kapitel «Politik» erweist den Autor als vorzüglichen Kenner des politischen Denkers Wieland – wie vom Herausgeber der «Politischen Schriften» des Dichters (Nördlingen 1988, gemeinsam mit Hans und Johanna Radspieler) nicht anders zu erwarten.

Das Kapitel «Philosophie» ist der originellste Teil des Buches; im Zentrum der Argumentation steht dort eine These, der man einige Resonanz wünschen möchte. Aristipps Polemik gegen Idealismus und Spekulation, meint der Autor, wende sich nicht nur gegen eine bestimmte Richtung philosophischen Denkens; es gehe dabei vielmehr vor allem um die prinzipielle Frage, was Philosophie sei und was sie bezwecke. Philosophie als Lebensweise, als tägliche Praxis von jedermann sei die eine Position, Philosophie als professionell betriebene, einem Fachjargon verpflichtete Disziplin die andere.

Aristipp, in diesem Punkte ganz Schüler des Sokrates, kämpfe, behauptet der Autor, gegen die von Platon eingeleitete Verschulung der Philosophie, die zugleich eine Überforderung der Philosophie in Richtung auf spekulativ begründete Sicherheitsversprechen eingeleitet habe, und unter der Maske Aristipps verberge sich kein anderer als Wieland, der gegen die analoge Verschulung der Philosophie durch Kant, gegen deren analoge Rückwendung zur Spekulation, wie sie der deutsche Idealismus vollzogen habe, protestiere. Wieland erscheint in dieser Sicht als Verteidiger der Aufklärung – als Verteidiger einer bestimmten Art von Aufklärung, wie man wohl hinzufügen muß, wenn man das Paradox bedenkt, daß Kant der Gegner sein soll.

Lais, im Roman die wichtigste Zeitgenossin Aristipps, die berühmte Hetäre, die in der Version Wielands eigentlich keine Hetäre ist, die dort vielmehr – modern ausgedrückt – den damals mehr wünschbaren als wirklichen Typ der selbständigen und gebildeten, kurz der emanzipierten Dame repräsentiert: Diese Lais ist Gegenstand des vierten und längsten Kapitels. Der Autor würdigt sie eindringlich und treffsicher; er zeigt insbesondere, daß sie folgerichtig konzipiert und sozusagen aus einem Guß ist, im Leben und Genießen wie im tragischen Ende. Es bleibt allerdings wohl anzumerken, daß eine Figur wie die der Lais uns Heutigen wenig oder nichts mehr bedeutet: Sie erscheint als Kunstfigur, als Konstrukt, und zumal die den bürgerlichen Konventionen angepaßte, teils unterdrückte, teils camouflierte und somit gänzlich unantike Erotik ist gegenwärtig von ebenso geringer Aktualität wie beispielsweise der Ehrenpunkt.

Dies führt bereits (da die beiden letzten, kürzeren Kapitel übergangen werden können: Sie befassen sich durchweg mit eher peripheren Themen) auf die prinzipielle, auch die gelungensten Partien von Reemtsmas Buch gefährdende Frage, ob denn dessen Objekt, der Roman Wielands, den ganzen Aufwand noch lohne. Es empfiehlt sich wohl, auch die in der bürgerlichen Tradition etablierten, die zum Kanon der einstigen Allgemeinbildung gehörigen

Klassiker nicht unnötig zu attackieren: Sie sind wahrlich dem größten Teil des lesenden Publikums schon weit genug entrückt. Um so behutsamer sollte heutzutage Wieland behandelt werden, der bis vor kurzem unverdientermaßen Geschmähte, Unterdrückte, Ignorierte. Dies besagt jedoch nicht, daß sich alle seine Werke für eine Revision der bisherigen Vernachlässigung eignen. Vom «Aristipp» aber, von seiner der Realität entrückten klassizistischen Kunstwelt läßt sich schwerlich Günstigeres behaupten, als daß er – so der Wieland-Biograph Sengle – «ein einziges riesiges Bildungsgespräch» sei, «dessen Bedeutung nicht durch dichterische, sondern durch philosophische und historische Werte» bestimmt wird – und diese seien «trotz aller Vielseitigkeit und Klugheit... verhältnismäßig gering».

Nietzsche, gewiß kein Anhänger des allgemeinen Wieland-Verdiktes, ging offenbar zu weit, als er meinte, Wielands Gedanken gäben uns nichts mehr zu denken: Im Falle des «Aristipp» trifft diese Behauptung am wenigsten auf die den ganzen Roman durchziehende Platon-Kritik zu, und auch die individualistische Lebensphilosophie der Hauptfigur sollte nicht unbesehen als trivial angesehen werden. Nietzsche verstand sich indes zugleich zu dem Lob, Wieland habe besser als irgend jemand deutsch geschrieben, und hierfür ist der «Aristipp» von Anfang bis Ende ein eindrucksvolles Dokument. Kein Wort über dieses Thema im Buche des Autors Reemtsma: Sein Fixiertsein auf die Gegenstände blickt durch die geschmeidige, noble, glanzvolle Sprache hindurch, als ob sie aus Glas wäre.

Jan Philipp Reemtsma: «Das Buch vom Ich». Christoph Martin Wielands «Aristipp und einige seiner Zeitgenossen». Haffmans Verlag, Zürich 1993.

Sprachgewänder

Schillers Neuschöpfungen der Antike

Schiller versagte sich als Übersetzer antiker Literaturwerke den Tendenzen seiner Zeit. Er entschied sich für Euripides, obwohl damals Sophokles wegen des regelmäßigen Baus seiner Stücke und wegen der Größe seiner Charaktere höher im Kurs stand. Er erkor den Römer Vergil zur Vorlage, während sich rings um ihn eine Reihe von Dichtern eine angemessene Verdeutschung des griechischen Homer angelegen sein ließ. Außerdem ging er nicht nur in der Wahl der Texte eigene Wege; er nahm auch den tiefgreifenden Wandel nicht zur Kenntnis, der sich exakt in jenen Jahren in der Theorie und Praxis des Übersetzens vollzog.

Wie Euripides fühlte sich auch Schiller bei der «Iphigenie in Aulis», der Geschichte von der Opferung der Königstochter, vor allem von den Charakteren, von deren Konflikten und inneren Umschwüngen, angezogen. Sein Hauptmotiv war indes weder bei der «Iphigenie», die er ganz, noch bei den «Phönizierinnen», die er zu Teilen übersetzte, sachbezogen: Er wollte, einer bis zur antiken Rhetorik zurückreichenden Tradition gemäß, durch die Arbeit am fremden Werk lernen, wollte sich, wie er an Körner schrieb, «in den Geist der Griechen» hineinfinden, um den «eigenen, durch Spitzfindigkeit und Künstlichkeit von der wahren Simplizität entfernten Geschmack zu reinigen».

Auf die Euripides-Studien des Spätherbstes 1788 folgte etwa drei Jahre später die Verdeutschung von zwei Gesängen aus der «Aeneis» Vergils. Auch hier reizte ihn offenbar das Pathos der Vorlage: das der Geschehnisse bei der «Zerstörung von Troja» (Aeneis, Buch 2) und das der Titelfigur bei der «Dido» (Buch 4). Darüber hinaus suchte er mit diesem Unternehmen – wie mit den Euripides-Stücken – seine dichterischen Möglichkeiten zu steigern: Er gedachte sich mit ihm auf ein eigenes Epos, das Friedrich den Großen oder den Schwedenkönig Gustav Adolf zum Gegenstand haben sollte, vorzubereiten.

Wenn die Euripides-Übersetzungen erst viel später als reifste Frucht des Bemühens um «Klassizität» die «Braut von Messina» zeitigten und wenn auf die beiden Vergil-Bücher nie eine «Fridericiade» oder etwas Ähnliches folgte, so bleibt für die Nachwelt der beträchtliche Eigenwert dieser «Vorübungen»: Was Schiller von seiner Vergil-Version sagt – sie sei «beinahe Originalarbeit» –, gilt ebenso für seine Wiedergabe des Euripides. Er hat, hierin ein Nachfolger Wielands, besonders glanzvoll die im 18. Jahrhundert allgemein übliche Art des Übersetzens praktiziert, jene Art, welche das neue Sprachgewand des fremden Literaturwerks als das ursprüngliche erscheinen zu lassen suchte.

Mit dem Historismus kam ein anderes Ideal des Übersetzens auf: Man wollte von der Fremdheit der Originale möglichst viel bewahrt wissen; man bildete deren Diktion ab, soweit es die Regeln des Deutschen erlaubten; man bemühte sich um ein Höchstmaß an Wörtlichkeit. Der Autor, der diese Art zu übersetzen entwickelte und öffentlich durchsetzte, war Johann Heinrich Voss, dessen «Odyssee» und «Ilias» den erstrebten «deutschen Homer» zu verkörpern schienen. Die Theorie hierzu wurde am nachdrücklichsten von Schleiermacher und Wilhelm von Humboldt formuliert. Man berief sich auf das historische Prinzip der Einzigartigkeit aller geschichtlichen Erscheinungen und behauptete, daß die Besonderheiten der griechischen Sprache sowie die eines jeden Autors von vornherein die Möglichkeit ausschlössen, bedeutenden Literaturwerken durch Übersetzen ein den Originalen ebenbürtiges Aussehen zu geben: Die Übersetzung sollte nur zum Urtext hinführen, indem sie dessen sprachliche Eigentümlichkeiten im Medium des Deutschen abzubilden suchte.

Schiller blieb die neue, radikal historisierende Denkart fremd. Er hielt es für möglich und nötig, daß der Übersetzer das sprachlich-stilistische Gewand seiner Vorlage uneingeschränkt austausche. Er scheute sich nicht, selbst die Versmaße zu verändern: Er ersetzte die für moderne Ohren nicht wahrnehmbare rhythmische Gliederung der euripideischen Chorlieder durch kurze gereimte Strophen und dichtete die im Deutschen monoton klingenden Hexameter Vergils zu ebenfalls gereimten, achtzeiligen Stanzen um. Da es ihm erst recht bei der Wahl der Worte darum ging, Wirkungen zu erzielen und sich nicht mit Mittlerdiensten am Original zu begnügen, übertreibt man kaum, wenn man diesen Übersetzungen den Rang kongenialer Nachschöpfungen zuerkennt. Dem Inhalt des neuen Bandes der Nationalausgabe geschähe also Unrecht, wollte man ihn als Nebenwerk abtun; zumal die Vergil-Übertragung steht Schillers berühmtesten Dichtungen wenig nach. Der Band enthält neben dem Text einen mehr als doppelt so großen Anmerkungsteil. Die Tragödien werden besonders ausführlich kommentiert. Ein den Einzelerläuterungen vorausgehender allgemeiner Teil befaßt sich mit der Euripides- und Vergilrezeption zur Zeit Schillers, mit seinen Kenntnissen in den alten Sprachen und den von ihm benutzten Hilfsmitteln, ferner mit der Entstehung und dem Druck der Übersetzungen. Sehr nützlich ist eine Zusammenstellung einschlägiger Partien aus Briefen und Rezensionen.

Der Kommentar will auch denen, die die Originale nicht lesen können, die Kontrolle von Schillers Vorgehensweise ermöglichen; er spart daher nicht mit der streng wörtlichen Wiedergabe der hierzu geeigneten Stellen. Für die Euripides-Stücke hat Schiller, da seine Griechischkenntnisse gering waren, vor allem Übersetzungen (in lateinischer, französischer und deutscher Sprache) benutzt; der Kommentar stellt demgemäß auch aus diesen Quellen eine Fülle von Zitaten bereit. Der Herausgeber hat fernerhin bedacht, daß es heutzutage «nicht humanistisch ausgebildete Benutzer» gibt; ein Teil seiner Erläuterungen gilt daher den «Realien»: daß etwa Troja eine «bedeutende Stadt im nordwestlichen Kleinasien» und Hades der «Bruder des Zeus, Gott der Unterwelt» war. Derlei Auskünfte hätten wohl – für diejenigen, die ihrer bedürfen – gesondert in einem alphabetisch geordneten Verzeichnis am Schluß des Bandes erteilt werden können.

Angesichts dieser Fülle orientierenden Materials fällt um so stärker ins Gewicht, daß von den soeben skizzierten Gegebenheiten, von der Übersetzungstheorie und -praxis jener Zeit sowie von Schillers Verhältnis hierzu, in dem ganzen Band nichts verlautet – ein erstaunliches Faktum, wenn man bedenkt, welche Rolle das Verdeutschen fremder, zumal antiker Literaturwerke damals gespielt hat. Von Vergil wiederum vermittelt der Kommentar ein sonderbares Bild. Die «Aeneis» ist, wie man weiß, ein nationales Heldenepos, dessen Titelfigur archetypische Bedeutung hat. Aeneas repräsentiert den idealen Römer, zumal Augustus; seine Tat, die Grundlegung des römischen Staates, dient als Chiffre für den Kulminationspunkt der nationalen Geschichte, für das von Augustus neugeordnete Weltreich. Dem Leser des Bandes 15,I der Schiller-Nationalausgabe hingegen werden folgende Mystizismen zugemutet: «Vergil ... gestaltet in Aeneas ... einen für seine Kultur neuen Menschen; hier findet man einen sich aus der hellenistisch-römischen Kultur selbst heraus artikulierenden Willen zur Entpaganisierung – einen Abschied vom Heidnischen ohne das Christentum. Man findet eine gewisse Weltferne innerhalb der Welt vor, ... (eine) Weltferne ... von großer Zartheit, die darauf beruht, daß sie nicht nur Sache des Intellekts, sondern auch einer neuartigen Wärme des Herzens ist.»

Bei einer kritischen Edition, könnte man sagen, sind alle Zutaten des Herausgebers letztlich Nebensache: Sie erreicht ihren wichtigsten Zweck, wenn es mit den von ihr präsentierten Texten seine Richtigkeit hat. Der neue Band der Schiller-Nationalausgabe läßt auch hier zu wünschen übrig; die Defizienzen sind indes in diesem Falle offensichtlich nicht durch den Herausgeber, sondern durch den Mechanismus rigoroser, für die ganze Ausgabe gültiger Editionsrichtlinien bedingt. Schiller hat alle seine Übersetzungen, nachdem sie zum ersten Male erschienen waren, einer Bearbeitung unterzogen, was nicht verwunderlich ist, wenn man sich vor Augen führt, in welcher Eile sie oft zustande kamen («Ich bedaure nur, daß ich bei diesen Arbeiten zu sehr pressiert bin», heißt es einmal in einem Briefe). Der revidierte Text der Euripides-Übersetzung erschien zwar erst postum in einem Druck des Jahres 1807; die Änderungen sind indes durch erhaltene Korrekturen belegt, die Schiller mit eigener Hand in der Erstedition vermerkt hat. Der Herausgeber bringt gleichwohl die frühere Fassung – weil die Editionsrichtlinien der Nationalausgabe gebieten, daß stets der erste Druck wiedergegeben werde. Diese Maxime ist vor allem für die «Phönizierinnen» von Belang: Schiller hat dort, wie in der Cotta-Säkularausgabe mit Recht verlautet, «viele textliche Verbesserungen» vorgenommen.

Mit der unangenehmsten Überraschung wartet die Wiedergabe der beiden Vergil-Gesänge auf. Schiller hat sie für eine Sammlung seiner Gedichte bearbeitet, die zweimal zu seinen Lebzeiten erschienen ist. Der Leser des Bandes 15, I der Nationalausgabe findet indes von der «Zerstörung Trojas» die erste, vom Dido-Buch hingegen die zweite, endgültige Fassung vor. Der Schlüssel für dieses hybride Gebilde liegt im Band 2, I der Werke, der den zweiten Teil der Gedichte enthält. Dort begegnet man den jeweiligen Pendants zu den Fassungen von Band 15, I: der ersten Fassung der «Dido» und der zweiten der «Zerstörung von Troja». Die Präsentation der «Dido» folgt dem erwähnten Generalprinzip; bei der «Zerstörung von Troja» jedoch ist man hiervon abgewichen, weil Band 2, I u. a. den vollständigen Abdruck einer von Schiller geplanten, nicht mehr erschienenen, nur handschriftlich überlieferten «Prachtausgabe» der Gedichte enthält und weil hierfür nur die «Zerstörung von Troja», nicht auch das Dido-Buch vorgesehen war. Band 15, I fungiert nun einigermaßen richtlinienlos als Lückenbüßer.

Wie man sich eine historisch-kritische Edition der «Übersetzungen aus dem Griechischen und Lateinischen» gewünscht hätte?

Daß sie alles in derselben Fassung bringt, möglichst in der endgültigen, der besten. Oder daß sie, wenn denn der erste Druck maßgeblich sein muß, die späteren Verbesserungen jeweils unterhalb des Haupttextes vorführt, nicht im Kommentar, wo sie in der Flut der übrigen Erläuterungen ertrinken.

«Schillers Werke». Nationalausgabe. Band 15,I: Übersetzungen aus dem Griechischen und Lateinischen. Herausgegeben von Heinz Gerd Ingenkamp. Hermann Böhlaus Nachfolger: Weimar 1993.

Scheffels Erzählwerk: Bildungsbeflissenheit, Deutschtümelei

«Nicht viele deutsche Dichter erfreuen sich einer Beliebtheit, wie Joseph Victor von Scheffel bis auf den heutigen Tag. Zu Lebzeiten vom ganzen deutschen Volk, von den Vertretern jedes Standes verehrt und bewundert, steigerte sich die Scheffelbegeisterung an seinem 50. Geburtstag zu einem wahren Triumph: ganz Deutschland feierte diesen Festtag mit herzlichem Gedenken des Jubilars. Und heute? Unzählige Scheffel-Denkmäler zeugen von seiner volkstümlichen Beliebtheit, seine frohen Wander- und Studentenlieder gehen wie ehedem von Mund zu Mund und seine Lyrik und seine Prosawerke gehören immer noch zum Hausschatz deutscher Literatur. Nicht nur seine leichte Muse, auch seine wertvolle ernste Dichtung ist tief in das Volk gedrungen. Wer kennt den ‹Ekkehard› nicht? Wie ist das zu erklären?

Jedem Menschen hat Scheffel etwas zu sagen; jeder, der sich in seine Dichtung versenkt, verspürt sofort, bewußt oder unbewußt, daß hier an die Wurzeln des Seins gerührt ist, dem auch er entsprossen. Er fühlt die innere Verwandtschaft mit ihren Gestalten und empfängt das Bewußtsein, Träger eines Blutes und Hüter eines langsam erwachsenen und gereiften Kulturgutes zu sein, das ihn mit Stolz und Genugtuung erfüllen kann...

Verfolgt man Scheffels Lebensgang, so ist es *eine* Tatsache, die als hervorstechendstes Merkmal seiner Persönlichkeit und damit auch seines Schaffens vor Augen tritt; seine deutsche Art. In seiner Person fand deutsches Wesen seinen ureigensten Ausdruck...»

Diese Proben aus einer Münchner Dissertation des Jahres 1944 deuten auf Abstand. Scheffel ragt zwar noch stets mit «unzähligen Scheffel-Denkmälern», mit Scheffel-Straßen, Scheffel-Hallen und sonstigen Scheffel-Komposita in die Gegenwart hinein, doch er selbst, sein einst so gefeiertes Werk ist vergessen: die Gaudeamus-Fröhlichkeit seiner Lieder geht nicht mehr von Mund zu Mund – und wer kennt den «Ekkehard» noch?

Die folgenden Seiten maßen sich nicht an, die Ursachen des Scheffel-Niedergangs erschöpfend zu behandeln. Sie beschränken sich auf die erzählenden Dichtungen, auf das Epos «Der Trompeter von Säckingen» und den Roman «Ekkehard», und sie lassen auch dort wichtige formale Aspekte gänzlich außer Betracht: die Dürftigkeit der Handlung, die jeweils einen Bilderbogen von Episoden mühsam zusammenhält; den altertümelnd-butzenscheibelnden Stil, den ‹schlichten›, ‹kernigen›, ‹biederen› – mit «ward» und «stund» und «jetzo», mit der ermüdenden Manier undeklinierter Adjektive («ein steinern Bänklein») und vorangestellter Genitive («der braunen Obermagd Hüfte») usw. Nur zwei inhaltliche Merkmale sollen vorgeführt werden, die uns Heutige mit Notwendigkeit von Scheffel, dem Dichter einstiger Studenten- und Akademiker-Herrlichkeit, trennen: die Bildungsbeflissenheit, d. h. eine epigonenhafte Stufe bürgerlicher Bildungstradition, in der ein starres Repertoire historischen und literarischen Wissens zum Standes-Kennzeichen veräußerlicht ist, sowie die einst vielgerühmte ‹vaterländische› Gesinnung, die jetzt eher peinliche Deutschtümelei – zwei Züge, die in der seit etwa 1960 überwiegend kritischen Scheffel-Literatur noch kaum Beachtung gefunden zu haben scheinen.

I

Um das Jahr 975 wurde der St. Galler Mönch Ekkehard II., genannt der Höfling, von der Schwabenherzogin Hadwig auf den Hohentwiel beordert, sie dort Latein zu lehren – so die St. Galler Klosterchronik und so, ihr folgend, Scheffel im «Ekkehard». Scheffel läßt seinen Helden auf der Reise zur Residenz der Herzogin zwei Bekanntschaften machen, die für das weitere Romangeschehen nicht ohne Bedeutung sind: auf der Reichenau kommt es zu einem Zusammenstoß mit dem Kellermeister Rudimann; in Radolfzell schließt Ekkehard Freundschaft mit dem «Leutpriester» Moengal, einem knorrigen Naturapostel.

Die Szene auf der Reichenau (5. Kapitel) sei einer genaueren Betrachtung unterzogen: als Beispiel, wie sich der Roman zu seiner vornehmsten Quelle, der St. Galler Klosterchronik, verhält und wie er sich auch sonst allerlei Überlieferung zunutze macht. «Es war die Zeit des Spätherbstes», heißt es bei Scheffel, «alt und jung auf der Insel mit der Weinlese beschäftigt». Ekkehard trifft daher ein menschenleeres Kloster an; er setzt sich auf ein «steinern Bänklein» und schlummert, von der Wanderschaft ermüdet, ein. Nunmehr erscheint der Kellermeister Rudimann, um aus den rings aufgestellten Fässern Mostprobe zu halten; er tut's und lobt den Herrn, den Spender des süßen Trankes. Eine weitere Person betritt die Szene, die Obermagd Kerhildis: Sie wird von Rudimann geheißen, aus einem entfernt stehenden Faß eine Probe zu beschaffen; sie gehorcht, und (weiß Scheffel nunmehr zu berichten) «der Kellermeister schlang seinen Arm um der braunen Obermagd Hüfte, die wehrte sich dessen nicht groß – was liegt an einem Kuß im Herbste?» Das Kußgeräusch weckt den Schlummernden; dieser bemerkt das Paar und schickt sich an, den Kellermeister mit seinem Wanderstab zu verprügeln. Rudimann: «Was ist das?» Darauf Ekkehard: «Ein Gastgeschenk ist's, das der heilige Gall dem heiligen Pirmin» – der Gründer St. Gallens dem Gründer der Reichenau – «sendet».

Die St. Galler Chronik – genauer: der Teil der Chronik, den Ekkehard IV. um die Mitte des 11. Jahrhunderts verfaßt hat – schildert klösterliche Ereignisse aus der Zeit von Abt Salomon III. (890–920) bis zu Abt Notker (971–975). Dort verlautet von dem kunstbegabten und reiselustigen Mönch Tutilo, er sei eines Tages zum Einkauf von Tuch nach Mainz gesandt worden (Kapitel 40). «Wie er nun», fährt die Chronik fort, «am Rande der Stadt beim Kloster St. Alban Unterkunft gefunden und seine Leute alsbald für Futter und Lebensmittel auf den Markt geschickt hatte, da ließ er selbst sich, müde wie er war, auf einer Bank nieder, um sich etwas auszuruhen. Es war die Zeit der Weinlese, und die Brüder befanden sich, ihrer Arbeitspflicht zu genügen, in den Rebpflanzungen. Da: das erste Zeichen zur Vesper war eben geschlagen worden, und der Aufseher erschien, um die Brüder zusammenzurufen, aus Demut auf einem Esel sitzend; er näherte sich dem Tor des erwähnten Gasthauses, als wolle er auch dort jemanden suchen. Heimlich ritt er in das Anwesen; er sah nach, ob seine Gevatterin zu Hause sei. Die aber trat aus ihrer Kammer, grüßte den Gevatter, glaubte, der Fremde schlafe, und bot dem Gevatter Most an. Wie der, nicht faul, ausgetrunken und das Gefäß zurückgegeben hatte, kitzelte er die Frau am Busen, und sie hatte nichts dagegen. Der Fremde sah den Frevel, sprang auf, schalt den Aufseher einen Schurken, packte ihn am Haar, warf ihn zu Boden und schlug mit der Pferdepeitsche, die er noch in der Hand hielt, heftig auf ihn ein, wobei er rief: ‹Das schenkt dir der heilige Gallus, der Bruder des heiligen Alban.›»

Scheffel gibt – wie gewöhnlich, so auch hier – in einer der zahlreichen Anmerkungen, die seinem Roman ein größeres Maß von Authentizität verleihen sollen, seine Quelle gewissenhaft an; es ist ihm offensichtlich gelungen, die Szene exakt in das Gefüge der von ihm ersonnenen Handlung einzupassen, wobei er lediglich, der Tabus der eigenen Zeit eingedenk, das «Kitzeln des Busens» in einen «Kuß» gemildert hat. Er hat die von ihm transponierte Szene außerdem durch Motive zu bereichern gesucht, die seine Gelehrsamkeit und Bildung ihm nahelegten. So wartet er, im Begriff, dem Leser den Charakter Rudimanns vorzuführen, mit einer Vorschrift aus der Regel des Benediktinerordens auf: «Zum Kellermeister soll erwählt werden ein weiser Mann von reifen Sitten, nüchtern und nicht vieler Speise gierig, kein Zänker und kein Schelter» usw. – eine ironische Folie für die erheblich hiervon abweichenden Eigenschaften Rudimanns. Und unmittelbar darauf holt Scheffel, um die Bosheit des Kellermeisters zu kennzeichnen, zu einem überraschenden Vergleich aus: «... wie das Eichhörnchen Ratatöskr» (so betätigte sich Rudimann als Klatschmaul), «das auf- und abrennt an der Esche Yggdrasil und des Adlers zürnende Worte im Wipfel herniederträgt zu Nidhöggr, dem Drachen in der Tiefe.» Dann, wie Rudimann sich gegen Ekkehard zur Wehr setzen will, ein Zitat aus einem Gedicht Notkers des Stammlers; Ekkehard wird mit Holofernes verglichen; ein byzantinischer Protospathar (Chef der Leibgarde) a. D. tritt auf, der sich über die Belagerung von Hai (Ai) durch Josua verbreitet usw.

Wie die hier betrachtete Szene auf der Reichenau, so beruhen zahlreiche weitere Kapitel des «Ekkehard» auf Entlehnungen, die ihren Vorlagen mitunter bis ins feinste Detail verpflichtet sind. In die zweite Hälfte seines Romans hat Scheffel sogar zwei größere Literaturwerke eingefügt oder eingearbeitet: außer dem Waltharilied, dem bekannteren Beispiel, ist die ebenso giftige wie gelehrte Epistel, in der sich Gunzo von Novara bei den Reichenauern über Ekkehard beschwert, der Überlieferung entnommen, und überdies werden dort in geziemender Breite die Geschichten von Wieland dem Schmied und von König Rother erzählt (24., 17. und 20. Kapitel). Ebenso wie die Rudimann-Episode entstammen die Figuren des schwachsinnigen Mönches Heribald und der Klausnerin Wiborada der St. Galler Chronik; Scheffel hat sie mitsamt dem Ungarn-Einfall des Jahres 926 kunstvoll in das um ein halbes Jahrhundert später spielende «Ekkehard»-Geschehen verwoben. Eine andere Bewandtnis hat es wiederum mit der Entführung, die Ekkehards Reise auf den Hohentwiel abrupt beendet: Hier hat ein reales Ereignis aus viel späterer Zeit Pate gestanden, der von Kurfürst Friedrich dem Weisen inszenierte Coup, der den geächteten Luther auf die Wartburg rettete.

Ein besonders aufdringliches Merkmal der Scheffelschen Historienmalerei sind die überall verstreuten Beweise für Bildung und Gelehrsamkeit – diese Feststellung trifft in gleichem Maße auf die beiden Hauptwerke, auf den «Trompeter von Säckingen» und den «Ekkehard», zu. Ein ergötzliches Kapitel machen die Anspielungen auf einst geflügelte Dichterworte aus. Da erhält ein pathetischer Selbstzuspruch des Odysseus – Odyssee 20,18: «Dulde, mein Herz, du hast schon härtere Kränkung erduldet» – im 9. Stück des «Trompeters» ein parodistisches Echo aus dem Munde Hiddigeigeis: «Dulde, tapfres Katerherze, / Das so vieles schon erduldet.» Da wird ein Vers aus der Horaz-Ode 4,9 wörtlich, aber in völlig anderem Sinne zitiert (Trompeter, 4. Stück): «Und vielhundert tapfre Männer / lebten schon vor Agamemnon.» Der Gymnasiast von einst pflegte neben anderem die Ilias-Verse 6, 146–149 parat zu haben: «Gleich wie Blätter im Walde, so sind die Geschlechter der Menschen ...»; der «Ekkehard» bringt im Kapitel «Die Waldfrau» eine etwas gezwungene Reprise: «Daß der Menschen Geschlechter kommen und zergehen wie die Blätter ...» Ein letztes, nun wirklich gequältes Beispiel aus dem 17. Kapitel desselben Werkes: die Reflexion: «zwischen Himmel und Erde und im Gemüt eines Schriftgelehrten gehn viele Dinge vor, davon sich der Verstand der Verständigen nichts träumen läßt» – diese Reflexion sucht zweifellos einen berühmten Ausspruch des Prinzen Hamlet (1,5) zu variieren.

Charakteristischer noch als derlei versteckte Andeutungen sind die mannigfachen offenen Hinweise auf das Bildungswissen des 19. Jahrhunderts – man geht schwerlich zu weit, wenn man auf diesem Felde eine ganz ungewöhnliche Beflissenheit, eine starke Neigung zu eifrigem Vorzeigen feststellt. Im Spektrum der einschlägigen Reminiszenzen nehmen der griechische Mythos und die Literatur der Antike den bei weitem breitesten Raum ein; die übrigen Anspielungen verteilen sich auf die antike Geschichte und die Archäologie, auf die Bibel und das Mittelalter. Im «Trompeter» kommen noch vereinzelte Hinweise auf Erscheinungen der frühen Neuzeit hinzu: die Dichtung spielt im 17. Jahrhundert, und so hielt sich der Autor offenbar für befugt, mit seinen Bildungszitaten ebenfalls bis zu dieser Grenze vorzudringen – die Huldigung für Kopisch, den Entdecker der Blauen Grotte von Capri, wird als Prophetie dargebracht und bestätigt hiermit das Prinzip (10. Stück: «Später einstmals darf vielleicht ein / Deutsches Sonntagskind hineinschaun ...»). Wohl ebenfalls um Anachronismen zu vermeiden, hat sich Scheffel hinsichtlich der neueren deutschen Literatur Schranken auferlegt; zwei Wackenroder-Hinweise im «Ekkehard» – 6. Kapitel: «Herzensergießungen»; 23. Kapitel: «blaue Blume» – bleiben Ausnahmen.

Die Bildungsreminiszenzen sollen die Ereignisse spiegeln und ihnen so eine Würde verleihen, die ihnen der Autor von sich aus nicht zuzutrauen scheint. Besonders deutlich läßt sich diese Absicht an dem Heldenpaar des «Trompeters», an Werner und Margareta, ablesen: dessen Geschicke werden nicht weniger als viermal durch beispielhafte Analogien aus Mythos, Literatur und Geschichte überhöht. 4. Stück: Werner begibt sich, gefangen von Margareta, die er zum ersten Male erblickt hat, an den Rhein – «Also einst», läßt Scheffel sich vernehmen, «vor grauen Jahren, / Schritt am Arnostrand ein ander / Menschenkind, bewegt und sinnend.» 7. Stück: auf Dante und Beatrice folgt ein exemplarisches Paar des 16. Jahrhunderts – «So mocht' einst Sir Walter Raleigh's / Herze klopfen, wie als Teppich / Er der königlichen Herrin / Seinen Mantel legt zu Füßen.» 12. Stück: der verwundete Werner schläft, und Margareta betrachtet ihn – «Also mocht' einst / In des Ida Wäldern auf den / Süßen Schläfer, den Endymion, / Niederschaun die Götterjungfrau». 16. Stück: «'s war der Blick, mit dem Odysseus / Bei der Freier Leichen sitzend / Einst zur Gattin sah» – ein überraschender, der Situation im «Trompeter» wenig angemessener Vergleich. Dem Rückgriff auf das Arsenal der Überlieferung scheint mitunter – jedenfalls aus der Sicht des heutigen Betrachters – etwas Zwanghaftes zu eignen, z. B. wenn sich der Säckingen verteidigende Maler Fludribus prompt als zweiter Cellini in Szene setzt (11. Stück) und wenn Hiddigeigei sein warnendes Miauen ebenso prompt durch das Schnattern der kapitolinischen Gänse legitimiert (ebendort).

Der «Ekkehard» schwelgt in Namen und Zitaten aus der antiken Literatur. Scheffel mochte sich hierzu durch das Sujet seines Romans berechtigt glauben: St. Gallen und die Reichenau standen während des 9. und 10. Jahrhunderts in schönster Blüte, und nur wenige andere Klöster konnten es mit dem reichen Geistesleben aufnehmen, das sich damals dort entfaltet hat. Auch die St. Galler Chronik zitiert gern Vergil und gelegentlich Horaz oder Cicero, und in St. Gallen wirkte zur Zeit Ekkehards des Höflings der universale Gelehrte Notker der Lippige, ein Kommentator und Übersetzer von hohem Rang. Scheffel hat freilich die Gewichte verschoben: zum Vorteil der heidnischen Antike und zum Nachteil der Bibel und der gesamten christlichen Tradition, und so erinnert der Bildungshorizont, den er seinen Mönchen verleiht, eher an ein humanistisches Gymnasium des 19. Jahrhunderts als an ein Kloster des frühen Mittelalters. Daß ein Mönch die taciteische «Germania» im Kopf hat (dieses Werk war im Mittelalter fast gänzlich verschollen), daß Moengal in jeder Lebenslage mit einem Klassiker-Zitat aufwartet und die Dienerin Hadwigs, eine Griechin, ein anakreontisches Liedchen trällert (4., 6. und 7. Kapitel): derlei Züge entstammen Scheffels eigenem Milieu und passen herzlich schlecht in die Sphäre seines Romans.

Geradezu skurril ist eine von Heribald ersonnene Beziehung: der Schwachsinnige, der sich geweigert hatte, mit den anderen vor den Ungarn zu fliehen, da ihm der Kämmerer das Leder für seine Schuhe schuldig geblieben sei (so weiß es bereits die St. Galler Chronik) – er entdeckt plötzlich ein ehrwürdiges Exempel der Situation, in der er sich befindet. «Bin ich nicht in der Klosterschule» (läßt der Autor Heribald im 13. Kapitel zu sich sagen) «über den Geschichten des Altertums gesessen und hab' gehört, wie die römischen Senatoren den Einbruch der senonischen Gallier erwartet haben? Den Mantel umgeschlagen, das Elfenbeinzepter in der Faust, saßen die Greise in ihren Stühlen, unbewegten Auges, wie eherne Götzenbilder: der lateinische Lehrer soll uns nicht umsonst vorgepredigt haben, das sei ein würdiger Empfang gewesen! Heribald kann's auch!»

Oder sollte der Hinweis auf die Katastrophe Roms im Jahre 387 v. Chr., die Analogie von Keltensturm und Ungarneinfall den Narren charakterisieren? Wohl kaum, denn nicht nur er hat so eifrig die lateinischen Klassiker gelesen und nicht nur er weiß die Lehren, die er daraus empfing, so trefflich anzuwenden. Schon im 4. Kapitel spricht der Titelheld zu seiner künftigen Schülerin Hadwig die programmatischen Sätze: «Glaubt mir, Herrin, es tut in allen Lebenslagen wohl, sich bei den Klassikern Rat zu holen; lehrt uns nicht Cicero auf den verschlungenen Pfaden weltlicher Klugheit den rechten Steg wandeln? Schöpfen wir nicht aus Sallust und Livius Anweisung zu Mannesmut und Stärke, aus Vergils Gesängen die Ahnung unvergänglicher Schönheit?»

II

Die Scheffelschen Erzeugnisse nehmen, wenn man sie in der hier angedeuteten Weise nach ihren stofflichen Voraussetzungen und der Vielfalt der von überallher entlehnten Motive befragt, das Aussehen eines Flickenteppichs, einer Collage an; man ist versucht, an den Cento zu erinnern, an jenen von der Spätantike bis zum Barock beliebten Gedichttyp, der Zitate aus einem anderen Werk in neuer Zusammensetzung darbot. Doch dieser Eindruck trügt; er vermittelt jedenfalls eine unvollständige Vorstellung. Die Werke Scheffels präsentieren sich, wenn man sie für sich zu deuten sucht, wie Fresken in einer Kuppel, die man von der Seite betrachtet: als wunderliche Zerrbilder. Sie wurden einst von einem in bestimmter Weise disponierten Publikum vor einer Fülle ähnlicher Produkte geschätzt und ausgezeichnet; sie sind daher in besonderem Maße darauf angewiesen, daß man sie aus der Perspektive ihres ursprünglichen Publikums würdigt: Erst dann beginnt sich, was zunächst nur Wirrwarr schien, zu einem plausiblen Ganzen zu ordnen.

Eine der Kategorien, welche das Vielerlei Scheffelscher Assoziationen begreiflich zu machen geeignet sind, wurde bereits genannt: der akademische Bildungshorizont des 19. Jahrhunderts. Als Scheffel heranwuchs, stand das humanistische Gymnasium – damals der einzige Weg zum Abitur, zum Studium – in voller Blüte. Von den vorhandenen Unterrichtsstunden wurde etwa die Hälfte auf die alten Sprachen, auf Latein und Griechisch, verwandt; in der anderen Hälfte hatten weitere allgemeinbildende Fächer wie Deutsch und Geschichte großes Gewicht. So war dafür gesorgt, daß sich die noch frischen Leistungen einer ungemein fruchtbaren Epoche des deutschen Geisteslebens und mit ihnen eine bestimmte Weltanschauung weithin verbreiteten: die Bewunderung für die Antike, die sich zuallererst auf den Griechenglauben der Weimarer Klassik berief; die Schätzung der eignen nationalen Vergangenheit, für die Herder, die Brüder Grimm und die Romantik den Grund gelegt hatten. Diese Tendenzen, von den produktiven Köpfen der ersten Generation aus unmittelbarer Betroffenheit und souveräner Gesamtschau ins Leben gerufen, verfestigten und verengten sich in der vermittelnden Instanz, im Prägestock des Gymnasiums: die pädagogische Routine ließ die Entwürfe und Entdeckungen der Goethezeit zu einem ebenso doktrinären wie philiströsen Kultur- und Nationalbewußtsein erstarren, und das stark normierte Bildungswissen wurde zur Kennmarke des akademischen Mittelstandes.

Die erzählenden Werke Scheffels spiegeln präzise diesen Befund: sie sind einerseits Erzeugnisse des Historismus und bekunden wie die bald romanisch, bald gotisch, bald sonstwie gewandete Architektur jener Zeit die schier grenzenlose Verfügbarkeit alles Vergangenen; sie tragen andererseits das zu Versatzstücken geronnene Wissen zur Schau, wie es damals landauf, landab bei Pfarrern, Ärzten, Lehrern usw. verbreitet war. So bestätigten sie eine Haltung, die – in Ermangelung einer Religion – ihre Identität in der nachempfindenden Teilhabe an fremden, vergangenen Kulturleistungen zu finden hoffte, und sie bestätigten diese Haltung offenbar mit solcher Treffsicherheit, daß sie zu den meistgelesenen Büchern der zweiten Hälfte des 19. Jahrhunderts avancierten.

Doch der bürgerliche Bildungsstandard ist nur die eine Bedingung, welche das Abgeleitete und Zusammengesetzte der Scheffelschen Erzählkunst als ein in sich geschlossenes Panorama von großer Überzeugungskraft erscheinen ließ; als zweite, vielleicht noch stärkere Ursache dieser Art haben gewiß die Appelle an das während der Bismarckzeit mächtig anschwellende deutsche Nationalbewußtsein gewirkt, ein Ingrediens, das sich in Scheffels Werken zwar weniger häufig, aber nicht weniger einprägsam geltend macht als das Potpourri der Bildungsreminiszenzen. Drei einander überschneidende Motivkreise tun sich hervor: Anspielungen auf den Verlust der politischen Einheit und auf das Verlangen nach ihrer Wiederherstellung; ein bestimmtes Bild vom deutschen Wesen und von deutscher Lebensart; Äußerungen über die deutsche Kultur und ihre Gefährdung durch Fremdes.

«Der Faustschlag blieb, so wie die / Deutsche Einheit und manch andres, / Nur ein schön gedacht Projekt»: das 9. Stück des «Trompeters» zieht in scherzhafter Durchbrechung des Erzählzusammenhangs die Bilanz des Jahres 1848. Auch der «Ekkehard» widmet sich dem deutschen Kardinalproblem des 19. Jahrhunderts nur an einer Stelle, jedoch ausführlicher, pathetischer und unter Wahrung der Illusion. Dort führt ein eigenes Kapitel – das elfte: «Der Alte in der Heidenhöhle» – Kaiser Karl den Dicken vor, jenen Karolinger, der zum letzten Male das gesamte Frankenreich unter seinem Zepter vereinigt hatte. Daß hierbei die Chronologie Schaden nimmt (Karl war im Jahre 888, bald nach seiner Absetzung gestorben: fast ein Jahrhundert vor Ekkehards Aufenthalt auf dem Hohentwiel), gesteht eine Anmerkung offen ein – Scheffel benötigt die Figur, weil sie ihm geeignet schien wie keine andere, dem Schmerz und der Sehnsucht seiner eigenen Zeit Ausdruck zu verleihen. Der abgesetzte Kaiser Karl hat bei ihm die Funktion eines nationalen Propheten, und dieser Prophet kündet von der Verderbnis der gegenwärtigen Zwietracht und von der Größe und Macht des einst unter einem starken Herrscher geeinten Reiches. Scheffels Rückprojektion zeitgenössischer, nicht unberechtigter Wünsche mag harmlos sein – immerhin gehört einige Kühnheit dazu, das Karolingerreich mit «Deutschland» (so ausdrücklich der Autor) gleichzusetzen. Denn hierbei bleibt außer Betracht, daß die politische Größe Deutschland erst im 10. Jahrhundert zu existieren begonnen und daß sich das Bewußtsein hiervon – ablesbar an der Bezeichnung ‹deutsch› in ethnisch-politischem Sinne – nur zögernd Bahn gebrochen hat: man bevorzugte bis ins 11. Jahrhundert die der Vergangenheit zugewandten Ausdrücke *regnum Francorum* («Reich der Franken») und *Francia orientalis* («Ost-Franzien»).

Die beiden anderen Motivkreise, durch die sich Scheffel zu seinem Deutschtum bekennt, waren wohl von Hause aus nicht minder harmlos; daß sie dem heutigen Leser in einem anderen Licht erscheinen, ist gewiß durch die Perspektive bedingt, in die alle nationale Überheblichkeit angesichts ihrer Folgen bis zum Jahre 1945 mit Notwendigkeit rückt. Scheffels Bild vom ‹deutschen Wesen› reproduziert Merkmale – die Schlichtheit, das gute Herz, den Ernst, die Gemütstiefe –, die in letzter Instanz auf die «Germania» des Tacitus zurückgehen: die Humanisten des 15. und 16. Jahrhunderts hatten sich erlaubt, die Deutschen ihrer Zeit für die Nachkommen der von dem römischen Autor behandelten Germanenstämme auszugeben und deren Vorzüge, die Treue, die Biederkeit, die Reinheit der Sitten usw., in diesen Nachkommen wiederzufinden. So abermals und immer aufdringlicher das 19. Jahrhundert: Fichtes «Reden an die deutsche Nation» (1807/08) suchten zum ersten Male ein allem zeitlichen Wandel entrücktes Bild vom deutschen Nationalcharakter zu metaphysischer Bedeutsamkeit emporzustilisieren, und in den Jahren 1853–55, während Scheffel seinen «Trompeter» und seinen «Ekkehard» schrieb, entwickelte ein französischer Germanomane, Arthur Graf Gobineau, in einem vierbändigen Werk «Über die Ungleichheit der Menschenrassen» seine die germanischen ‹Arier› privilegierende Rassenlehre.

Scheffels Margareta, die Heldin des «Trompeters», vereindeutigt das Frauenideal der Schillerschen «Glocke» ins Nationale (5. Stück): «In den blondgelockten Haaren / Schnippisch saß die schwarze Schnepphaub', / Und hausmütterlich sah drunter / In die Welt ihr blaues Aug' vor. / Von dem Gürtel hing gewichtig / Schlüsselbund und ledern Täschlein, / Deutscher Hausfrau Ehrenzeichen.» Das 10. Kapitel des «Ekkehard» trägt den Titel «Weihnachten»; dort versteht sich der Autor, nachdem er das Gemüt des Lesers durch Zitieren des bekannten Lukas-Wortes «Ehre sei Gott in der Höhe» für derlei Betrachtungen empfänglich gemacht hat, zu folgendem Lobpreis in eigener, deutscher Sache: «Auf dem hohen Twiel rüsteten sie zur Feier der Weihnacht durch freundliches Geschenk. Das Jahr ist lang und zählt der Tage viel, in denen man sich Freundliches erweisen kann, aber der Deutschen Sinnesart will auch dafür einen Tag vorgeschrieben haben, darum ist bei ihnen vor anderm Volk die Sitte der Bescherung eingeführt. Das gute Herz hat sein besonder Landrecht.» Scheffel weiß demgemäß von «deutschem Brauch» und «deutschem Hauswesen», ja selbst von «Vertretern deutscher Kunst und Wissenschaft» (im «Ekkehard», also im 10. Jahrhundert) – doch wichtiger als diese ausdrücklichen Hinweise auf das Gütesiegel ‹deutsch› sind gewißlich Bekenntnisse zu Normvorstellungen, die im deutschen Selbstverständnis bis 1945 eine ungute Bedeutung erlangt haben: der Titelheld des «Ekkehard», der «Schulmeister», muß sich, wie mehrfach mit Nachdruck hervorgehoben wird, zugleich als «Kriegsmann» bewähren (11., 12. und 22. Kapitel), und in demselben Werk gilt Disziplin als eine besonders lobenswerte Eigenschaft, ja die «geistige Zucht» der Mönche erscheint dem Verfasser als eine «gute Vorübung zum Kriegerstand» (4., 12. und 15. Kapitel).

Das Vorwort und das Schlußkapitel des «Ekkehard» fügen den

Stoff mit Entschiedenheit in einen festen nationalen Rahmen ein: er wolle die «altdeutsche Herrlichkeit» vor der Vergessenheit bewahren und dem Leser «ein Stück nationaler Geschichte» vor Augen führen, versichert Scheffel zu Beginn seines Werkes, und der Schluß preist das Waltharilied als ein «ehrwürdig Denkmal deutschen Geistes», das «groß und ehrenfest am Eingang der altdeutschen Dichtung» stehe. Die in den beiden Historiengemälden sich bekundende nationale Kultur erscheint freilich mitunter als durch Fremdeinflüsse verfälscht oder bedroht; der Autor zollt somit auch diesem oft wiederholten, in letzter Instanz auf Herder zurückgehenden Denkbild der Hybris und des Ressentiments den schier unvermeidlichen Tribut.

«Ich will den Heiland nicht beleidigen; aber er ist als Fremder ins Land gekommen, Ihr dienet ihm in fremder Sprache» – so die Waldfrau zu Ekkehard, in einer Perspektive, die freilich nicht unbedingt die des Autors war (9. Kapitel), und die Herzogin Hadwig, die plötzlich vergessen hat, weshalb sie Ekkehard auf den Hohentwiel berief, spielt die deutschen Sagen und Geschichten gegen das römische Heldenlied von Aeneas aus (20. Kapitel: «Von deutscher Heldensage»). Mit einer besonders heftigen Attacke wartet der «Trompeter» auf; sie gilt einer anderen Wurzel der europäischen Kultur, dem römischen Recht (2. Stück):

Römisch Recht, gedenk' ich deiner,
Liegt's wie Alpdruck auf dem Herzen,
Liegt's wie Mühlstein mir im Magen,
Ist der Kopf wie brettvernagelt!
Ein Geflunker mußt' ich hören,
Wie sie einst auf römschem Forum
Kläffend miteinander zankten,
Wie Herr Gajus dies behauptet
Und Herr Ulpianus jenes,
Wie dann Spätre drein gepfuschet,
Bis der Kaiser Justinianus,

Er, der Pfuscher allergrößter,
All mit einem Fußtritt heimschickt.
Und ich wollt' oft töricht fragen:
«Sind verdammt wir immerdar, den
Großen Knochen zu benagen,
Den als Abfall ihres Mahles
Uns die Römer hingeworfen?
Soll nicht auch der deutschen Erde
Eignen Rechtes Blum' entsprossen,
Waldesduftig, schlicht, kein üppig
Wuchernd Schlinggewächs des Südens?

Wenn man diese Auslassungen auf eine nüchterne Formel reduzieren wollte, dann könnte man etwa zu folgendem Wortlaut gelangen: «Wir fordern Ersatz für das der materialistischen Weltordnung dienende römische Recht durch ein deutsches Gemeinrecht» – so aber lautete der 19. Artikel des Programms der NSDAP, wie es von Hitler am 24. 2. 1920 verkündet worden war. Die Forderung selbst ist schlechtweg absurd. Das römische Recht hatte sich bis zum 16. Jahrhundert auf dem ganzen europäischen Kontinent als das einzige wissenschaftliche Recht, das es gab, als Rechtswissenschaft und juristische Methode, gegenüber dem Brauchtum und der laienhaften Rechtspflege des Mittelalters durchgesetzt; wer mit einiger Gründlichkeit seine Beseitigung hätte betreiben wollen, hätte nicht nur auf bestimmte römisch-rechtliche Inhalte, sondern vor allem auf die scharfe Begrifflichkeit, das System, den einzigen Weg einer gleichmäßigen Rechtsanwendung verzichten müssen – was nicht einmal die Nationalsozialisten ernstlich ins Auge zu fassen wagten.

Bildungsbeflissenheit und Deutschtümelei, das zum Zitat in jeder Lebenslage veräußerlichte Schibboleth des Akademikerstandes und erst recht das Imponiergebaren eines nationalen Auserwähltheitsglaubens erweisen Scheffel als einen der zahlreichen Pflasterer des Weges, der die Deutschen im Zeitalter der Weltkriege mehr als andere europäische Völker in einen politisch-moralischen Abgrund geführt hat. Gewiß wäre er erschaudert, wenn er hätte ahnen können, bis zu welchen fratzenhaften Zerrbildern der Hybris sein naiver Bildungs- und Vaterlandsstolz übersteigert werden sollte. Daher gilt die hier geäußerte Kritik nicht der Person des Autors, sondern dem Werk – einem Werk, das sich in ungewöhnlichem Maße erst durch die Geschichte seiner Wirkung als überaus problematisch erwiesen hat. Dieses Werk wurde demgemäß aus der Perspektive ‹vom Ende her› betrachtet – das Verhältnis zur Ideologie des Dritten Reiches ist nun einmal noch stets das vordringlichste Kriterium, nachdem sich Wert oder Unwert aller deutschen Tradition aus dem bürgerlichen und nationalen Zeitalter bemißt. Man fürchte nicht, daß dieses Kriterium zu radikal sei: Vor ihm vermöchte weit mehr zu bestehen, als die gegenwärtig verbreitete Gleichgültigkeit sich träumen läßt – selbst, wie etwa Stifters «Witiko» beweist, aus der a priori suspekten Gattung des historischen Romans. Und andererseits wie, wenn nicht durch beharrliche Kritik an falscher Bildung und falschem Patriotismus, ließe sich wohl – in geduldiger Selbst- und Fremderziehung – wiederherstellen, was sich im nachhitlerschen Deutschland weithin nur noch als die Hohlform einstiger Exzesse bekundet: das (einer teils ängstlichen, teils fanatischen Anpassung ‹nach unten› geopferte) Kulturbewußtsein und das (durch einen kleinbürgerlich-konformistischen Individualismus verdrängte) Gemeinschaftsethos?

Literaturhinweis:

Zu Scheffel:

M. Lechner, Joseph Victor von Scheffel – Eine Analyse seines Werks und seines Publikums, Diss. München 1962.

Zum historischen Roman:

A. von Grolman, Über das Wesen des historischen Romanes, in: Deutsche Vierteljahrsschrift für Literaturwissenschaft und Geistesgeschichte 7, 1929, S. 587–605.

M. Wehrli, Der historische Roman, in: Helicon 3, 1941, S. 89–109.

Zum Begriff ‹deutsch›:

Der Volksname Deutsch, hrsg. von H. Eggers (Wege der Forschung 156), Darmstadt 1970.

Zur Wirkungsgeschichte der «Germania» des Tacitus:

M. Fuhrmann, Nachwort zu Tacitus, Germania, Stuttgart (Reclam) 1971.

Zum römischen Recht im Parteiprogramm der NSDAP:

P. Koschaker, Europa und das römische Recht, München-Berlin 1953[2], S. 147ff.; 311ff.

Die von Himmler gegründete Forschungsgemeinschaft «Das Ahnenerbe» blieb Episode. Sie sollte das arische Germanentum erschließen und dessen geistige Überlegenheit in hellstes Licht rücken. Nach ihrem Untergang wurde eine andere, wirkungsmächtigere Verwendungsweise des Begriffs Erbe manifest: Die in kommunistischen Kreisen seit langem geführte Diskussion über das «Kulturerbe» avancierte zu einem Bestandteil der DDR-Staatsdoktrin. Es mutet sonderbar an, daß ausgerechnet der dem Eigentum wenig freundliche Marxismus das Erbe im übertragenen Sinn zum Leitbegriff seines schwankenden Verhältnisses zur gesamten geistigen Überlieferung erhob; jedenfalls hat das Ringen um eine befriedigende Erbetheorie die ganze Geschichte des zweiten deutschen Staates begleitet.

Eine bekannte Redensart weiß von «lachenden Erben». In Wahrheit birgt der Anfall einer Erbschaft Risiken: Wer erbt, unterliegt dem Grundsatz der Gesamtnachfolge; er darf sich nicht darauf beschränken, die Vorteile einzuheimsen, sondern muß auch für die Verbindlichkeiten aufkommen, die den Nachlaß belasten, und wenn diese Verbindlichkeiten den Wert der Aktiva übersteigen, dann haftet er auch mit seinem eigenen Vermögen. Diese Folge tritt indes nur dann ein, wenn er die Erbschaft widerspruchslos annimmt, wenn er sie nicht ausschlägt.

Das Erbe als Gewinn und das Erbe als Last: Der metaphorische Gebrauch des Wortes hat diese Ambivalenz von Anfang an gespiegelt. Im alten Rom wurde der mit dem Nachlaß verbundene Kult der Vorfahren als besonders drückend empfunden, und so bürgerte sich für einen Glücksfall, der keinerlei Beschwernis mit sich brachte, die Redewendung ein, es handele sich um eine «Erbschaft ohne Totenopfer» *hereditas sine sacris.* Die Römer wußten einerseits in positivem Sinne vom Erbe eines erlauchten Namens oder eines Herrschaftstitels; sie kannten auch schon die verpflichtende Hinterlassenschaft bestimmter Eigenschaften oder Aufgaben: «Die Tapferkeit», sagt Cicero in einer Ansprache an das römische Volk, «haben euch die Vorfahren als eine Art Erbschaft hinterlassen.» Selbst der Gedanke des Kulturerbes hat antike Wurzeln: Der Redner Symmachus (viertes Jahrhundert nach Christus) preist seinen Vater als den «berufenen Erben der klassischen Literatur». Die Metapher Erbe konnte indes auch dazu dienen, das Fortwirken höchst unerwünschter Erscheinungen zu charakterisieren; nur wenige Schurken, meint Cicero einmal, hätten Cäsars Vermögen, jedoch viele seine Begierden geerbt.

Das Doppelantlitz des Erbens tritt nirgends so deutlich hervor wie in der christlichen Tradition; es verweist dort auf den Antagonismus zweier Grundbefindlichkeiten der menschlichen Existenz. Die Verfehlung Adams und Evas, lehrte Paulus, hat der ganzen Menschheit Tod und Verdammnis gebracht: Dieses Dogma eines von Generation zu Generation weiterwirkenden Fluches wurde schon von den Kirchenvätern mit dem Begriff Erbe verknüpft; der deutsche Terminus Erbsünde begegnet uns zum ersten Male in der Augsburger Konfession. Als Begleiter der Erbsünde wiederum galt der Teufel, der Erbfeind, den man später im Türken verkörpert sah und noch später – nur in Deutschland – im Franzosen.

In der Metapher «Erbsünde» wird das Bild um das Element der Wahlfreiheit verkürzt; das Erben ist dort ein passiver, determinierter Vorgang wie in der modernen Vererbungslehre. Anders steht es mit dem Kontrapost, dem durch Christi Erlösertod ermöglichten Heil, zu dem die Gläubigen Zugang haben: Die Deutung dieses Heils als eines Erbes hat die Möglichkeit der Wahl, des Annehmens oder Ausschlagens bewahrt. Der bildliche Ausdruck für die Teilhabe am Reich Gottes geht bereits auf Paulus selbst zurück. Ein besonders illustrativer Passus findet sich im nachpaulinischen Hebräerbrief; dort hat sich der Verfasser den Umstand zunutze gemacht, daß die griechische Übersetzung des Alten Testaments, die Septuaginta, den hebräischen Ausdruck für Gottes Bund mit Menschen durch ‹diatheke›, «Testament», wiedergab. Er konnte so mühelos mehrere erbrechtliche Kategorien zu einem metaphorischen Geflecht verknüpfen: «Darum ist Christus ein Mittler des neuen ‹Testaments›, auf daß durch seinen Tod, der geschehen ist zur Erlösung von den Übertretungen unter dem ersten ‹Testament›, die, die ‹berufen sind›, das verheißene ewige ‹Erbe› empfangen.»

Auf diesen Grundlagen nahm die Erbe-Metaphorik ihren Fortgang durch die Jahrhunderte. Daß sie ihren zwiespältigen Charakter stets bewahrt hat, zeigen exemplarisch zwei Stellen aus dem «Faust», die zu geflügelten Worten wurden. «Was du ererbt von deinen Vätern hast, / Erwirb es, um es zu besitzen», lautet der eine Spruch, «Es erben sich Gesetz und Rechte / Wie eine ewge Krankheit fort» der andere. Hier wird das Erben als Wohltat hingestellt, vorausgesetzt, der Erbende nimmt das Überkommene in eigener Bemühung an; dort wird ein starrer, den Erben beengender Traditionalismus angeprangert. Auch die Kulturwissenschaften des neunzehnten und zwanzigsten Jahrhunderts pflegen den Ausdruck Erbe als *vox media,* als bald positive, bald negative Kategorie zu verwenden, im Unterschied zum bedeutungsähnlichen Vermächtnis, das stets auf eine Segen stiftende, den Empfänger auszeichnende und verpflichtende Hinterlassenschaft hinweist.

Aus heutiger Sicht möchte man meinen, daß der positive Gehalt des Erbe-Begriffs vernutzt und verschlissen ist: Stolze Blicke auf ein «nationales Erbe» scheinen unangebracht, und das «Kulturerbe» der marxistischen Doktrin nimmt sich wie ein Notbehelf aus, der mit Mühe radikalere Traditionsbrüche verhindert hat. Die Wissenschaft kann des vagen, schillernden Ausdrucks ohnehin entraten; ihr stehen für kulturelle Zusammenhänge die Termini Kontinuität, Tradition und Rezeption zu Gebote.

Das klassische Rinnsal: ein unterirdischer Strom

In der DDR wurden die alten Sprachen unterdrückt, doch die Antike-Forschung hat sich behauptet

Altertumswissenschaft kommt, genau genommen, in mehreren Fakultäten vor: in der Theologischen, der Juristischen, der Philosophischen. Doch nicht allen diesen Verzweigungen und ihren je verschiedenen Schicksalen im Wissenschaftsbetrieb der DDR kann hier nachgegangen werden. Zur rechtswissenschaftlichen Altertumskunde, zur Geschichte des römischen Rechts, sei immerhin bemerkt, daß sie, wohl nach sowjetischem Muster, als eigene Disziplin abgeschafft wurde – dort, wo etwa ein halbes Jahrhundert zuvor Theodor Mommsen zwei bis heute nicht ersetzte Standardwerke verfaßt hatte, das «Römische Staatsrecht» und das «Römische Strafrecht». Als sich dann die Lücke, die man hier geschlagen hatte, unliebsam bemerkbar zu machen begann, übersetzte man – welche Ironie – einführende Werke aus dem Polnischen und dem Ungarischen, das heißt, man leitete Rinnsale des Stromes, der sich einst von West nach Ost ergossen hatte, ins Ursprungsland zurück.

Einschmelzen oder austrocknen?

Hier soll vornehmlich von zwei Disziplinen der Philosophischen Fakultät die Rede sein, von der Klassischen Philologie und der Alten Geschichte. Sie zeigen paradigmatisch, welche Möglichkeiten dem totalitären kommunistischen Regime zu Gebote standen, mit widerstrebenden europäischen Wissenschaftstraditionen fertig zu werden: Es konnte die betreffende Disziplin an den Rand drängen, isolieren und gewissermaßen austrocknen; es konnte aber auch versuchen, sie in die alleinherrschende Staatsdoktrin, die marxistisch-leninistische Ideologie, einzuschmelzen. Dies war, grob gesagt, das verschiedene Los der beiden Fächer.

Die Klassische Philologie hatte sich mit einigen kleinen Reservaten zu begnügen. Die Alte Geschichte wiederum schien unentbehrlich zur Legitimation der offiziellen Lehre: Eine wichtige Periode des auf Marx zurückgehenden Modells der Entwicklung der Menschheit, die Sklavenhaltergesellschaft und deren Übergang zum Feudalismus, fiel in ihr Ressort. Die Alte Geschichte mußte man daher gefügig zu machen versuchen.

Die Entwicklung begann wie in der alten Bundesrepublik: mit den Trümmern und Verlusten, die der Hitler-Krieg hinterlassen hatte, sowie mit der Entnazifizierung, die, in der Sowjetischen Besatzungszone besonders rigoros durchgeführt, dort auch besonders stark fühlbare Lücken riß. Im übrigen aber blieb die akademische Lehr- und Lernfreiheit zunächst noch einigermaßen unangetastet, und durchweg «bürgerliche», also nichtmarxistische Professoren – darunter glänzende Erscheinungen wie Friedrich Klingner und Wolfgang Schadewaldt – suchten die Antike im herkömmlichen Sinne zu vermitteln.

In den fünfziger Jahren setzte dann der zum Teil recht gewaltsame Umbau ein, der die Wissenschaft dem Staat und seiner Ideologie unterwerfen sollte. Die sogenannte Zweite Hochschulreform vom Jahre 1951 ließ von der Autonomie der Universitäten kaum noch etwas übrig. Alle Studenten hatten ein gesellschaftswissenschaftliches Grundstudium im Sinne der offiziellen Doktrin zu absolvieren, und der Lehrbetrieb wurde durch feste Stundenpläne gründlich verschult.

Die Berliner Akademie der Wissenschaften begann zur wichtigsten Forschungsstätte des Landes zu avancieren; mit der Gründung des «Instituts für griechisch-römische Altertumskunde» im Jahre 1955 erfaßte dieser Zentralisierungsprozeß auch die Klassische Philologie und die Alte Geschichte. Marxistische Kader wurden herangezogen; nach einer Welle von Übersetzungen aus der Sowjet-Literatur erschienen die ersten vom Marxismus imprägnierten Arbeiten ostdeutscher Altertumsforscher. Die regelmäßigen Eirene-

Konferenzen schlossen die Altertumswissenschaft der DDR eng mit den Schwesterdisziplinen der sozialistischen Staaten Osteuropas zusammen; andererseits wurden die Verbindungen mit dem Westen, insbesondere mit der im Jahre 1950 gegründeten Mommsen-Gesellschaft, zerschnitten.

In der zweiten Hälfte der sechziger Jahre traten dann einschneidende Veränderungen ein. Das «Gesetz über das einheitliche sozialistische Bildungswesen» beschränkte rigoros den gymnasialen Unterricht in den alten Sprachen: Nur noch neun Gymnasien in der gesamten DDR durften neben vier Jahren Latein einen zweijährigen Griechischkurs erteilen; an anderen Schulen gab es lediglich, wenn gewünscht, die fakultative Vermittlung minimaler Lateinkenntnisse. Diese Maßnahmen hatten zur Folge, daß nur noch wenige altsprachliche Lehrer benötigt wurden.

Die Dritte Hochschulreform vom Jahre 1968 zog hieraus die Konsequenz. Sie faßte die Vielfalt der bisherigen Institute und Seminare zu einer verhältnismäßig geringen Anzahl sogenannter Sektionen zusammen. Nur den Universitäten von Jena und Halle gestand sie eigene Sektionen für die Altertumswissenschaften zu. An allen anderen Universitäten gingen die altertumskundlichen Fächer, die oft nur noch dünn besetzt waren, in weiter entfernten Sektionen auf, die Alte Geschichte stets in der Sektion Geschichte, die Gräzistik und Latinistik hingegen bald hier, bald dort, in Leipzig zum Beispiel in der Sektion Germanistik und Literaturwissenschaft.

Die Altphilologen, die in Ost-Berlin, Leipzig oder Rostock ausharrten, durften keine eigenen Studenten mehr haben; sie leisteten – etwa durch Überblicksvorlesungen über die griechische und lateinische Literatur – Hilfsdienste für andere Fächer, oder sie wurden zu Verwaltungsaufgaben oder zur Mitwirkung an großen Sammelwerken herangezogen.

Allerdings – eine weitere Folge der Reformen am Ende der sechziger Jahre – gehörten die Forschung und das Abfassen wissenschaftlicher Publikationen von nun an nur noch nebenbei zu den Pflichten der Hochschullehrer: die Forschung konzentrierte sich noch mehr als zuvor an der Berliner Akademie der Wissenschaften. Dort war das «Institut für griechisch-römische Altertumskunde» in einem der neuen Zentralinstitute aufgegangen, im «Zentralinstitut für Alte Geschichte und Archäologie» (ZIAGA), worin außer der Geschichte und der Kulturgeschichte der Antike auch die Ur- und Frühgeschichte sowie die Alt-Orientalistik eine Heimstatt fanden.

Die Philologie mußte sich verstecken

So waren denn in einer für westliche Begriffe befremdlichen Weise die Funktionen voneinander getrennt: die Forschung oblag im wesentlichen den etwa siebzig am ZIAGA tätigen Altertumswissenschaftlern; die Lehre hingegen hatten die wenigen Professoren und Dozenten der Universitäten wahrzunehmen, wobei, wie gesagt, nur noch in Jena und Halle kleine Kontingente von Altphilologen ausgebildet werden durften.

Innerhalb dieses durchweg auf die Ziele des Regimes zugeschnittenen Rahmens ist im ganzen Erstaunliches geleistet worden, und zwar sowohl von den Altphilologen als auch von den Althistorikern. Man darf sich durch den Namen des ZIAGA nicht irreführen lassen: «Archäologie» diente dort offensichtlich als Sammelbezeichnung für die Grabungswissenschaften, da die Klassische Archäologie nur einen sehr geringen Anteil an den darin untergebrachten Projekten hatte; andererseits blieb – wohl wegen ihres geringen Ansehens vor den Augen der damals Mächtigen – die Disziplin ungenannt, der mindestens ebensoviel Gewicht zukam wie der Alten Geschichte: die griechisch-lateinische Philologie.

Im Mittelpunkt der philologisch-historischen Arbeit standen editorische Großunternehmen, die auf das 19. Jahrhundert, und zwar meist auf die Initiative Theodor Mommsens, zurückgingen:

die Corpora sämtlicher erhaltener griechischer und lateinischer Inschriften, die Ausgaben-Reihe «Griechische christliche Schriftsteller der ersten Jahrhunderte», das Corpus, das einmal sämtliche erhaltenen medizinischen Schriften der Antike umfassen soll (mit Übersetzungen), und anderes mehr. Diese Arbeitsstellen waren zwar zum Teil unzulänglich besetzt, und die dort Tätigen wurden oft genug zu Publikationen abberufen, die dem Regime wichtiger schienen, etwa zu populären, mehr oder weniger marxistisch gefärbten Geschichtsdarstellungen.

Andererseits darf nicht verkannt werden, daß der DDR-Staat hier ein Stück Erbe aus den Zeiten der alten Preußischen Akademie der Wissenschaften übernommen und fortgeführt hat. Desto unabweisbarer ist die Verpflichtung der jetzigen Bundesrepublik, für diese einmaligen, unersetzbaren und auf der ganzen Welt hohes Ansehen genießenden Traditionsunternehmen so bald wie möglich ein neues institutionelles Gehäuse zu schaffen. Der Wissenschaftsrat hat sich denn auch bereits eindeutig hierzu geäußert: Er hat die Fortführung der im bisherigen ZIAGA oder sonstwo beheimateten editorischen Langzeitvorhaben empfohlen.

Mit den Traditionsunternehmen ist die Publikationstätigkeit der sei es an der Akademie, sei es an den Universitäten installierten Altertumswissenschaft bei weitem nicht erschöpft. Der Teubner-Verlag mit seinen kritischen Ausgaben aller griechischen und lateinischen Autoren, bis zum Beginn unseres Jahrhunderts fast ohne Konkurrenz, vermochte sich in den Dezennien der DDR-Herrschaft auf hohem Niveau zu behaupten; dank der sachkundigen Redaktion an der Akademie wurden etwa zweihundert meist strengsten Maßstäben genügende Bände herausgebracht. Außerdem fielen seit 1945 einige weltbekannte altertumswissenschaftliche Zeitschriften ganz oder teilweise in die Kompetenz der DDR: so «Philologus», «Klio» (für Alte Geschichte), «Zeitschrift der Savigny-Stiftung für Rechtsgeschichte».

Für historische, literar- und kulturhistorische Monographien standen zwei Schriftenreihen zu Gebote: die «Veröffentlichungen des Zentralinstituts für Alte Geschichte und Archäologie» sowie die «Schriften zur Geschichte und Kultur der Antike». Nicht gering waren die Anstrengungen, die Gegenstände des Altertums und die Ergebnisse der Altertumsforschung weiteren Kreisen zugänglich zu machen. Diesem Zweck dienten insbesondere die Zeitschrift «Das Altertum» sowie die zweisprachige Reihe «Schriften und Quellen der Alten Welt»; außerdem legte der Aufbau-Verlag in seiner «Bibliothek der Antike» eine stattliche Anzahl guter Übersetzungen vor.

Eine ideologieresistente Geisteswissenschaft

Eigentlich ziemt es sich nicht, daß ein einzelner ein Pauschalurteil über das abgibt, was Hunderte von Gelehrten in nahezu einem halben Jahrhundert geleistet haben. Da indes in jüngster Zeit des öfteren derartige – meist negative – Urteile über große Bereiche der DDR-Wissenschaft ausgesprochen worden sind, sei auch hier mit der gebotenen Vorsicht eine Summe gezogen. Ernsthaften Schaden hat das DDR-Regime der Vermittlung der Antike im gymnasialen Bereich zugefügt; der Kahlschlag, der dort stattgefunden hat, wird wohl auf immer Spuren hinterlassen.

Demgegenüber erscheinen die Veränderungen an den wissenschaftlichen Einrichtungen als minder gravierend. Die Akademie kann wieder auf ihr einstiges, durch die Langzeitvorhaben bedingtes Maß zurückgeführt werden; die ausgelöschten oder verkümmerten altertumswissenschaftlichen Institute an der Berliner Humboldt-Universität sowie in Leipzig, Rostock und Greifswald lassen sich mit verhältnismäßig geringem Aufwand erneuern.

Das Niveau endlich, auf dem sich in der ehemaligen DDR altertumswissenschaftliche Forschung abgespielt, und der Ertrag, den sie trotz aller äußeren Behinderungen – von der permanenten Papierknappheit bis zu den stets mißtrauischen Wachhunden des

Systems – erbracht hat, braucht den Vergleich mit dem westlichen Europa nicht zu scheuen. Dies gilt nicht nur für die vom DDR-Regime als zweitrangig erachtete, dafür aber weniger dem Druck der Ideologie ausgesetzte Klassische Philologie, sondern ebenso für die Alte Geschichte. Dort gab es gewiß einige Marxisten und ziemlich viel marxistisch indoktrinierte Forschung, es gab auch Lehrbücher, die den starren, vor den Tatsachen blinden Dogmatismus des entsprechenden Imports aus der Sowjetunion noch überboten. Dem steht indes – abgesehen von den Quelleneditionen – ein beachtliches Quantum an soliden, zum Teil hervorragenden Untersuchungen gegenüber, zumal auf dem Felde der in der marxistischen Diskussion heiß umkämpften Spätantike.

Diese notgedrungen recht grobe Skizze beruht auf Publikationen, die in jeder westdeutschen Universitätsbibliothek greifbar sind, sowie auf Berichten von Fachkollegen, die die Wissenschaftspolitik und die Wissenschaftsverwaltung der DDR miterlebt und miterlitten haben. *Ein* Quellenbereich hingegen ist noch nicht erschlossen: die Erlasse und sonstigen Verlautbarungen des komplizierten Behördenapparates. Die genannten Zeugenberichte weisen immer wieder darauf hin, daß diese oder jene Maßnahme tatsächlich erfolgt sei, daß man jedoch nicht wisse, wer sie angeordnet habe und warum. Diese Schleier haben sich bis heute nicht gehoben.

Im Westen aber glaubt man manchmal mehr zu wissen, als den unmittelbar Beteiligten bekannt ist; man zeigt insbesondere Neigung, bestimmte Mitglieder oder Funktionäre der SED für bestimmte repressive Maßnahmen verantwortlich zu machen. Das ist selbst im überschaubaren Bereich der Altertumswissenschaft eine voreilige Meinung. Es hat auch dort Leute gegeben, die als Forscher und Gelehrte nicht weniger engagiert waren denn als Parteifunktionäre, so daß es bei ihnen im Konfliktfalle zu ideologiefremden und auch nach unseren Begriffen sachgerechten Entscheidungen kommen konnte.

Die Deutschen, die Griechen der Neuzeit

Über die Entstehung eines denkwürdigen Versuchs deutscher Selbstdarstellung

Die Lehre ist erst seit knapp zwanzig Jahren verpönt, bis dahin wurde sie jedem deutschen Schüler eingeimpft: daß die deutsche Klassik, die Goethezeit, indem sie ein griechisches Reich deutscher Nation, ein inneres Reich des Griechentums gründete, die entscheidende Phase deutscher Selbstfindung vollzogen habe. Die Antike – so weiß es noch jeder, der jetzt vierzig Jahre und darüber zählt – sei eben bis dahin nur in ihren romanisch-römischen Abbildern gegenwärtig gewesen; erst den Deutschen, allen voran Winckelmann, gelang der Vorstoß zu den Urbildern, zum griechischen Urland der Menschlichkeit. Dieser Vorstoß konnte gelingen – meinten die Künder der deutsch-griechischen Begegnung –, weil der Deutsche dem Griechen zutiefst verwandt sei, weil der Grieche den Deutschen gewissermaßen vorweggenommen habe. Und so hätten denn die deutschen Klassiker drei Dinge zugleich entdeckt, die im Grunde miteinander identisch seien: den griechischen Menschen, die reinste Form der Menschlichkeit, das Wesen der Deutschheit.

Diese Lehre, die man vielerorts nachlesen kann, vor allem in einem einst oft zitierten Buche Walther Rehms, «Griechentum und Goethezeit» (1936, vierte Auflage 1968), wurde von den west- und südeuropäischen Nachbarn keineswegs nur beifällig aufgenommen. Die Deutschen seien von Ressentiments gegen Rom und alles Romanische erfüllt, hieß es; sie wollten die Überlegenheit der lateinischen Kultur nicht gelten lassen, und so hätten sie sich mit den Griechen, dem weniger wirkungsmächtigen Teil der Antike, identifiziert, um in freiwilliger Isolation, in der geistigen Trennung von Westeuropa an sich selbst Genüge zu finden.

Die heftigste Kritik am griechisch-deutschen Bündnis entstammte der Feder einer englischen Germanistin: Eliza Marion

Butler veröffentlichte im Jahre 1935 ein Buch, dem sie den bemerkenswerten Titel «The Tyranny of Greece over Germany» gab. Dieses Werk, in einer deutschen Übersetzung vom Jahre 1948 allzu harmlos «Deutsche im Banne Griechenlands» genannt, liest sich weithin wie eine Kontrafaktur der Ausführungen Rehms: Der Weg zu den Griechen habe die Deutschen gerade nicht zu sich selbst, sondern in die Irre geführt, wobei sie den Lockungen ihres Hanges zum Absoluten, zur Metaphysik, zu einem gefährlichen Idealismus erlegen seien. Die deutschen Klassiker und Klassizisten von Winckelmann bis George hätten – so Butler – einen Griechen konstruiert, den es nie gegeben habe, hätten diese Konstruktion zu ihrem Zuchtmeister und Despoten gemacht und so ihr Talent, zum Teil auch ihre Gesundheit und ihr Leben zugrunde gerichtet.

Ein sonderbarer Disput, könnte man aus heutiger Sicht meinen, ein Schattenboxen, ein Streit um Chimären: Hier schafft man einen Mythos von der Erfüllung, die ein Volk durch seinen Bund mit einem anderen gefunden habe, dort einen Gegenmythos von der Selbstverfehlung dieses Volkes. Was hat es mit dieser Auseinandersetzung auf sich? Wie ist der Glaube an eine deutsch-griechische Wahlverwandtschaft entstanden, was hat er bedeutet, und was war daran heilsam und vernünftig, was nicht?

Wer eine Antwort auf derlei Fragen sucht, darf Umwege nicht scheuen – er muß sich zunächst erinnern, daß die europäische Menschheit in früheren Zeiten nicht so unbefangen-richtungslos dahingelebt hat wie heutzutage: sie hatte das Bedürfnis, sich in größeren geschichtlichen Zusammenhängen zu orientieren, und leitete ihren Stolz und ihre Würde aus dem Standort ab, den sie jeweils erreicht zu haben glaubte. Das Mittelalter etwa verstand sich als Epoche der Christlichkeit, die dem Heidentum, dem Götzendienst ein Ende bereitet habe. Die Menschheit der beginnenden Neuzeit wiederum erhob ganz andere Werte zum maßgeblichen Kennzeichen ihrer selbst: ihr kam es weniger auf das rechte Verhältnis zu Gott an als auf den Gebrauch der eigenen Fähigkeiten, und so deutete sie ihre Gegenwart als Renaissance, als die Epoche, in der die Künste und Wissenschaften zu ihrer einstigen, in der Antike schon einmal erreichten Blüte wiedererstanden seien.

Das Dogma von der deutsch-griechischen Wahlverwandtschaft ist – so sonderbar diese Behauptung klingen mag – in letzter Instanz aus dem Renaissance-Denken, aus dem Selbstverständnis der italienischen Humanisten, hervorgegangen; es ist eine Station des Weges, den die Antithese antik-modern im Laufe der Jahrhunderte zurückgelegt hat. Die Entwicklung begann damit, daß einige Autoren des 14. Jahrhunderts, an ihrer Spitze Petrarca, das alte, ciceronische Latein für besser hielten als das zeitgenössische, das aus der Scholastik hervorgegangen war, und daß sie sich die ciceronische Schreibweise zum Muster für die eigene nahmen. Ihr Beispiel machte Schule, und der Ciceronianismus eroberte sich von Italien aus die gelehrte Welt ganz Europas; zugleich vertiefte man sich mit unerhörtem Eifer in alle Schriften aus der Antike, die in den Klosterbibliotheken die Jahrhunderte überdauert hatten, in die Werke der Dichter, der Philosophen, der Mathematiker, der Ärzte. So glaubte man denn im Hochgefühl der eigenen Erfolge an die Heraufkunft eines neuen Zeitalters, und man begann voll Verachtung auf die überwundene Epoche hinabzublicken.

Hieraus aber ging im Laufe des 15. und 16. Jahrhunderts ein Geschichtsbild hervor, das auf dem Dreischritt «einstige Größe – Verfall – Wiederherstellung der einstigen Größe» beruhte: Die einstige Größe glaubte man in der griechisch-römischen Antike verwirklicht; den Verfall diagnostizierte man für das tausendjährige Intervall zwischen dem Untergang des Weströmischen Reiches und dem Auftreten Petrarcas, für die nunmehr Mittelalter genannte Epoche, und die Wiederherstellung nahm man für die eigene Zeit in Anspruch. Das Schema, zunächst nur für ein literarisches Stilideal, dann für die Künste und Wissenschaften überhaupt bestimmt, hatte so viel Erfolg, daß es sich aller Bereiche menschlicher Tätigkeit einschließlich der Politik bemächtigte; es half die erst seit dem 18. Jahrhundert landauf, landab geläufige Auffassung begründen, daß sich die abendländische Geschichte in die Phasen Antike–Mittelalter–Neuzeit gliedere.

Im 17. Jahrhundert war Frankreich die führende europäische Macht. Auch dort suchte man, als man sich großer Erfolge rühmen konnte, den eigenen Standort zu bestimmen. Da man dem Mittelalter weit entrückt war, verkürzte man das von den Italienern überkommene Dreiphasenschema auf die Antithese antik-modern und disputierte heftig über die Frage, ob man die Leistungen der Antike nicht längst übertroffen habe. Dieser Disput ist als «Querelle des Anciens et des Modernes» – etwa: «Streit der Liebhaber der Antike mit den Modernisten» – in die Geschichte eingegangen. Die *Anciens* behaupteten wie in den Jahrhunderten zuvor nahezu sämtliche Italiener, daß der frühere Gipfel der Menschheit, der antike, noch stets der höhere sei; die *Modernes* hingegen beanspruchten den Vorrang für die eigene Gegenwart.

Die eigentliche Querelle, an der sich große Teile des damaligen intellektuellen Frankreichs beteiligt hatten, endete nach etwa zehnjähriger Dauer im Jahre 1697; damals erschien der vierte und letzte Band von Perraults großangelegtem Dialog «Parallèle des Anciens et des Modernes» – «Vergleich der Alten mit den Neueren». Eines der wichtigsten Ergebnisse des Streites bestand darin, daß es sich als schwierig erwiesen hatte, für die Künste in gleichem Maße den Primat der Gegenwart zu beanspruchen wie für die Wissenschaften und beide Bereiche – die Künste ebenso wie die Wissenschaften – in dieselbe Perspektive stetiger Vervollkommnung zu rücken: selbst eingefleischte Modernisten sahen sich genötigt, zumindest im Falle der Literatur die Überlegenheit der Antike anzuerkennen.

Der Antike-Moderne-Vergleich hörte damit beileibe nicht auf, die Gemüter zu beschäftigen: Er war ein unentbehrlicher Bestandteil des europäischen Kulturbewußtseins; er mußte während des ganzen 18. Jahrhunderts immer wieder herhalten, den Vorrang sei es des Altertums, sei es der Gegenwart zu demonstrieren. Auch Deutschland beteiligte sich an diesem Spiel, und auch dort plädierte man nicht selten für jene differenzierte Auffassung, wonach in den Naturwissenschaften die eigene Zeit der Antike, in der Dichtung und Beredsamkeit hingegen die Antike der eigenen Zeit überlegen sein sollte.

In Deutschland blieb es freilich nicht bei dem traditionellen Epochen-Vergleich: die Formel wurde umgebaut; sie führte über das Zwischenglied griechisch-modern zur Völker-Analogie griechisch-deutsch. Den ersten Schritt auf diesem Wege hat Winckelmann getan: mit seiner berühmten Abhandlung «Gedanken über die Nachahmung der griechischen Werke in der Malerei und Bildhauerkunst» (1755). Schon der Titel deutet auf die beiden Postulate, um die es in dieser Programmschrift geht: Es geht – einmal – um Nachahmung, also um Vorbildlichkeit, indes – zum anderen – nicht um die Vorbildlichkeit der Antike schlechthin, sondern um die Vorbildlichkeit der Griechen. Mit dem ersten Postulat ergreift Winckelmann gegen die Modernisten Partei; er verwirft den Kompromiß, zu dem die Querelle verebbt war: «Der einzige Weg für uns, groß, ja, wenn es möglich ist, unnachahmlich zu werden, ist die Nachahmung der Alten.»

Das zweite Postulat, die These von der exemplarischen Bedeutung der Griechen, enthält in dieser Schärfe und Unbedingtheit etwas Neues: «Eine Bildsäule von einer alten römischen Hand wird sich gegen ein griechisches Urbild allemal verhalten, wie Virgils Dido ... sich gegen Homers Nausicaa verhält, welche jener nachzuahmen gesuchet hat.» Das erste Postulat richtete sich gegen die Zivilisation des Zeitalters, gegen Optimismus und Fortschrittsglauben; es bewirkte, daß sich die seit langem schwebenden Waagschalen wieder mit Entschiedenheit den Ursprüngen zuneigten. Das zweite Postulat nahm Stellung gegen Rom, gegen das nicht ur- und vorbildliche, sondern seinerseits schon abbildliche Rom; es nahm außerdem Stellung gegen alles, was sich von Rom ableitete:

gegen die romanische Kultur, gegen Frankreich, gegen Barock und Rokoko. Es hatte zur Folge, daß der Antike-Moderne-Vergleich nunmehr nicht selten ausdrücklich als Vergleich der Gegenwart mit den Griechen vorgeführt wurde und daß man auch, wenn man die überkommene Formulierung beibehielt und weiterhin pauschal von den Alten sprach, gewöhnlich zuallererst an die Griechen dachte.

Winckelmanns Abhandlung wäre nicht so erfolgreich gewesen, hätte sie nicht eine verbreitete Zeitströmung auf Begriffe gebracht – eine Zeitströmung, die sich mit ähnlicher, ja noch größerer Wucht in zwei gleichzeitigen Abhandlungen Rousseaus Ausdruck verschafft hatte.

Rousseau verkündete in den Discours der Jahre 1750 und 1755 die Lehre vom glücklichen naturhaften Urzustand des Menschen; der erste Discours rügte vor allem die Künstlichkeit der Kultur, der zweite behauptete, daß zwei einander bedingende ökonomische Ursachen, das Privateigentum und die Arbeitsteilung, den Menschen um seine ursprüngliche Freiheit, um den Status einer vollen Existenz gebracht hätten. Winckelmanns Griechenglaube und Rousseaus Glaube an einen glücklichen Urzustand bestätigten sich gegenseitig; sie ließen sich zu einer umfassenden Kulturkritik miteinander verbinden. Beides zusammen ergab die Lebensanschauung der deutschen Klassik: Rousseau bestimmte die Richtung des Denkens; Winckelmann stellte für das neue Humanitätsideal ein historisches oder, richtiger, quasi-historisches Modell bereit.

Ein wichtiger Beitrag Rousseaus bestand in der Lehre von der Arbeitsteilung, der fortschreitenden Spezialisierung. Diese These gab die Möglichkeit an die Hand, die Modernisten mit ihren eigenen Waffen zu schlagen: man konnte die mannigfaltigen Fortschritte, die in der Neuzeit erzielt worden waren, anerkennen und gleichwohl behaupten, daß der Mensch das Menschsein immer gründlicher verfehle. So zumal Schiller, im «6. Briefe über die ästhetische Erziehung»: Der Grieche besaß Ganzheit; jedes Individuum entfaltete den Reichtum seiner natürlichen Anlagen zu einer Totalität harmonischer Kräfte und repräsentierte so die gesamte Menschheit; der moderne Mensch hingegen mußte seine Erfolge mit dem Verlust der Totalität, mit der einseitigen Ausbildung einzelner Anlagen, kurz mit Beschränktheit, Zerrissenheit, Verkrüppelung bezahlen.

Schiller ist bei dieser für die Moderne so ungünstigen Antithese nicht stehengeblieben: er hat – ein folgenreicher Schritt – das Zweiphasenschema der Querelle um eine dritte Phase, um die Dimension der Zukunft, erweitert. Seine Lehre, am nachdrücklichsten in der Abhandlung «Über naive und sentimentalische Dichtung» dargestellt, fand über die rückwärts gewandte Sicht Rousseaus und Winckelmanns hinaus: der naturhaft-naive Zustand der Griechen sei unwiederbringlich verloren; der moderne, sentimentalische Mensch habe indes die Aufgabe, das Verlorene durch bewußte Wahl und bewußtes Ringen auf einer höheren, nicht mehr physischen, sondern moralischen Stufe wiederherzustellen. Diese Lehre enthielt bei aller Kritik eine deutliche Rechtfertigung der Gegenwart: sie bestritt, daß die Gegenwart der Antike überlegen sei, und räumte ihr zugleich die Chance ein, sich über die Antike zu erheben.

Die Problematik der Querelle behielt bei alledem den Charakter eines Epochenvergleichs – es ging also nach wie vor allein darum, wie man die diachronen Unterschiede innerhalb der gesamten europäischen Kultur beurteilen solle; es ging hingegen nicht um das gleichsam synchrone Verhältnis einzelner europäischer Nationen. So stand es jedenfalls bei den meisten deutschen Autoren, insbesondere bei Schiller und Goethe, dessen Auffassung sich zum Beispiel aus den Essays «Shakespeare und kein Ende» (1813), «Antik und Modern» (1818) sowie – besonders eindrucksvoll – an den «Skizzen zu einer Schilderung Winckelmanns» (1805) ablesen läßt.

Die Weimarer griffen lediglich Winckelmanns erstes Postulat auf, die These von der Überlegenheit der Griechen über die eigene

Zeit; sie ignorierten jedoch das zweite, die polemische Spitze gegen Rom und alles Romanische. Dieses Grundmotiv der Winckelmannschen Lehre brach sich auf einem anderen Wege Bahn; es gelangte, indem es sich stufenweise zum Völkervergleich griechisch-deutsch entfaltete, von den Zeitgenossen Winckelmanns über Wilhelm von Humboldt zu Friedrich Schlegel.

Die deutschen Schriftsteller hatten im 18. Jahrhundert zunächst noch einen schweren Stand. Sie sahen sich überall, an den Höfen wie im Bürgertum, einer starken französischen Konkurrenz gegenüber: Man las französisch, ja man sprach und lebte französisch, und französische Literaten gaben weithin den Ton an. Was Wunder, daß die deutschen Intellektuellen über diese ungünstigen Wettbewerbsbedingungen klagten, daß sie nicht selten ihrem Ärger über die Franzosen und die deutsche Französelei freien Lauf ließen. Schon Winckelmann hielt die Franzosen für Esel, Tröpfe, Ignoranten, für unfähig, etwas Ernstliches zu treiben, und so verschiedene Naturen wie Lessing und Herder meinten übereinstimmend, die Franzosen, korrekt, höflich und auf einstudierte Umgangsformen versessen, trügen Eitelkeit und Arroganz zur Schau, ergingen sich in Sophistereien und kultivierten den Witz; sie vernachlässigten über dem Außen das Innen, über dem Schein das Wesen und über der Schale den Kern; sie seien unnatürlich, kraftlos, gefühlskalt und wahrer Empfindungen nicht fähig. Und derselbe Herder projizierte dieses Klischee vom französischen Nationalcharakter alsbald in die Vergangenheit zurück: Seine Kritik an nahezu allem, was in der deutschen Geschichte von Frankreich, von den Romanen, von Rom ausgegangen war, lief darauf hinaus, daß die Deutschen durch diese Einflüsse sich selbst entfremdet worden seien.

Offensichtlich bedurften die damaligen deutschen Intellektuellen, um vor ihren westlichen und südlichen Nachbarn bestehen zu können, einer historischen Legitimation, einer Art geistigen Stammbaums. Hierin lag für sie ein wichtiger Antrieb, sich nicht nur von der römischen Antike ab- und der griechischen Antike zu-

zuwenden, sondern auch so etwas wie eine griechisch-deutsche Wesensverwandtschaft zu behaupten. Die Entwicklung begann recht harmlos: man gewöhnte sich daran, bedeutende deutsche Schriftsteller als «Griechen» zu bezeichnen – so zuerst Winckelmann, dann Goethe und manchen anderen.

In dieser Atmosphäre, während der produktivsten Phase der deutschen Klassik, vollzog Wilhelm von Humboldt den letzten Schritt: Er begnügte sich nicht mehr damit, einzelne Deutsche als Griechen zu apostrophieren; er verkündete vielmehr die Verwandtschaft zweier Wesenheiten, des griechischen und des deutschen Nationalcharakters. Das früheste Zeugnis scheint sich in einem Briefe des Jahres 1795 zu finden; Humboldt äußert dort Schiller gegenüber die Absicht, seine «Grille von der Ähnlichkeit der Griechen und Deutschen ins Licht zu setzen». Er ist dieser «Grille», wie Briefe an Goethe beweisen, auch weiterhin nachgegangen; die ausführlichsten Bemerkungen über sie enthält die «Geschichte des Verfalls und Untergangs der griechischen Freistaaten» (1807).

Als Schiller an seiner Abhandlung «Über naive und sentimentalische Dichtung» schrieb und Humboldt sich zum ersten Male zu seiner «Grille» bekannte, in demselben Jahre 1795 verfaßte Friedrich Schlegel die Schrift «Über das Studium der griechischen Poesie», eine Schrift, die beides miteinander verknüpft: das Dreiphasenmodell Schillers und die «Grille» Humboldts. Schlegel geht von der traditionellen Problematik der Querelle aus; er wolle versuchen, schreibt er, «den langen Streit der einseitigen Freunde der alten und der neuen Dichter zu schlichten». Er meint, daß sich die Bildung, welche die Griechen in zeitlichen Grenzen verwirklicht hätten, auf höherer Stufe und ohne zeitliche Grenzen nochmals verwirklichen lasse; er meint weiterhin, daß gerade die Deutschen berufen seien, die erwünschte dritte Phase der Rückkehr zum Objektiven und Schönen einzuleiten: «In Deutschland und nur in Deutschland hat die Ästhetik und das Studium der Griechen eine Höhe erreicht, welche die gänzliche Umbildung der Dichtkunst und des Geschmacks notwendig zur Folge haben muß» – als Beweis dient die Griechennähe der Deutschen, zumal eines Goethe.

Antik-modern, griechisch-modern, griechisch-deutsch: man könnte fortfahren und sich mit weiteren Transformationen des Begriffspaars befassen, mit der Antithese griechisch-romantisch, wie sie Jean Paul in der «Vorschule der Ästhetik» verwendet, und mit der analogen Antithese klassisch-romantisch, die bis vor kurzem als Schlüssel für die Deutung der Goethezeit gedient hat. Doch hierauf kommt es nicht mehr an: Es geht um die angebliche Wesensverwandtschaft der Deutschen und Griechen.

Es ist einerseits richtig, daß die deutschen Schriftsteller seit Winckelmann mit der römisch und romanisch vermittelten Antikerezeption gebrochen und sich ziemlich einseitig den Griechen zugewandt haben. Andererseits aber ist nicht richtig, was vielerorts behauptet und noch nirgends dementiert wird: daß sich die deutsche Klassik auf pauschale Formeln wie griechisch-deutsche Verwandtschaft, griechisch-deutsche Begegnung und ähnliches bringen lasse. Das Selbstverständnis der deutschen Klassiker war keineswegs so einseitig auf eine derartige nationale Perspektive fixiert. Die Stimmen jener Zeit lassen sich vielmehr zwei Richtungen zuweisen. Die Repräsentanten der einen Richtung, allen voran Schiller und Goethe, halten an der überkommenen Problematik fest; sie argumentieren bei ihren Versuchen, die eigenen Leistungen und Möglichkeiten am Gegenbild der Griechen abzuschätzen, als Europäer ihrer Zeit und nicht als Deutsche. Die Repräsentanten der anderen Richtung haben hingegen begonnen, die überkommene Antithese auf eine national gefärbte Perspektive einzuengen und so für die Deutschen eine besondere Qualifikation zu beanspruchen.

Erst die deutsche Rezeption der Goethezeit hat diesen Unterschied der Einstellungen ignoriert; erst sie hat ignoriert, daß zumindest die Hauptrepräsentanten der Weimarer Klassik europäisch, nicht national gedacht haben, und das überhitzte Klima geschaffen, aus dem schließlich die beiden zu Anfang erwähnten, in ihrem Urteil so gegensätzlichen Bücher von Rehm und Butler hervorgegangen sind. Das Denkbild von der deutsch-griechischen Wahlverwandtschaft vermag uns Heutigen nicht mehr viel zu sagen. Es braucht uns jedoch auch nicht zu beunruhigen – etwa als ein erster Schritt auf dem verhängnisvollen Wege in die nationale Hybris, den schon die deutsche Klassik selbst getan hätte. Das Denkbild hat vielmehr großenteils auf Übertreibungen späterer Generationen beruht – wenn man einmal hiervon absieht, dann zeigt sich, daß die deutsche Klassik nach ihrer eigenen Einschätzung eher eine europäische als eine nationale Angelegenheit gewesen ist.

Ach, – Die Venus ist perdü …

Ach, – Die Venus ist perdü –
Klickeradoms! – von Medici!
Wilhelm Busch, *Die fromme Helene*

Sie ist in Wort und Bild perdü: das kühne Hyperbaton hat die verbalen Bestandteile «Venus» und «von Medici» auseinandergerissen, und entsprechend zeigt die den Text begleitende Zeichnung statt der einen Gipsstatuette, die Kater Munzel vom Kaminsims hinabgeworfen hat, zwei in der Taille voneinander getrennte Hälften, und zwar so, daß die Hand, die eben noch die Scham bedeckte, sinnlos in die Luft ragt – die Sprache spiegelt genau den optischen Befund. Da auch das Ohr am Geschehen teilhat (die drei kurzen Silben «klickera-» malen das polternde Stürzen, das dumpfe «-doms» den Aufprall), bestätigt sich hier im kleinen, was Egon Friedell dem ganzen Busch zubilligt: daß er auf seine Weise «auch» (wie sein pathetischer Zeitgenosse) eine Art Gesamtkunstwerk geschaffen habe.

Wir sind ins bürgerliche Milieu der Gründerzeit zurückversetzt, wir sind von der französelnden Ausdrucksweise unserer Großväter und vom anspruchsvollen Prunk nachgemachter Dekorationsstücke umgeben: Kater Munzels ruinöse Flucht lenkt unseren Blick vom «Büfett» zum Kamin und vom Kamin zum «Lüster», und hierbei sucht uns die ironische Diktion des Dichters – «Unten liegt das teure Dings» – davor zu bewahren, daß wir der ruinierten Herrlichkeit allzusehr nachtrauern. Daran tut sie sicherlich recht – um so mehr, als die Venus, ein stereotypes, wohl zehntausendfach reproduziertes Bildungssymbol, dessen antike Nacktheit sich wie verloren in jener Welt des Plüschs und der Prüderie ausgenommen haben mag, nicht einmal teuer gewesen sein kann.

Das Bürgertum des 19. Jahrhunderts ist perdü, und mit ihm nicht nur Plüsch und Prüderie, sondern auch die Venus von Medici als Zierde von Kaminsimsen und ein zu unzähligen anderen Klischees erstarrter Standard von Allgemeinbildung. Oder richtiger: Der Plüsch verschwand zuerst, und die Allgemeinbildung, die zunächst noch ihr institutionelles Rückgrat – das Gymnasium, die philosophische Fakultät – behielt, löste sich erst jetzt, in den jüngst vergangenen Jahrzehnten, auf; sie wurde von einer auf Technik und Komfort versessenen Gesellschaft dem Gleichheitsstreben und dem Spezialistentum geopfert.

Sollen wir nun die Verse des bürgerlichen Humoristen elegisch variieren und in den Klageruf ausbrechen:

«Ach, die Bildung ist dahin
und der durch sie bewahrte Sinn»?

Schwerlich – doch andererseits: Wir dürfen das Vakuum nicht ignorieren, das durch den Verlust der Tradition entstanden ist, und nicht dessen mögliche, zum Teil bereits wirkliche Folge: die Empfänglichkeit, die unsere Jugend für kurz angepflockte Heilslehren, für allzu simple Weltverbesserungsrezepte an den Tag legt.

Deshalb halten wir auch eine aus bürgerlichen Zeiten stammende und zugleich der Bildung aller Schichten verpflichtete Unternehmung wie die Universal-Bibliothek nicht einfach für einen Anachronismus, der nur darauf wartet, ebenfalls hinwegreformiert zu werden. Wir hoffen vielmehr, daß sie eine der Brücken sein wird, die von vergangenen zu künftigen Universalien, von einem alten, morschen, faulen zu einem neuen, frischen, wieder tragfähigen Kanon des Wissens und der Bildung hinüberführt.

Das Alte und die Jungen –
Fragen zum deutschen Schulwesen

«Das bürgerliche Gymnasium ist tot»

Zwei Briefe und einige Überlegungen zur Allgemeinbildung

«Aber Griechisch hatten wir alle gern», hieß es letzthin im Brief eines Freundes, der voll von Erinnerungen an die Schulzeit war, an die Zeit in einem humanistischen Gymnasium während des Dritten Reiches. «Man mußte viele Vokabeln lernen, und die Verben auf -mi hatten's in sich, aber die Sprache lief heiter und ungezwungen dahin – das war doch ganz etwas anderes als das Latein mit den Panzerplatten seiner Konstruktionen. Ich will jetzt nicht von Herodot anfangen und von Platon, den wir nicht als Produzenten abgestandener Tiraden erlebt haben, und auch nicht von Sappho und Sophokles: ich könnte Seiten füllen, wenn ich allein meine Erinnerungen an Homer auspacken wollte. Wie nahe sich dort alles war: Götter, Könige und Bettler! Sie duzten sich und gingen doch ungemein höflich miteinander um – daß man sich so ruhig und feierlich auch ganz schön Grobheiten ins Gesicht sagen kann, imponierte mir sehr. Der göttliche Sauhirt Eumaios – was, ein Sauhirt soll göttlich sein, dachten wir zuerst, aber dann, je weiter wir im 14. Buch der ‹Odyssee› vordrangen, desto mehr dämmerte uns, daß es mit der ‹Göttlichkeit› dieses treuen, charakterfesten Mannes etwas auf sich hatte. Wenn man mich fragte, was mir denn von den vielen Tausenden sechsfüßig einherrollender Hexameter am lebhaftesten in Erinnerung geblieben sei, dann würde ich wohl keine bestimmte Szene namhaft machen, sondern eher einen allgemeinen Eindruck: daß alles so viel Glanz und Würde hatte, die Götter, die Menschen und selbst die Dinge. Jetzt möchte ich noch» – und hiermit schloß der Brief – «ein paar Fragen an Dich richten, die Du, der Grieche und Lateiner, mir gewiß am ehesten beantworten kannst. Warum hat sich in der öffentlichen Diskussion eigentlich nur eine abfällige, mit negativen Erfahrungen aufwartende Sichtweise durchgesetzt? Warum hat meine eigene, die doch gewiß von manchem geteilt wird und genauso das Siegel der Wahrheit für sich beanspruchen kann, kaum Befürworter gefunden? Man hört nur immer wieder sagen, das humanistische Gymnasium habe vor Hitler kläglich kapituliert, wie das gesamte Bildungsbürgertum, dessen Einrichtung es war, und so sei es nur recht, daß das eine wie das andere verschwinde und praktisch schon verschwunden sei.

Ich bekenne frei, daß mir diese rigorose Betrachtungsweise wenig behagt. Damals, unter Hitler, habe ich mir – wie mein Elternhaus und meine nächste Umgebung – die künftige Entwicklung anders vorgestellt. Wir sprachen vom «anderen Deutschland», das dann wiederkehren müsse: nach Hitler, so hofften wir, werde eine innere Reinigung stattfinden, ein Ausstoßen alles Bösen und ein Anknüpfen an unsere guten Traditionen in der Aufklärung und der Klassik. Ich selber geriet damals an Schillers Studie über die Gesetzgebung Lykurgs und Solons, und ich bezog alle die vernichtenden Urteile, die Schiller dort über die unmenschliche Staatsmaschine der Spartaner ausspricht, auf das gegenwärtige, das vom Hitler-Terror geschändete Deutschland, und alles, was er über die Größe der Solonischen Gesetze sagt, auf den künftigen deutschen Staat, den wir dann einzurichten hätten. Ich wäre ungerecht, wenn ich behaupten wollte, die Entwicklung, die tatsächlich eingetreten ist, sei gänzlich anders verlaufen, als ich gehofft hatte. Doch was unsere Bildungstradition angeht, so bin ich enttäuscht: hier scheinen sich starke Kräfte in unserer Gesellschaft intensiv zu bemühen, das Kind mit dem Bade auszuschütten, das heißt, man will nunmehr nach dem angeblichen Versagen unter Hitler von nahezu allem, was seit dem 18. Jahrhundert in Deutschland gedacht und gedichtet worden ist, nichts mehr wissen; man ist auf dem besten Wege, die gesamte nationale Tradition preiszugeben. Wie erklärt sich dieser Bruch, der sich da, von Jahr zu Jahr breiter und tiefer werdend, vor uns auftut, der die Älteren und uns immer schroffer von der jüngeren Generation trennt?

Schüler als Sektierer

Denn das ist die zweite Frage, auf die ich gern eine Antwort wüßte: Mit der humanistischen Bildung ist es doch offenbar vorbei, selbst wenn es hier und dort noch Gymnasien geben mag, die nach wie vor den alten Kanon von Unterrichtsstoffen pflegen – sind die Zöglinge dieser Schulen nicht beinahe schon bemitleidenswerte Sektierer? Schlimmer noch (wenn man den Zeitungen glauben darf, die jetzt voll sind von diesen Problemen): es scheint nichts Neues an die Stelle des Alten getreten zu sein; mit der humanistischen Bildung ist offenbar die Bildung überhaupt, die Geistesbildung, die Allgemeinbildung, dahin. Die Kenntnisse unserer jungen Leute seien miserabel, zumal in Geschichte, in den Fremdsprachen, in der Literatur, so lauten die ständig wiederkehrenden Klagen; man will sogar festgestellt haben, daß ein Teil der jetzt Studierenden nicht einmal die Rechtschreibung und Grammatik des Deutschen sicher beherrsche – das kann, wie ich als Jurist bemerken möchte, für Justiz und Verwaltung schlimme Folgen haben. Was meinst Du: treffen diese Berichte zu, und wenn ja, wie soll es weitergehen? Will man fortfahren, die Allgemeinbildung, also alles, was Selbstzweck ist und die Menschen jenseits ihrer Berufe miteinander verbindet, zu zerstören, sie den Mitteln, dem Spezialistentum, dem für eine bestimmte Karriere Nützlichen zu opfern?»

Dieser Brief enthält Gedanken und Befürchtungen, die jetzt weit verbreitet sind: jetzt, da die Folgen des kühnen Neuerns in unserem Bildungswesen immer deutlicher zutage treten. Wer nun versuchen will, die schwierigen Fragen, die in dem Brief gestellt werden, zu beantworten, der muß sich zunächst vergewissern, worum es denn überhaupt geht – es gilt also an erster Stelle zu bestimmen, was Allgemeinbildung ist, deren einstweilen letzte Form das humanistische Gymnasium Humboldtscher Prägung vermittelt hat. Der zweite Schritt bereitet dann wohl keine große Mühe: die Frage, ob in Deutschland gegenwärtig eine Allgemeinbildung existiere, die diesen Namen verdiene, läßt sich sofort negativ beantworten. Um so heikler ist dann allerdings der dritte Schritt, die Untersuchung der Frage, wodurch der Bildungsschwund verursacht sei.

Allgemeinbildung: dieser Begriff setzt voraus, daß es auch Spezialbildung gibt, die Bildung, die zu bestimmten Berufen befähigt. Er verweist auf ein zweistufiges Bildungswesen, wie es jetzt noch – jedenfalls äußerlich – in der Abfolge Gymnasium–Universität präsent ist. Seit wann gibt es diese beiden Stufen, wie sind sie entstanden? Ein erster, der bis zur Aufklärung maßgebliche Inbegriff von Allgemeinbildung reicht bis in die Antike zurück: die artes liberales, die sieben «freien Künste» Grammatik, Logik, Rhetorik, Geometrie, Arithmetik, Astronomie und Musik. Sie bildeten lange Zeit, von der Spätantike bis ins hohe Mittelalter, den Sockel für ein einziges Studium, für die Theologie, und aus beidem ergab sich ein universales Ganzes, auf das sich die Begriffe Allgemein- und Spezialbildung noch nicht anwenden lassen. Das änderte sich im hohen Mittelalter, als die Universitäten entstanden, als dort neben dem theologischen das juristische und das medizinische Studium aufkamen. Die von den sogenannten Artisten, den Lehrern der artes liberales, vermittelten Kenntnisse waren nunmehr der gemeinsame Sockel mehrerer, in sich grundverschiedener Studiengänge und Berufe; von jetzt an kann man eine Allgemeinbildung und mehrere Möglichkeiten der Berufs- oder Fachbildung voneinander unterscheiden.

Das Gymnasium war die Nachfolgerin der Artistenfakultät: es vermittelte die Kenntnisse, deren man für alle an der Universität möglichen Studiengänge bedurfte. Die Inhalte wandelten sich: an die Stelle der artes liberales trat im 18. und frühen 19. Jahrhundert der den Älteren unter uns noch geläufige Fächerkanon des humanistischen Gymnasiums. Die alten Sprachen standen im Mittelpunkt; sie beanspruchten etwa die Hälfte aller Stunden, und in die andere Hälfte mußten sich alle anderen Fächer – die Mathematik, Deutsch, Geschichte und die neueren Fremdsprachen – teilen. Das Ganze spielte sich innerhalb eines scharf konturierten weltanschaulichen Horizonts ab, mit dem Geist der Aufklärung und der Goethezeit als den bestimmenden Größen – wozu sich freilich im Verlauf des 19. Jahrhunderts mehr und mehr auch nationale Ideen als formende Kräfte gesellten. Von besonderem Gewicht für die Allgemeinbildung war der sogenannte Historismus, die Verfügbarmachung der gesamten antik-europäischen, ja menschheitlichen Vergangenheit durch eine einfühlend-verstehende Hermeneutik: das Bürgertum umgab sich, wie in der sichtbaren Wirklichkeit, wo die großen Baustile wiederbelebt wurden und allenthalben Neoromanik, Neogotik entstand, so auch in den Bücherschränken und Köpfen mit einem Panorama des Schönsten und Bedeutendsten aus allen Zeiten.

Dieses Gymnasium, ein Stück bürgerlicher Teilhabe an der gesamten älteren Kultur, war eine spezifisch mittelständische Einrichtung, keine geschlossene, sondern eine offene, auf dem Prinzip der Leistung beruhende Bildungsstätte – allerdings hatte bei gleicher Begabung der durch ein mittelständisches Milieu Begünstigte bessere Chancen als das Arbeiter- oder Kleinbürgerkind. Denn Elternhaus und Schule arbeiteten Hand in Hand, wobei das Elternhaus mehr für den weltanschaulichen Horizont, die Schule mehr für den systematischen Aufbau von Kenntnissen einstand.

Aus dem Zusammenwirken der beiden Instanzen ging das sogenannte Bildungsbürgertum hervor – eine jetzt oft geringschätzig verwendete Bezeichnung, welche gleichwohl auf die gemeinsame Grundlage all derer verweist, die akademische Berufe ausübten; die Angehörigen dieser Schicht verfügten nämlich in den Bereichen Religion, Geschichte, Literatur und Kunst sowie vor allem durch ihre Kenntnis der Antike über Medien der Kommunikation, die vom jeweils ausgeübten Beruf gänzlich unabhängig waren. Der humanistische Prägestock hat bis in die Mitte des 20. Jahrhunderts das gesamte Bürgertum Europas geformt: Engländer, Franzosen und Deutsche, Konservative, Liberale und Sozialisten, Pfarrer, Ärzte und Ingenieure. Walter Jens schreibt über diese oft unterschätzte kommunikative Funktion der einstigen Allgemeinbildung (nachdem er aus Briefen von Karl Marx und Karl Liebknecht, Bekenntnissen zum bürgerlichen Humanismus, zitiert hat): «Ein scheinbar befremdlicher, in Wahrheit plausibler Gedanke: das Pantheon des 19. Jahrhunderts, bevölkert von Männern, zwischen denen es im Raum der Politik keine Gemeinsamkeit gab, ... deren Lehren sich diametral unterschieden, und alle hatten genau die gleiche Bildung genossen, alle die gleichen Texte gelesen: das gab ihnen die Möglichkeit, sich einander noch in schroffster Gegnerschaft auf gemeinsamer Basis verständlich zu machen.»

Vermittlung resonanzlos

Hierum geht es also in dem Brief, der soeben zitiert wurde: um die einstweilen letzte Ausprägung einer jahrtausendealten Bildungstradition, um das humanistische Gymnasium von der deutschen Klassik bis zum Untergang des Hitler-Reiches. Dieses Gymnasium, seine Idee, seine beherrschende Mitte, die auf den alten Sprachen beruhende Allgemeinbildung (hier gibt es, wie schon angedeutet, keine ernstlichen Meinungsverschiedenheiten) – dieses bürgerliche Gymnasium ist tot.

Man betrachte die Institution selber: an die Stelle einer beherrschenden Mitte, eines Zentrums und einer Peripherie ist ein Haufen nahezu gleichberechtigter Fächer getreten, die die Schüler wählen oder «abwählen» können und die kaum noch etwas miteinander verbindet, es sei denn die Zugehörigkeit zum Stundenplan. Nach außen hin, im Verhältnis zur nächstverwandten Schulgattung, zur Realschule, hat das Gymnasium das eigene Profil verloren: wenn man von Griechisch absieht, das gerade noch von einem Prozent der etwa zwei Millionen bundesrepublikanischen Gymnasiasten gelernt wird, so bleibt Latein als das einzige Fach, das man nicht genausogut auf der Realschule betreiben kann wie auf dem Gymnasium (wo es noch von ungefähr jedem zweiten Gymnasiasten tatsächlich betrieben wird). Man betrachte weiterhin die Zöglinge dieser Institution, die mit dem Gymnasium von einst kaum mehr gemein hat als den Namen: mit dem Aufeinander-Abgestimmtsein von Elternhaus und Schule ist es fast überall vorbei, so daß die kulturellen Gehalte, welche die Schule – wenn auch fragmentarisch – noch stets vermittelt, resonanzlos bleiben, und das Kurssystem der Oberstufe zeitigt Abiturienten mit hervorragenden Abschlußzeugnissen, die, obwohl sie Literaturwissenschaft studieren wollen, noch nie etwas von «Hamlet» gehört haben, die, obwohl sie aus Wolfenbüttel stammen, die Frage nach einem deutschen Dichter, der dort gewirkt habe, mit Luther beantworten, die, obwohl sie das Jurastudium zu betreiben versuchen, im Bibliothekskatalog das Stichwort «Entscheidungen des Bundesgerichtshofs» nicht finden können, weil sie glauben, das Wort «Entscheidung» beginne mit den Buchstaben END – um nur einige Beispiele zu nennen, die mir in jüngster Zeit begegnet sind.

Man betrachte schließlich das Pendant des Gymnasiums, die philosophische Fakultät der Universität: man begegnet dort demselben Verlust des kulturellen Horizonts, der kulturellen Identität wie am Gymnasium. Die Instanzen, die einst integrierend wirkten, sind verschwunden: die Festakte und die Feierlichkeiten gehören ebenso der Vergangenheit an wie die orientierenden Ringvorlesungen, die unter Bezeichnungen wie Studium generale oder Dies academicus angeboten wurden, und ebenso wie die überragenden, von Studierenden verschiedenster Disziplinen besuchten Lehrerpersönlichkeiten, so daß die heutige Universität nichts mehr vorzustellen scheint als ein zufallsbedingtes Konglomerat von Fachhochschulen.

Folgerichtig sind die einst allgemeinbildenden Disziplinen der philosophischen Fakultät, die zuallererst das Ganze der Civitas academica zu repräsentieren pflegten, selbst zu Spezialdisziplinen geworden. Sie zeigen jetzt eine starke Neigung, Allgemeinverständlichkeit für unwissenschaftlich zu halten; sie haben sich oft durch ein großes Aufgebot an neuen Termini, durch Theorielastigkeit und unentwegtes Experimentieren mit abstrakten Modellen, kurz durch Esoterik ihrer bisherigen Eignung für Kommunikation und Integration begeben, so vor allem die sprach-, die literatur- und die kunstwissenschaftlichen Fächer; am ehesten haben sich vielleicht die Geschichte und die Altphilologie wenn nicht von der Spezialisierung, so doch vom spezialistischen Jargon freizuhalten versucht. Aber denen ergeht es nicht anders als den Resten des humanistischen Gymnasiums: sie repräsentieren das Allgemeine von ehedem und sind doch in unserer jetzigen Gesellschaft von Spezialisten nichts als eine Spezialität, weil ja das Allgemeine nur dann allgemein ist, wenn es von der Allgemeinheit als das Allgemeine anerkannt wird.

Nun zum dritten Punkt, zu den Ursachen des Verfalls der Allgemeinbildung, zu den Gründen der Tatsache, daß deutsche Studenten heutzutage mit einem je verschieden zusammengesetzten Flickenteppich von Kenntnissen und Einsichten die Universität zu betreten pflegen. Hierfür ist gewiß auch die Hitler-Katastrophe, der durch sie bedingte geistige Kollaps großer Teile des deutschen Volkes verantwortlich, aber nicht als einzige, nicht einmal als wichtigste Ursache. Vielmehr ergibt sich, wenn man die Entwicklung vom Jahre 1945 bis heute stichwortartig zusammenfaßt, etwa folgendes Bild:

Abkehr von der Tradition

Zunächst, unmittelbar nach dem Untergang des von Hitler beherrschten Deutschland, änderte sich an den vom bürgerlichen Zeitalter geprägten Bildungseinrichtungen, am Gymnasium und an der Universität, so gut wie nichts: man beseitigte die Phantasmagorien der nationalsozialistischen Ideologie und knüpfte im übrigen – im doppelten, im politischen wie im geistigen Sinne – an die Weimarer Tradition an. Die fünfziger Jahre standen im Zeichen einer tüchtigen, aber allzu biederen Wiederherstellung, und eine Zeitlang schien es, als könne alles beim alten bleiben, da sich die Gesellschaft und die Bildungsinstitutionen wie eh und je in schönster Übereinstimmung befänden.

In Wahrheit entfernte sich der praktische Materialismus der weithin ahistorischen deutschen Nachkriegsmentalität immer weiter von den Traditionen des bürgerlichen Zeitalters. Es war begreiflich, daß man sich während der Daseinsnöte der Wiederaufbauzeit auf das Notwendige und Nützliche beschränkte. Das ursprüngliche Mittel wurde dann freilich mehr und mehr zum Selbstzweck, das heißt, der Wiederaufbau führte zum «Wirtschaftswunder» und das Wirtschaftswunder zum «Wirtschaftsgiganten», wobei man immer einseitiger jenem Eskapismus in wirtschaftliche Leistungen und materiellen Komfort verfiel, den Herbert Marcuse durch die faszinierende Formel vom «eindimensionalen Menschen» charakterisiert hat.

Von 1964/65 an wurde offenbar, daß die überkommenen Institutionen und die deutsche Gesellschaft nicht mehr übereinstimmten, und so vollzog sich damals der sogenannte Durchbruch des gesellschaftspolitischen Denkens, das heißt, das praktische Verhalten der neuen Gesellschaft erhielt eine hierzu passende Theorie. Dieser Durchbruch bekundete sich zunächst in Veröffentlichungen wie «Die deutsche Bildungskatastrophe» (von Picht, 1964) oder «Bildung ist Bürgerrecht» (von Dahrendorf, 1965) und sodann in offiziellen Dokumenten, zumal im «Strukturplan für das Bildungswesen» (1970) und im «Bildungsgesamtplan» (1973).

Der Durchbruch bestand in einer radikalen Abkehr von der Bildungstradition, die durch die deutsche Klassik begründet worden war: an die Stelle von Kategorien wie Person, Geist, Idee und Kultur traten mit rigoroser Einseitigkeit die Kategorien Gesellschaft, Einkommen und soziale Gerechtigkeit. Bildung wurde demnach nicht mehr als Prozeß verstanden, der das Individuum zu Selbständigkeit und Freiheit, zur Teilhabe am Kulturganzen und zu geistigen Genüssen befähigen sollte: sie erschien nur noch als gesamtökonomischer Produktionsfaktor sowie als individueller Sozialfaktor, sie trat auf als die für die künftigen Konsummöglichkeiten und für den künftigen sozialen Status maßgebliche Instanz.

Dem Klima dieses gesellschaftspolitischen Denkens ist die einschneidendste Veränderung verpflichtet, die seit der Goethe-Zeit im deutschen Schulwesen stattgefunden hat: das Kurssystem der gymnasialen Oberstufe. Mit ihm sagte sich das deutsche Gymnasium energisch vom altüberlieferten Konzept der Allgemeinbildung los, um sich statt dessen zwei neuen Prinzipien zu verschreiben: der Rücksicht auf individuelle Neigungen und der Vorbereitung auf den künftigen Beruf – Prinzipien also, die offensichtlich dem Utilitarismus einer weithin traditionslosen oder, richtiger, traditionsvergessenen Gesellschaft angemessen sind. Das Koordinatensystem von Beruf, Erfolg und Geldverdienen, dem bislang zumal durch die Realschule Genüge geschah, hat hiermit auch das Gymnasium, die einstige Stätte der Allgemeinbildung erfaßt.

Diese Entwicklung ist weder ein Zufall noch die Folge willkürlicher Eingriffe. Sie bestätigt vielmehr, daß die Schicht, die das alte Gymnasium getragen hatte, der gehobene bürgerliche Mittelstand, der Vergangenheit angehört. Um das zu begreifen, braucht man sich nur zu vergegenwärtigen, wie sehr sich das gesellschaftliche Spektrum Deutschlands in den letzten fünfzig Jahren gewandelt hat. Unsere Unterschicht ist importiert; sie besteht aus den sogenannten Gastarbeitern. Oberhalb davon hat ein starker Einebnungsprozeß stattgefunden: das Bürgertum stieg ab, das Kleinbürgertum und die Arbeiterschaft stiegen auf; Industrie, Technik und Verkehrswesen schufen eine Stadt und Land gleichermaßen durchdringende Einheitlichkeit, und fast überall gilt der regelmäßige

Rhythmus von Arbeit und Freizeit, ablesbar an den ebenso regelmäßig zwischen Arbeitsplatz und Wohnung hin und her strömenden Automobilkolonnen.

Diese Gesellschaft kennt eigentlich nur noch individuelle Unterschiede, wie sie im Vielerlei der Berufe und der Freizeitbeschäftigungen zutage treten; sie kennt indes kaum noch so etwas wie eine Mehrzahl in sich homogener und voneinander abgrenzbarer Schichten: Ihr scheint somit das Kurssystem mit seinen Prinzipien Individualität und Beruf geradezu auf den Leib geschneidert zu sein. Hier zeigen sich die wahren Ursachen des gegenwärtigen Verfalls der Allgemeinbildung: es gibt nur noch Einheitlichkeit mit individuellen Nuancen, es gibt jedoch nichts Allgemeines mehr, das für bestimmte Schichten verbindlich wäre. Die Hitler-Katastrophe mag die Tendenz zu einseitig wirtschaftlichem Denken beschleunigt und verstärkt haben; im ganzen aber wäre die hier skizzierte Entwicklung wohl auch ohne sie eingetreten.

«Du wunderst Dich», so etwa gedenke ich meinem Freunde zu antworten, «daß sich bei der Beurteilung des humanistischen Gymnasiums eigentlich nur die negative Sichtweise mit dem Vorwurf, gegenüber der Hitler-Barbarei versagt zu haben, durchgesetzt hat. Du wunderst Dich mit Recht, wie mir scheint, da ja nicht nur einige Nazi-Führer, sondern auch manche Gegner des NS-Regimes aus diesem Milieu hervorgegangen sind. Man darf eben Intellekt und Moral nicht in einen Topf werfen: das humanistische Gymnasium schulte zuallererst den Intellekt, und es ist nicht schon dadurch widerlegt, daß einige oder viele einen unrechten Gebrauch davon gemacht haben. Schließlich benötigt jede Nation eine führende Schicht, die moralische Integrität mit hoher Intelligenz verbindet, und anspruchsvolle Schulen fördern unmittelbar nur das zweite Ziel. Daß sich bei uns so naheliegende Überlegungen so selten hervorwagen, ist wohl ein Schlagschatten der Hitler-Zeit: gerade die konservativen Kräfte haben sich durch ihre deutschnationale oder gar nationalsozialistische Einstellung kompromittiert; da sie beschämt schweigen, fehlt es an ausgleichenden Stimmen. Was Deine Frage nach dem Verfall der Allgemeinbildung betrifft, so muß ich die teils erheiternden, teils nachdenklich stimmenden Zeitungsberichte über die mangelnden Kenntnisse eines großen Teils unserer Studenten bestätigen. Die Gründe suche ich zunächst beim Gymnasium selbst, bei den immer weiter fortschreitenden Verzweigungen und Verästelungen, die den Bereich des Allgemeinen, des für alle Gymnasiasten Verbindlichen immer mehr verkleinerten. Diese Entwicklung hat mit der Oberstufenreform einen schwerlich noch überbietbaren Höhepunkt erreicht. Als tiefere Ursache aber muß man, scheint mir, gewisse Veränderungen der deutschen Nachkriegsgesellschaft namhaft machen: die überkommenen Unterschiede wurden weitgehend nivelliert, und die von Hause aus kleinbürgerlichen Prinzipien des Nutzens und des beruflichen Fortkommens vermochten sich allgemein als die Leitgedanken der Jugendbildung durchzusetzen.

Geist und Verantwortung

Hiermit ist nicht gesagt, daß diejenigen, die sich noch den Bildungskanon des bürgerlichen Zeitalters anzueignen versuchen, sonderbare Sektierer seien. Sie haben im Warenhaus der vielfältigen Angebote ihre Wahl getroffen, eine Wahl, die sie in ihrem beruflichen Fortkommen gewiß nicht behindern wird (das der Allgemeinbildung abträgliche Utilitätsdenken ist ja falsch und engstirnig) und die ihnen außerdem möglicherweise in späteren Tagen manchen Genuß verschafft. Dir ist gewiß bekannt, wie gern mancher «Humanist» an seinem Lebensabend zu seinen Klassikern zurückkehrt. Und wer weiß, ob nicht – wie schon manches Mal in der europäischen Geistesgeschichte – aus den Überresten der humanistischen Tradition ein neuer Bildungskanon hervorgeht?

Denn hierüber können wir uns gewiß leicht verständigen: So, wie es jetzt ist (und der jetzige Zustand unseres Bildungswesens wirkt sich erst in dreißig bis vierzig Jahren voll aus) kann es nicht bleiben. Eine Gesellschaft ohne Mittelstand und ohne Elite, wie sie den Schöpfern der Bildungsreform vorgeschwebt zu haben scheint, wäre ohne historisches Beispiel, jedenfalls als freie Gesellschaft (während totalitäre Systeme wenn nicht ohne eine privilegierte Oberschicht, so doch ohne Mittelstand auskommen). Die deutschen Bildungseinrichtungen waren – so paradox diese Behauptung zunächst klingen mag – von jeher verhältnismäßig egalitär: ein Abitur galt wie das andere, und jede Universität war gleich zugänglich; die Eliteschulen und Elitehochschulen, wie sie in den Vereinigten Staaten, in England, in Frankreich existieren, sind hierzulande unbekannt. Man hätte demnach, als man das Gymnasium und die Universität für breite Schichten öffnete, um des Staatsganzen willen auf die Belange einer durchaus noch existierenden mittelständischen Minderheit und auf die Hochbegabten Rücksicht nehmen sollen, oder besser (es ist ja vielleicht noch nicht zu spät): man sollte Rücksicht darauf nehmen – durch Schulen, die eine anspruchsvolle Allgemeinbildung pflegen und hierdurch weniger die Interessen des einzelnen als ein gewisses Verantwortungsgefühl für das Ganze zu fördern suchen.

Denn woher haben wir Europäer die Kraft genommen, uns immer wieder von Diktatoren zu befreien, und woher nehmen wir weiterhin und für alle Zeit das Recht, frei sein zu wollen und die Freiheit als höchsten Wert zu betrachten, wenn nicht aus unserer Überlieferung? Doch was wird aus dieser Überlieferung, wenn wir sie nicht als verpflichtendes Erbe an unsere Kinder weitergeben? Jeder Osteuropäer, der im Kampf um die Bürgerfreiheit sein Lebensglück und seine Gesundheit aufs Spiel setzt, gäbe auf die Frage «Wozu Allgemeinbildung?» – auf eine Frage, mit der offenbar hierzulande viele Ältere und viele Jüngere nichts anzufangen wissen – gewiß die Antwort: «um der Freiheit willen».

Caesars eiskalte Luft

Latein in Baden-Württemberg

Latein ist ein exponiertes Fach. Viele Schüler halten es für eine ausgesuchte Plage, viele Eltern für entbehrlich, und vielen Bildungsideologen ist es deshalb ein Dorn im Auge, weil es als Spezialität des Gymnasiums die Durchlässigkeit behindert und den langen Marsch zur Gesamtschule erschwert. Latein muß sich daher vor der Öffentlichkeit nachdrücklicher rechtfertigen als jedes andere Fach.

Latein rechtfertigt sich am besten durch das, was es zu bewirken vermag: es leitet zu sorgfältigem Arbeiten an, es führt in das Funktionieren von Sprache ein, es erschließt die europäische Tradition von der Antike bis zum achtzehnten Jahrhundert. Das ist mehr als genug – wenn nicht für alle, so doch für die vernünftig Denkenden. Latein, das exponierteste Fach des Gymnasiums, ist nicht eigentlich gefährdet.

Die Krise der siebziger Jahre hat heilsam gewirkt. Es kam zu einer intensiven Diskussion über die Methoden und Ziele des Fachs. Man machte sich bewußt, daß manches vom Überkommenen rettungslos veraltet war: die Lexika mit ihrem gestelzten Vokabular wie «Jüngling» und «Hain», die Grammatiken mit ihrem klassifikatorischen Ballast, die Lesestücke der Unterrichtswerke mit ihrer repressiven Moral wilhelminischer Provenienz, der Lektürekanon mit seiner rigorosen Beschränkung auf antike Texte. Man hat in allen diesen Bereichen energisch umgebaut, ohne die Substanz zu beschädigen (Latein ist nach wie vor ein Fach, das Ansprüche stellt); man beseitigte, wenn nicht alles, so doch das meiste von dem, was den Lateinunterricht auch in den Augen derer, die der Tradition nicht abschwören wollten, ärgerlich und suspekt machte.

Die Reform nahm in den einzelnen Bundesländern einen recht

unterschiedlichen Verlauf. In einigen Lehrplänen, die nördlich des Mains entstanden, geriet völlig außer acht, daß Latein zuallererst ein sprachlich-literarisches Fach ist: so heftig zog man dort gegen den Imperialismus der Römer, gegen die antike Sklaverei und andere Lieblingsfeinde der damaligen Modephilosophie zu Felde. Unter den eher konservativen Ländern machte vor allem Bayern eine gute Figur. Zumal das Oberstufenprogramm, seit 1974 in Kraft, verdient volles Lob: Da werden nicht nur Cicero und die übrigen Berühmtheiten der klassischen römischen Literatur traktiert, sondern auch das Corpus Iuris, Augustin, die Carmina Burana und Erasmus – der bayerische Abiturient, der Latein gewählt hat, weiß aus eigener Erfahrung, daß diese Sprache bis zum Beginn der Neuzeit die Hauptnervenbahn der europäischen Kultur gewesen ist.

Baden-Württemberg übte demgegenüber starke Zurückhaltung. Die derzeit noch gültigen Lehrpläne für die Oberstufe bekennen sich in ihrer Präambel mit Entschiedenheit zum traditionellen Klassizismus: «Im Zentrum der Arbeit steht die römische Antike», und demgemäß spielen dort mittelalterliche und neuzeitliche Autoren eine weit geringere Rolle als in allen anderen Ländern der Bundesrepublik.

Auch in einem zweiten Punkte hielten es die baden-württembergischen Lehrplänemacher der siebziger Jahre nicht für erforderlich, sich dem – im Verhältnis zur Epoche von Wilhelm I. bis Hitler – stark gewandelten Zeitgeist anzubequemen: im Punkte der Caesar-Lektüre. Dies ist ein fast schon exorbitantes Ärgernis; daher hierüber einiges mehr. Caesars «Gallischer Krieg» hat in der abendländischen Bildungstradition vom römischen Kaiser Augustus bis zum neunzehnten Jahrhundert eine sehr geringe Rolle gespielt: er diente teils als historische Quelle, teils als Fachschriftsteller für Militaria; wenn er überhaupt auf der Schule gelesen wurde, dann (wo er hingehört, wo er erträglich ist) in den oberen Klassen. Erst vor reichlich hundert Jahren ist der Wandel eingetreten, der hier zur Debatte steht: die Komödien des Terenz verschwanden, weil sie mit ihren Liebesaffären für unanständig galten, und Caesar avancierte zum Anfangsautor.

Ein aus heutiger Sicht beklemmender Wandel: statt der bürgerlichen Sphäre der hellenistisch-römischen Komödie mit der Familie im Mittelpunkt die eiskalte Luft des erbarmungslosen Pragmatikers der Macht, statt der Leitbegriffe amor und gaudium («Liebe» und «Freude»), die bei Caesar nicht vorkommen, die Leitbegriffe proelium und interficere («Schlacht» und «töten»), die bei Terenz nicht vorkommen.

Haben die Lehrplänemacher, die jetzt am Werk sind, dazugelernt, rücken die neuen Entwürfe ab von der massiven Caesar-Lektüre und von der starrsinnigen Beschränkung auf antike Autoren? Ja, es scheint so, jedenfalls läßt die Präambel der Entwürfe so etwas vermuten. Denn dort findet sich die von dem alten Konzept («Im Zentrum der Arbeit» usw.) stark abweichende programmatische Formel: «Im Mittelpunkt des Bildungs- und Erziehungsauftrags des Lateinunterrichts wird... der Aspekt der europäischen Kulturtradition stehen, vor allem in den Bereichen Sprache, Wissenschaft, Kirche, staatlich-politische Organisation sowie der Jurisprudenz.» Besser ist kaum definierbar, was das Fach Latein, in eine zeitgemäße Form gebracht, vermitteln soll, und man erwartet, daß nunmehr auch in die baden-württembergischen Lehrpläne allerlei Spät- und Nachantikes Einzug hält: christliche Texte, das Corpus juris, der Humanismus.

Die Wirklichkeit sieht leider gänzlich anders aus: Die Lehrpläne selbst wiederholen die alte Leier und erweisen somit die Verheißungen der Präambel als nichtssagende Phrase. Ja, man gewinnt fast den Eindruck, als solle Caesar noch mehr in den Mittelpunkt rücken und als solle das Quentchen nachantike Literatur, welches die alten, derzeit gültigen Pläne zu konzedieren bereit waren, schon wieder beschnitten werden. Zwanzig Jahre lebhafter didaktischer Diskussionen waren offenbar für die Verfasser der neuen Entwürfe ohne Bedeutung, und nach wie vor soll in Baden-Württemberg verhindert werden, was in Bayern und Rheinland-Pfalz längst als selbstverständlich gilt.

Der härteste Stein des Anstoßes ist nach wie vor Caesar. Wer Latein als erste Fremdsprache erlernt, soll sich mindestens die Hälfte der Klasse 8 und drei Viertel der Klasse 9 mit dem «Gallischen Krieg» beschäftigen müssen, also fünf Viertel Jahr lang oder länger, und wer in Klasse 7 mit Latein beginnt, hat ein fast ebenso wuchtiges Caesar-Pensum in Klasse 10 zu gewärtigen. Und dieser Monolith wird sich nach wie vor auf den vorausgehenden Elementarunterricht auswirken; die Schüler werden nach wie vor mit nichts so intensiv umgehen wie mit Legionen und Schwadronen, mit Kämpfen, Märschen und Befestigungen. Die baden-württembergischen Lehrplänemacher scheinen für diese Problematik blind zu sein – sind sie doch unbefangen genug, als allererstes Beispiel für Wortschatzübungen die Wendung bellum gerere («Krieg führen») anzugeben.

Caesar ist im Zeitalter Napoleons III. und Wilhelms I. in seine jetzige Position gerückt – aus weltanschaulichen, nicht aus didaktischen Gründen. Die Professoren haben stets vor ihm gewarnt; in den letzten zwanzig Jahren haben sich auch gewichtige Stimmen aus der Lehrerschaft gegen ihn erhoben. Seine Militärjournale sind das einzige Werk der antiken Literatur, das es fertiggebracht hat, von allem Jammer und allem Elend des Kriegs abzusehen; es gibt dort nur Truppen und Gelände, und alles Siegen und Töten ist nichts als ein operatives Problem. Man wende nicht ein, daß man Caesar nicht für bare Münze nehmen müsse, daß man ihn kritisch lesen könne und daß gerade hierin der erzieherische Wert der Beschäftigung mit ihm beschlossen sei. Diese Legitimation trifft zu, wenn man ihn auf der Oberstufe traktiert. Dreizehn- bis Fünfzehnjährige sind hiermit überfordert. Ihnen fehlt noch die nötige Reife, und sie können noch nicht genug Latein: sie müssen froh sein, wenn sie die Konstruktionen «rauskriegen», und der Inhalt passiert ungefiltert.

Die baden-württembergischen Lehrplänemacher sollten zumindest anerkennen, daß Caesar als Anfangsautor umstritten ist. Da er umstritten ist, empfiehlt es sich dringend, ihn nur als *eine* Möglichkeit unter mehreren anzudienen und überdies die Beschäftigung mit ihm auf drei bis sechs Monate zu beschränken. Ein guter Teil unserer Lateinlehrer ist doch nicht deshalb Lateinlehrer geworden, weil er Caesar so herrlich fände, und unsere Gymnasien werden nicht nur von Jungen, sondern auch von Mädchen besucht – wobei feststeht, daß die Mädchen mit Caesar rein gar nichts anfangen können, und höchst zweifelhaft ist, ob es sich bei den Jungen anders verhält.

Marx müßte umschulen

Die alten Sprachen haben es schwer in Ostdeutschland

Marx und Engels, überhaupt die «Klassiker» des Kommunismus, hielten viel von den klassischen Sprachen: Sie hatten sie in der Schule gründlich erlernt und beschäftigten sich auch später noch, während des Studiums und in ihren Schriften, gern mit altertumswissenschaftlichen Gegenständen, wie denn etwa die Jenenser Dissertation von Marx einem subtilen Problem der antiken Philosophiegeschichte gilt, der «Differenz der demokritischen und epikureischen Naturphilosophie». In ihrem Denken war die Antike noch ein unentbehrlicher Bestandteil der Welt, in der sie lebten, und so bekannte Engels: «Ohne die Grundlage des Griechentums und des Römerreiches kein modernes Europa, ohne antike Sklaverei kein moderner Sozialismus.»

Die Altphilologen östlich der Elbe wußten davon, und als nach 1945 der große Umbau im dortigen Schulwesen begann, durchforschten sie Marx, Engels, Lenin und andere nach passenden Argumenten, um so viel wie möglich von der humanistischen Bildungstradition in das neue System hinüberzuretten. Zunächst, während der fünfziger Jahre, waren derartige Bemühungen offenbar nicht gänzlich hoffnungslos. Zwar mußten sich die alten Sprachen – wie alle Sprachen außer Russisch – mit den vier letzten Jahren, den Klassen 9 bis 12 begnügen, auf die das einstige Gymnasium zusammengeschrumpft war. Innerhalb dieses Rahmens aber schien es, wie engagierte Fachvertreter glaubten, durchaus Entfaltungsmöglichkeiten zu geben, und so propagierte Wilhelm Hartke, damals wohl der prominenteste von ihnen, ein griechisch-römisches Gymnasium, das sogar ein Konzept verwirklichen sollte, das Wilhelm von Humboldt hatte aufgeben müssen: die Bevorzugung des Griechischen als der wahrhaft erzieherischen Sprache vor dem Lateinischen. Noch im Jahre 1963 dachte man offiziell über die Möglichkeit einer sechsklassigen altsprachlichen Spezialschule nach, obwohl die Sechsklassigkeit dem Prinzip der damaligen achtklassigen «demokratischen Einheitsschule» (zunächst «Grund-», später «Oberschule» genannt) zuwiderlief.

Diese Anstrengungen gingen unter im Schwall fortschreitender Vereinheitlichung: Das «Gesetz über das einheitliche sozialistische Bildungssystem» vom 25. Februar 1965 reduzierte die vier weiterführenden Klassen auf eine zweijährige «Abiturstufe». Das war das Ende einer hinlänglich fundierten und verbreiteten Bekanntschaft mit den Grundlagen unserer Kultur; nunmehr stand fest, daß Marx nicht befolgt werden sollte.

Zwei kümmerliche Restformen blieben bestehen. Zum einen fand fakultativer Lateinunterricht statt, je drei Wochenstunden in den beiden Klassen der Abiturstufe: Wer ihn besuchen wollte oder konnte, lernte allenfalls ein paar hundert Vokabeln und brauchte nicht einmal Flexionsschemata wie amo, amas oder rosa, rosae sicher zu beherrschen.

Zum anderen gab es «Spezialklassen mit verstärktem Altsprachenunterricht», wie die offizielle Formel lautete: Latein von der 9. Klasse an (also insgesamt vier Jahre), und in den Klassen 11 und 12 noch ein wenig Griechisch. Derartige «Spezialklassen» aber existierten nur an insgesamt neun Schulen der ehemaligen DDR: an der Oberschule der Franckeschen Stiftungen (Halle), an der Thomasschule (Leipzig), an der Kreuzschule (Dresden) und an einigen anderen einst berühmten Bildungsanstalten, unter denen sich allerdings nicht einmal Schulpforta befand. Die Lateinkenntnisse, die in den «Spezialklassen» vermittelt wurden, reichten mit Mühe und Not für die Lektüre einfachster Prosatexte; der griechische Einführungskurs (zwei Jahre mit je drei Wochenstunden) blieb gänzlich im Elementarlehrbuch stecken. Analog zu diesem Kahlschlag im Sekundarbereich wurden auch die Studienmöglichkeiten an den Hochschulen drastisch reduziert: Nur noch in Jena und

Halle (und nicht einmal mehr in Berlin, dessen Altertumswissenschaft einst Weltruf genosen hatte) konnte man sich zum Altphilologen heranbilden.

Das Zugeständnis der neun Schulen mit «Spezialklassen» war offenbar nicht durch Rücksichten auf allgemeine kulturelle Belange oder gar auf individuelle Bildungsbedürfnisse bedingt: Das zuständige Ministerium hatte vielmehr errechnet, daß ein bestimmter Nachwuchsbedarf an Spezialisten bestehe, die altsprachliche Kenntnisse benötigten, wie Archäologen, Archivare, Philosophen, Orientalisten und andere. Diesen Bedarf veranschlagte man auf jährlich 150–200 Absolventen der Abiturstufe, und hierfür schienen neun Schulen mit Altsprachenunterricht ausreichend zu sein. Die Erfahrung sollte zeigen, daß die Kalkulation durchaus nicht aufging.

Jahr für Jahr knapp 200 Abiturienten mit geringen Latein- und gänzlich unzulänglichen Griechischkenntnissen, ferner die Nutznießer des fakultativen Lateinunterrichts, zunächst etwa 3000, im Jahre 1988 noch knapp 2000 an der Zahl: Auf dieses Häuflein war die Teilhabe an humanistischer Bildung in den Gebieten geschrumpft, die zweihundert Jahre zuvor einen Winckelmann, einen Voss und einen Friedrich August Wolf hervorgebracht hatten.

Ein Experte für den altsprachlichen Unterricht in der ehemaligen DDR hat unlängst festgestellt, daß mit Sicherheit nur ein europäisches Land ein noch ungünstigeres Bild darbiete: die Sowjetunion – dort gibt es nämlich überhaupt keinen altsprachlichen Schulunterricht. Alle übrigen Länder hingegen können mit besseren, zum Teil mit erheblich besseren Zahlen aufwarten. In der alten Bundesrepublik lernt etwa die Hälfte aller Gymnasiasten – rund eine Million Schüler – Latein, und zwar großenteils so, daß sie nicht nur die ganz leichten Texte zu lesen vermögen und auch einen Eindruck von der römischen Kultur gewinnen; im Falle des Griechischen sind es nach den bedauerlichen Einbrüchen der letzten Jahrzehnte immerhin noch fünf Prozent.

Die Folgen des Bildungsgesetzes von 1965 mögen weniger handgreiflich sein als manche andere Maßnahmen des kommunistischen Regimes, doch spürbar sind auch sie. Ein Herzstück Europas ist in den Köpfen fast aller seiner Bewohner um die historische Dimension verkürzt; man sieht sich dort überall, wie es unlängst in einer Reportage über Schulpforta hieß, mit «unbegreiflicher Geschichte» konfrontiert. In vielen Archiven, berichtet ein Kundiger, findet sich niemand mehr, der die von ihm verwalteten lateinischen Urkunden noch selbst zu lesen vermöchte. Bei der Marx-Engels-Gesamtausgabe mußten – wegen der griechischen und lateinischen Zitate – Altphilologen konsultiert werden, und unter etwa dreißig Nachwuchs-Philosophen der Ost-Berliner Akademie der Wissenschaften kann, wie eine Anfrage ergab, kein einziger Platon oder Aristoteles im Original studieren.

Es mag jetzt wichtigere, jedenfalls akutere Probleme geben als die alten Sprachen. Gleichwohl muß auch hier etwas geschehen. Die Kultur ist ein Ganzes, aus dem nicht ohne Schaden wesentliche Teile herausgebrochen werden können. Es geht nicht an, daß die alten Gebäude verfallen; es geht ebensowenig an, daß ein erheblicher Teil unseres Volkes den geistigen Kräften entfremdet bleibt, die Europa zu dem gemacht haben, was es ist.

Schwierigkeiten werden sich auch hier auftun. In der alten Bundesrepublik genießen die klassischen Sprachen keine institutionelle Garantie mehr: man kann auch ohne sie die Hochschulreife erlangen. Der jedenfalls für Latein nicht unerfreuliche gegenwärtige Zustand beruht also auf der freien Entscheidung der Eltern: Viele wissen teils aus eigener Erfahrung, teils durch andere, welchen Wert ein gediegener Lateinunterricht für die intellektuelle Entfaltung eines Kindes hat und was er zur Vertrautheit mit der europäischen Tradition beiträgt. In der ehemaligen DDR ist die Entwicklung ganz anders verlaufen. Dort wurden nicht die einstigen institutionellen Garantien durch immer freiere Wahlmöglichkeiten allmählich abgelöst; dort sind die Fäden zur Vergangenheit gänzlich gerissen, und im allgemeinen ist man sich kaum noch bewußt, daß etwas fehlt. Nicht einmal die wenigen, die Griechisch lernten, taten es immer um der Sache willen, sondern um sich – wie es in einer Verlautbarung eines der neuen Bildungsministerien heißt – «rechtzeitig einen Platz zum Abitur zu sichern».

Man ist im Begriff – was sollte man auch anderes tun –, im neuen Teil unseres Staates zu übernehmen, was sich im alten in Jahrzehnten entwickelt hat, also auch die Vielfalt der Wahlmöglichkeiten. Doch Institutionen lassen sich leichter verpflanzen als Einstellungen und Verhaltensweisen; es wird also geduldiger Anstrengungen bedürfen, die Eltern in den richtigen Umgang mit dieser Vielfalt einzuführen und ihnen zu zeigen, wie sehr die alten Sprachen dazugehören. Es wäre sonst zu befürchten, daß die geistige Monotonie, welche das einstige Regime allerorten hinterlassen hat, ein permanentes Merkmal der östlichen Bundesländer wird.

Menschen. Lob und Gedenken

Jugendjahre am Bodensee

Zur Verleihung des Bodensee-Literaturpreises 1987 an Golo Mann

Saepe stanti mihi in aggere, qui inter castellum capellamque situs est, in mentem incidit, si in exilium mihi eundum esset, hunc exilii locum mihi placiturum – verzeihen Sie, verehrte Zuhörer, diesen sonderbaren Anfang. Er ist als Ovation gedacht, und der, dem sie gilt, hat schon verstanden – gehörte doch, da er noch Schüler war, Latein (man liest es mit Staunen) neben Deutsch und Geschichte zu seinen Lieblingsfächern und hat er doch nicht nur Philosophie und Geschichte, sondern auch lateinische Philologie studiert. Ja, er meint sogar, an ihm sei ein Romanist, ein akademischer Lehrer der romanischen Literaturen, verloren gegangen: dorthin habe ihn seine Liebe zum Latein verwiesen.[1] Hier sind wir vielleicht geneigt, ihm angesichts seines historiographischen Œuvres den Glauben zu versagen; hier können wir ihn zumindest an die Betrachtungen erinnern, die er selber an das Spinoza-Wort Omnis determinatio est negatio – «Jede Entscheidung ist Verneinung» geknüpft hat: «Wir verwirklichen etwas von dem, was potentiell in uns war, auch mehrerlei, aber nie alles, weil die Umstände dagegen waren oder das eine das andere erstickte.»[2] Doch wenn uns ein Romanistik-Professor namens Golo Mann eher als Chimäre erscheinen will: wäre es nicht denkbar, daß der ständige Umgang mit Werken der lateinischen Literatur – ein Umgang vor allem während der prägenden Jahre der Schule und des Studiums – seinen Stil beeinflußt hat?

Gewiß: Golo Manns Stil scheint variabel. Im «Wallenstein» glaubt man einen chronikartigen Erzählton zu spüren, und in der «Deutschen Geschichte des 19. und 20. Jahrhunderts» treibt ein Satz den anderen, ein Kapitel das andere in dramatischer Zuspitzung aus sich hervor. Die Darstellungsweise des Memoirenwerkes wiederum hat Reich-Ranicki treffend als ein «wohltuend natürliches Parlando» charakterisiert, mit dem der Autor «ein Maximum an Deutlichkeit und Anschaulichkeit» erreiche.[3] Gleichwohl, trotz dieser Unterschiede: nicht nur in manchen Gedanken, sondern auch in der Schreibweise ist Golo Mann den Römern, zumal den römischen Historikern Sallust und Tacitus verpflichtet – in der Prägnanz des Ausdrucks, in den geschliffenen Antithesen, im häufigen Stakkato gewollt kurzer Sätze. Daher wurde zu Beginn die Probe aufs Exempel gemacht: Das mit seinem Partizip und seinem Bedingungssatz so ungemein lateinisch klingende Gebilde Saepe stanti mi in aggere usw. ist nichts als die wörtliche Übersetzung einer Aussage Golo Manns, einer Aussage zu Anfang des Essays «Schloß Arenenberg», die vielleicht leise auf das eigene Schicksal des Autors anspielt: «Wenn schon Exil», heißt es dort, «habe ich mir, auf der Terrasse zwischen Schloß und Kapelle stehend, oft gedacht, dann würde ich mir Arenenberg als Exil gefallen lassen.»[4] «Schloß Arenenberg»: bei dieser Kostbarkeit könnte man jetzt verweilen, bei der – so der Autor selber[5] – «bezaubernden Verbindung von Landschaft und Historie», die darin eingegangen ist, bei der «Geschichte des Hauses Bonaparte durch drei Generationen», die dort geschildert wird.

Wir wollen uns indes hiermit nicht aufhalten; wir wenden uns sofort dem großen Memoirenwerk zu, den «Erinnerungen und Gedanken», insbesondere dem Kapitel «Salem», einem Höhepunkt des Buches. Dort treffen wir alsbald auf Kurt Hahn, auf die Persönlichkeit, die den Autor, wie er schreibt[6], in seiner Jugend bei weitem am stärksten und nachhaltigsten beeinflußt habe, auf den Mann, dem später, was die prägende Wirkung angeht, nur einer gleichkam: Karl Jaspers – «auf meine Art zu leben», verlautet einmal,[7] «mag Hahn den stärkeren Einfluß gehabt haben, auf mein Denken Jaspers.» Es ist vielleicht erlaubt, noch etwas weiterzugehen und zu behaupten, daß die vier Jahre Salem dem jungen Golo Mann drei Dinge mitgaben, die sich auf sein ganzes Leben auswirken sollten: die Beschäftigung mit der Geschichte sowie mit der deutschen und der lateinischen Literatur, die Erziehung oder besser eine Art Anleitung zur Selbsterziehung, durch welche sich das Internat Salem damals deutlich von den üblichen Schulen unterschied, und schließlich einen unmittelbaren Zugang zur deutschen Politik während des Ersten Weltkrieges. Die erste prägende Kraft, den Unterricht, bekunden die Memoiren in ausführlicher Schilderung. Die Salemer Erziehung wiederum mag manches geformt und gefestigt haben, was die Memoiren nicht aussprechen, aber erkennen lassen: die zurückhaltende, ja spröde Art der Selbstpräsentation, das Mißtrauen gegenüber jeglicher Verkürzung der Wirklichkeit durch simplifizierende Heilslehren, das unbeirrbare Streben nach Gerechtigkeit im Urteil über andere. Von dem dritten Pfunde endlich konnte Golo Mann damals, als es ihm, dem Heranwachsenden, auf den Weg gegeben wurde, noch nicht viel wissen: daß er sich in unmittelbarer Nähe von Persönlichkeiten befand, die versucht hatten, die Ereignisse des Jahres 1918 in eine für Deutschland und für ganz Europa weniger unglückliche Richtung zu lenken. In allen drei Beziehungen aber war kein anderer als Kurt Hahn die für Golo Mann maßgebliche Instanz – ein eigener Essay (er trägt den Titel: «Der Pädagoge als Politiker») sucht die politische Rolle nachzuzeichnen, die Hahn insbesondere als Freund und Berater des Prinzen Max von Baden gespielt hatte;[8] von hier aus war es dann nur noch ein kleiner Schritt zur Würdigung des Prinzen selbst, welche Golo Mann einer Neuausgabe der «Erinnerungen und Dokumente» des Prinzen vorausschickte.[9]

Doch auch hierbei wollen wir nicht verweilen: im Mittelpunkt dieser Betrachtung soll ja, wie angekündigt, das Kapitel «Salem» des Memoirenwerkes stehen. Es ist nahezu das umfänglichste des ganzen Buches; es wird an Umfang nur vom letzten Kapitel übertroffen, welches die Überschrift «Ein langes, letztes Jahr» trägt: Golo Manns «Jugend in Deutschland» (so der Untertitel des Werkes) ging im Frühsommer 1933 mit der Ausreise nach Frankreich zu Ende, und jenes umfängliche Schlußkapitel schildert sowohl die allgemeinen Ereignisse, die nationalsozialistische ‹Machtergreifung› und den Umbau des Staates in eine gnadenlose Diktatur, als auch die Geschicke der Familie Mann, die schon damals, während der ersten Monate des Jahres 1933, in ihrem Heimatlande nichts mehr von dem erwarten durfte, was jeder Staat jedem seiner Bürger fraglos zu gewähren pflegt.

Der vierzehnjährige Golo gelangte im Frühjahr 1923 nach Salem. Wie es dazu kam, gibt das vorausgehende Kapitel der Memoiren zu erkennen; sein Titel lautet «Ein Ausbruchsversuch». Der Text selber befaßt sich – weniger dramatisch, als die Überschrift erwarten läßt – mit den Pfadfinder-Aktivitäten des Jungen; erst später verlautet,[10] daß Golo zu Hause nicht mehr gutgetan, daß er sich dort auch nicht mehr wohlgefühlt habe – die Mutter habe daraufhin die Initiative ergriffen und sich für ihn um einen Platz im Internat Salem bemüht.

Die Schule in Salem bestand damals erst kaum drei Jahre. Sie war eine verhältnismäßig späte Frucht des seit der Jahrhundertwende wirksamen Bemühens, der Pädagogik durch Heimschulen in ländlicher Umgebung, durch sogenannte Landerziehungsheime, neue Impulse zu geben: Schülerselbstverwaltung und -selbsterziehung, die Ausbildung handwerklicher Fähigkeiten und die Pflege von Gemeinschaftssinn ergänzten das herkömmliche System der Unterrichtsfächer. Die Heimschulbewegung hatte sich die kultur- und gesellschaftskritischen Positionen der Reformpädagogik zu eigen gemacht, und so kam es bei allen Heimschulen, so deutlich sie sich im einzelnen voneinander unterschieden, sehr auf das ländliche Ambiente an: die Jugend sollte sich in abgeschiedenen pädagogischen Provinzen ungefährdet entwickeln und entfalten können. Dergleichen war damals, vor und nach dem Ersten Weltkriege, keineswegs eine blanke Illusion: man muß schon hier, bei den pädagogischen Rahmenbedingungen, einige Mühe aufwenden, wenn man sich in die erhebliche Andersartigkeit jener Zeit zurückversetzen will. «Ich er-fahre es», schreibt der Autor über sein letztes Jugendjahr in Deutschland, über seine damaligen Reisen im DKW, «ich erlebe, wie schön und groß es ist, wie unberührt die Weiten zwischen den Städten. Nicht, daß solches mir besonders auffiele; ich hatte es nicht anders erwartet. Es ist im Rückblick, daß ich zornig werde, wenn ich an das damals umgehende Schlagwort ‹Volk ohne Raum› denke. Die hatten Raum übergenug, und ließen sich vorlügen und einreden, sie hätten keinen, und haben so ihr Glück verspielt.»[11] In unberührter Weite lag damals auch Salem: Deutschland sei in jener Zeit noch groß gewesen, mit viel eigentlichem Land darin, konstatiert Golo Mann nach einläßlicher Schilderung der Wanderungen, die er von seiner neuen Heimat aus unternahm: «Darum war der Gegensatz zwischen Land und Stadt ein unvergleichlich tieferer als heute, da es ihn kaum noch gibt.»[12] Allerdings, diese Stille, diese Abgeschiedenheit verlangte Anstrengungen von denen, die in sie eindringen wollten: «Zwischen Sigmaringen und Pfullendorf schlechte Vizinalstraßen, dichter Nebel unter der Sternennacht», heißt es bei Golo Mann anläßlich des letzten Salembesuchs vor der Emigration, «immer wieder aus dem Wagen, um einen Wegweiser zu erkennen, ... Schritt-Tempo, besonders schwierig die Abfahrt von Schloß Heiligenberg.»[13]

So also waren damals, als Golo Mann nach Salem kam, die räumlichen Verhältnisse, und mit so gutem Recht konnte sich damals das dortige Internat als ‹Landerziehungsheim› bezeichnen. Ich möchte hier einen Augenblick innehalten. Wir sind im Begriff, die 26. Verleihung des Bodensee-Literaturpreises zu würdigen. Die Auszeichnung ist dieses Mal einem Memoirenwerk, einem Stück Autobiographie zuteil geworden. Es wäre ein Mißverständnis, wenn wir das ausgezeichnete Werk lediglich als einen Bericht über Vergangenes, über sonstige Erlebnisse einer Einzelperson zur Kenntnis nähmen. Die Vergangenheit, die sich dort ausbreitet, will überall auf unsere Gegenwart und unser aller Wohl und Wehe bezogen sein: als Andersartigkeit und Kontrast, aber auch als Identität, als Ermunterung und Ansporn, aber auch als Warnung. Dies gilt bereits für die räumlichen Verhältnisse des Bodenseegebiets. Man könnte z. B. fragen, ob nicht mit dem Verlust an Ländlichkeit eine wichtige Voraussetzung für das erzieherische Programm des Schulgründers von Salem entfallen sei. Man könnte andererseits Überlegungen anstellen, ob es sich empfiehlt, den Verlust an Ländlichkeit auf die Spitze zu treiben (das Bodenseegebiet liegt bekanntlich noch stets im sogenannten Verkehrsschatten), ob man nicht auch an die Opfer denken sollte, die hierfür gebracht werden müßten.

Ich kehre zum Text zurück. Golo befindet sich in Salem. Seine Mitschüler stammen aus allen Gegenden Deutschlands: Das ist neu für ihn, den bisher auf München und Umgebung eingeschränkten. In den ersten Tagen stürzte die Fülle der Eindrücke geradezu gewalttätig auf ihn ein. Allmählich ordnete sich alles; Golo lernte, sich im Internatsalltag und in den Einrichtungen des Hahnschen Erziehungssystems zurechtzufinden. Er war bald gern dort, ja, er war glücklich; er fand dort eine Heimat, die ihm lieber war als die Poschingerstraße in München.[14] Die Autobiographie schildert den genau geregelten Tagesablauf, bestehend aus Unterricht, Sport, den Mahlzeiten und der Nachtruhe; sie beschreibt die Schülermitverwaltung und deren Ämter. Jeder Schüler hatte mancherlei Aufgaben zu erfüllen und mancherlei Vorschriften zu beachten – über die Einhaltung legte man sich selbst Rechenschaft ab im sogenannten Trainingsplan, wo man sein Verhalten nach einem festen Kodex mit Plus- und Minuspunkten zensierte. Der Autor berichtet von dem Reglement, einer durch Gesinnungsethik sublimierten Mischung von Klosterzucht und englischem Internatsdrill, ohne Kritik daran zu üben, und er übt selbst dort keine Kritik, wo sie aus heutiger Sicht nur allzu nahe läge: bei einer von Kurt Hahn persönlich angeordneten Satisfaktion (oder soll man sagen: bei einer Strafexekution), die als Boxkampf vollzogen wurde.

Gleichwohl, wer Bekundungen der Zeitgebundenheit auch allen pädagogischen Tuns sucht, der geht bei Golo Mann nicht leer aus: Die «Erinnerungen» spenden Kurt Hahn nicht nur reichliches Lob, sondern auch ein gerüttelt Maß an Tadel, was allerdings (wie ausdrücklich verlautet)[15] aus der Perspektive des aus großer Distanz Urteilenden geschieht, nicht aus der eines Schülers, der sich von dem Zauber, der Faszination des großen Pädagogen unmittelbar angesprochen gefühlt hat. Kurt Hahn, so lesen wir, ließ es an Diskretion fehlen: seine Eleven bekamen allzu deutlich zu spüren, daß er Großes von ihnen erwartete, daß sie zu führenden Persönlichkeiten der Nation herangebildet werden sollten. Er hatte sich eben seine Gründung von Anfang an als ein Stück Politik vorgestellt, als Politik mit anderen, mit geistigen Mitteln, als Versuch, aus dem verlorenen Ersten Weltkrieg die Konsequenzen zu ziehen. Golo Mann kritisiert hieran nur, daß der Elite-Gedanke allzu laut verkündet wurde; er kritisiert nicht, daß Kurt Hahn eine Elite schaffen, oder besser, daß er die Kinder einer damals noch vorhandenen Elite zu besonders verantwortungsbewußten Staatsbürgern erziehen wollte. Die grundsätzliche Elite-Feindlichkeit unserer Tage, ein bedrückendes Symptom der Pathologie unseres Volkes, liegt Golo Mann gewiß nicht minder fern als seinem Lehrer Kurt Hahn. Die beiden weiteren Beschwerdepunkte, welche die «Erinnerungen» dem Leser vor Augen führen, können kürzer abgetan werden, da sie durch Kurt Hahns Persönlichkeit sowie durch seine Zeit bedingt sind und keinen Anlaß zu einem vergleichenden Blick auf die Gegenwart geben. Hahn sei zu optimistisch gewesen, schreibt Golo Mann, er habe zu sehr an die Möglichkeiten seiner Pädagogik, insbesondere an die Möglichkeit einer systematischen Stärkung der Willenskräfte geglaubt. Das Exempel, das Golo Mann hier einflicht (Kurt Hahn von einem Schüler, der sich das Leben genommen hatte: «Und er hat mir sein Ehrenwort gegeben, es nicht zu tun!»)[16] – dieses Exempel spricht für sich; andererseits aber wird man wohl jedem Pädagogen zubilligen müssen, daß gerade er an das Gute im Menschen glaubt. Dritter und letzter Punkt der Kritik: In Salem fand unter Kurt Hahn keinerlei Sexualerziehung statt.

Diese Erscheinung war zweifellos ein Überbleibsel aus viktorianisch-wilhelminischer Zeit, eine Folge jener Prüderie, die Elementares bewältigen zu können glaubte, indem sie ihm aus dem Wege ging.

Doch ich wiederhole: der vierzehn- bis achtzehnjährige Golo war glücklich in Salem; das Erziehungssystem trug ihn und gab ihm Wesentliches – Selbstkontrolle, Pflichtbewußtsein und Achtung vor den Mitmenschen. Außerdem gab es den Unterricht; hiervon berichten die «Erinnerungen» mit einem Behagen, auf das selbst die Existenz des mühsamen Faches Mathematik kaum einen Schatten wirft. «Den Lateinunterricht gab Kurt Hahn selber ..., und nie habe ich einen besseren Lehrer gehabt»:[17] Die «Erinnerungen» schildern, wie sich die als öde verschrieene Caesar-Lektüre bei Hahn in ein Drama verwandelte, in ein Drama, worin Golo die Rolle des Bösewichts, eines gleisnerischen, die Römer in eine tödliche Falle lockenden Gallierfürsten namens Ambiorix zu spielen hatte. Dem Schüler Golo wurde noch die ungeschmälerte humanistische Bildung zuteil («jene uralte Bildungstradition», wie es in den «Erinnerungen» heißt, «die ja nun so gut wie untergegangen ist»)[18], und während er mit dem Griechischen nichts anzufangen wußte, übten die lateinischen Autoren eine starke Anziehungskraft auf ihn aus: Cicero, Sallust, Tacitus. Diese Option war zweifellos Golos eigene Tat, ein bedeutsamer Schritt auf dem Wege zum Geschichtsschreiber; leider pflegten ja die Römer, diese politisch ebenso begabte wie erfolgreiche Nation, in der deutschen Schulstube des 19. und beginnenden 20. Jahrhunderts in weit geringerem Ansehen zu stehen als die Griechen. Golo zeigt sich schon damals auch unmittelbar an der Politik interessiert. Er brachte Anfang 1924 einen kritischen Bericht über den Hitler-Putsch zu Papier, für die Salemer Schulzeitschrift. Der Bericht durfte dort zwar nicht erscheinen, da er Unfrieden stiften könnte, aber es gab eine Schulversammlung, eine allgemeine Debatte, die um den Antisemitismus der Hitler-Ideologie kreiste: mit verleumderischen Hetzreden einiger Lehrer, mit souveränen Äußerungen des Schülers Prinz Berthold und des Schulleiters Kurt Hahn. Zurück zum Unterricht. Am Fache Deutsch war für Golo offenbar nichts so wichtig wie das Theaterspielen, das in Salem schon damals mit Eifer betrieben wurde. In «Wallensteins Lager», in «Was ihr wollt» und im sophokleischen «Oedipus» mußte sich Golo noch mit Chargen begnügen; doch dann, in der «Antigone», fiel ihm die Rolle des Tyrannen Kreon zu, und im «Zerbrochenen Krug» die des Dorfrichters Adam – der Siebzehnjährige hatte Freude am Schauspielern, und er hatte offensichtlich auch Erfolg. Mit dem «Wallenstein», mit der Hauptrolle im letzten Stück der Trilogie, verabschiedete sich der Abiturient von Salem: «Unfroh reiste ich zwei Tage später von dannen ... noch jämmerlich unreif, mit eben achtzehn Jahren, bei einiger Intelligenz ein Später eher als ein Früher.»[19]

Das Kapitel «Salem» der «Erinnerungen und Gedanken» ist weit facettenreicher, als hier dargetan werden konnte; es enthält ein ungemein anschauliches und eindringliches Stück Erziehungs- und Bildungsgeschichte des Bodenseegebiets, mit Eigentümlichkeiten, die sei es durch die Person des Internatsgründers, sei es durch die in den zwanziger Jahren allgemein herrschenden Zustände und Auffassungen bedingt sind. Seither hat sich vieles verändert. Die einst entlegene Gegend präsentiert sich heute als stark bevölkertes Wohn- und Industriegebiet. Die Erziehungsmethoden sind allenthalben liberaler geworden, bis an die Grenze dessen, was dem Kinde zugestanden werden kann, ohne daß es Schaden nimmt. Die jetzigen Inhalte des Unterrichts bekunden die pragmatischere, um nicht zu sagen utilitaristischere Einstellung unserer Zeit: der Kanon der Allgemeinbildung, ein aus der Goethezeit überkommenes Stück nationaler Identität, ist durch ein reiches Spektrum nützlichen Spezialwissens ersetzt worden. Wir mögen zu diesen Veränderungen, die sich allesamt innerhalb der Grenzen eines Menschenlebens zugetragen haben, so oder so stehen, wir mögen sie für erfreulich halten oder nicht: wir müssen sie uns jedenfalls bewußt machen – wie sollen wir uns ohne Kenntnis der bisherigen Entwicklungen über den künftigen Kurs verständigen.

Für derartige Standortbestimmungen aber sind Biographien, zumal Autobiographien, wenn sie sich um ehrliche Zeugenschaft bemühen, ein unentbehrliches Instrument. Es mag einzelne geben, die sich die Vergangenheit als ein abstraktes Gefüge von Bedingungen und Verhältnissen anzueignen vermögen. Im allgemeinen aber gilt, was Golo Mann anläßlich der Wallenstein-Studien schreibt, denen er während der letzten Monate vor der Emigration oblag: «Ein historisches Werk, das einen Mittelpunkt hat, eine Persönlichkeit, eine Stadt, sogar eine ‹Idee›, fesselt den Leser ungleich mehr als die allgemeine, zentrumslose Darstellung einer Epoche. Eine Geschichte der europäischen Außenpolitik im 19. Jahrhundert aus der Feder des französischen Historikers Charles Seignobos: abstrakt und langweilig. Heinrich von Srbiks ‹Metternich›: ein immer interessanter Bericht über die europäische Diplomatie in der ersten Hälfte des 19. Jahrhunderts ... Mit den Augen Metternichs, im Gedränge aller Konflikte, in die er verwickelt blieb, konnte man das Ganze besser sehen als mit Hilfe jener, die sich im Prinzip *nur* mit dem Ganzen befaßten.»[20] Diese Passage enthält eine ausgezeichnete Rechtfertigung nicht nur des Salem-Kapitels, sondern des ganzen Memoirenwerks, und sie enthält zugleich eine Rechtfertigung dafür, daß wir uns in der heutigen Feierstunde mit diesem Memoirenwerk befassen. Denn wie schon gesagt: Es geht hier nicht um die bloße Kenntnisnahme irgendwelcher Vergangenheit; es geht vielmehr um ein Stück unserer deutschen Geschichte, dem wir uns nicht entziehen dürfen, dem wir uns immer wieder stellen müssen. Und gerade die Perspektive einer bestimmten Persönlichkeit, in diesem Falle des Zeugen Golo Mann, ermöglicht allen denen unter uns, welche die Zeit zwischen den beiden Weltkriegen, eine ungemein komplizierte Zeit permanenter Krisen, die Inkubationszeit eines teuflischen Systems ohnegleichen, aus eigener Anschauung nicht kennen, einen so unmittelbaren Zugang zu ihr, wie ihn die großen Geschichtswerke mit ihrer Perspektive des rückblickenden, allwissenden Betrachters kaum vermitteln können. Dies gilt für die «Erinnerungen und Gedanken» um so mehr, als sich Golo Mann peinlich darum bemüht hat, die Perspektive *des* Ichs, das einst bestimmte Ereignisse erlebt und erfahren hat, von der Perspektive *des* Ichs zu trennen, das in viel späterer Zeit und mit ganz anderem Wissen von den Zusammenhängen darüber berichtet: Er macht den Leser gerade bei seinem Kurt-Hahn-Porträt auf dieses Problem aufmerksam, und dann wieder in dem umfänglichen Schlußkapitel, welches sich im Horizont der unmittelbaren Vorgeschichte des Dritten Reiches abspielt.[21]

Ich sagte soeben, wir dürften uns dieser Schreckenszeit nicht entziehen. Ich meine sogar: Wir können es gar nicht. Mir kommt sie vor wie ein gewaltiges Gebirge. Solange wir uns *in* einem solchen Gebirge befinden, solange wir noch in seiner Nähe sind, vermögen wir seine Ausmaße überhaupt nicht zu erfassen. Erst wenn wir uns weiter und weiter von ihm entfernen, erst dann stellt es sich uns in seiner ganzen Ausdehnung und mit allen seinen Zacken und Abstürzen dar – und diese Distanz scheinen wir in unserem Verhältnis zur Hitler-Diktatur erst allmählich zu erreichen. Ich bin mir bewußt, daß dieser mein Eindruck nicht zuletzt durch meinen beruflichen Standort beeinflußt ist. Wenn man an der Universität wirkt, wenn man dort ein geisteswissenschaftliches Fach traktiert, dessen bedeutende Hervorbringungen nicht so rasch veralten wie die Forschungsergebnisse der dynamischeren und stärker spezialisierten Natur- und Gesellschaftswissenschaften, dann kommt man mit der Vertreibung unserer Besten und mit deren schmählichen Ursachen und Begleitumständen ständig in Berührung, dann ist sie noch immer so fühlbar wie zu Anfang. Ich habe mir unlängst aus der hierfür einschlägigen Zeitschrift[22] die Lebensläufe aller der deutschen und österreichischen Kollegen meines Faches zusammengestellt, die emigrieren mußten und seither verstorben sind: Es entstand eine Galerie von Schicksalen, die allesamt *eine* Ursache hatten und die mich zumal deshalb erschütterten, weil sie durch die Verschiedenheit der Fluchtwege innerhalb und außerhalb Europas und durch die von Fall zu Fall wechselnde Skala der Entbehrungen und Demütigungen von der furchtbaren Verlassenheit dieser ungewöhnlich begabten und tüchtigen Menschen zeugten. Angesichts dieses schweren Unfalls unserer Nation tun wir, meine ich, recht daran, wenn wir uns immer wieder fragen, wie es dazu hat kommen können und warum sich die Deutschen durch die Vertreibung eines erheblichen Teils ihrer Besten nicht nur Schande, sondern auch großen Schaden zugefügt haben.

Unsere Trauer über diesen unbegreiflichen Vorgang bleibt nicht ohne Trost. Viele Emigranten haben sich nicht – was doch nahelag – für immer von Deutschland abgewendet, viele sind ihm verbunden geblieben, weil sie es nicht mit dem Inferno gleichsetzten, das Hitler und seine Anhängerschaft daraus gemacht hatten. Zu ihnen gehört Golo Mann, und eben hierzu bekennt er sich nicht nur durch seine historischen Werke, sondern auch durch seine Autobiographie. Er schreibe an einer Art Entwicklungsroman, bemerkt er dort einmal[23] – er hätte auch sagen können: an einem Bildungsroman. Dieser literarische Typus, eine Schöpfung des 18. Jahrhunderts, pflegt einen Prozeß zu schildern, der den Helden vom Suchen zum Finden, vom Irrtum zur Wahrheit, von der Verworrenheit zur Einheit führt. Ziel des im Entwicklungs- und Bildungsroman geschilderten Weges ist seelische Reife, ist Entfaltung der geistigen Anlagen, ist ein gewisses Maß an Einverständnis mit dem eigenen Standort in der Welt. Dieses Schema (keine literarische Fiktion, sondern lediglich Stilisierung dessen, was jedem jungen Menschen aufgegeben ist, dem reich Begabten oft mit besonderen Erschwernissen) – dieses dem Bildungsroman entstammende Schema pflegt längst auch Biographien und Autobiographien zu strukturieren: ein Menschenleben läßt sich ohne ordnende, leitende, zusammenfassende Kategorien nicht darstellen. Die «Erinnerungen und Gedanken» Golo Manns enthalten zwar keine vollständige Lebensbeschreibung; sie beschränken sich ja auf die «Jugend in Deutschland». Gleichwohl ist das zweigliedrige Schema des Bildungsromans auch dort die das Ganze einende Idee. Das Ich, von dem erzählt wird, erscheint als irrend, tastend, orientierungslos – es genügt, auf den Schluß des Salem-Kapitels zu verweisen: «Unfroh reiste ich zwei Tage später von dannen ... noch jämmerlich unreif, mit eben achtzehn Jahren.» Doch zugleich gewinnt auch das Ziel, das einmal erreicht werden sollte, bereits im Erzählkontinuum der Jugendgeschichte deutliche Konturen: durch wiederholte Hinweise auf die Faszination, welche historische Gegenstände auf den Heranwachsenden ausübten.[24] Außerdem aber durchbricht das Ich, welches erzählt, des öfteren das Kontinuum der einstigen Ereignisse: der Autor gibt zu verstehen, daß er, der Spätgereifte, schließlich doch ein «tüchtiger Kerl» (so Jaspers über ihn), ein Schriftsteller geworden ist.[25] Und in einem solchen Zusammenhang findet sich einmal, ziemlich gegen Ende des Werkes, eine für uns trostreiche Betrachtung über des Autors Verbundenheit mit Deutschland, eine Betrachtung, welche wir vielleicht für den Schlüssel zu seinem Wesen und Wirken halten dürfen, welche noch einmal Licht auf die Bedeutung seines Aufenthalts in Salem wirft, auf die neben Heidelberg wichtigste Stufe seines Werdeganges, und mit welcher ich daher diese Darlegungen abschließen möchte:[26]

«Daß ich im Grunde ja doch zum Schriftsteller bestimmt war, sei es auch nur zum historisierenden, ein wenig philosophierenden, verbarg ich mir lange Zeit ... Auch durch die Zeitläufte wurde es mir verborgen. Denn obwohl ich französisch zeitweise leidlich, später englisch glatt genug schrieb, nie hätte ich ein französischer oder amerikanischer Autor sein können. Dafür brauchte ich den deutschen Sprachraum, und der besteht, gewaltig überwiegend, aus dem eigentlichen Deutschland: von Österreich allein, von der Schweiz allein konnte noch kein österreichischer oder schweizerischer Schriftsteller existieren, viel weniger ein Nicht-Österreicher, Nicht-Schweizer. So daß auch meine spät begonnene Schriftsteller-

Existenz nur wieder durch allgemeines Schicksal möglich wurde. Wäre Hitler nicht Hitler gewesen, begnügte er sich mit dem im Jahre 1938 Gewonnenen, anstatt seine Götterdämmerung aufzuführen, so hätte ich für immer mein Leben gefristet in den USA, Lehrer an irgendeinem College, gelegentlich einen gelehrten Aufsatz veröffentlichend, in einer Zeitschrift, die niemand las. Und säße dann da heute noch irgendwo, in kärglichem Ruhestand, ohne je ins Öffentliche gewirkt, ohne mein Talent je verwirklicht zu haben: ein Maler ohne Augen und Hände.»

Anmerkungen:

1 *Erinnerungen und Gedanken – Eine Jugend in Deutschland, Frankfurt/M. 1986, S. 208.*

2 *A.a.O., S. 159.*

3 *Frankfurter Allgemeine Zeitung, Literaturbeilage vom 30. September 1986. S. 2.*

4 *Zwölf Versuche, Frankfurt/M. 1973, S. 265.*

5 *Mit wehmütigem Vergnügen, in: Mein Bodensee, hrsg. von G. Appenzeller, Konstanz 1985[2], S. 124.*

6 *Erinnerungen und Gedanken, S. 145.*

7 *A.a.O., S. 328; vgl. S. 293.*

8 *Zwölf Versuche, S. 61–104, vom Jahre 1965.*

9 *Prinz Max von Baden, Erinnerungen und Dokumente, hrsg. von G. Mann und A. Burckhardt, Stuttgart 1968, S. 9–57.*

10 *Erinnerungen und Gedanken, S. 119.*

11 *A.a.O., S. 430.*

12 *A.a.O., S. 132; vgl. S. 335.*

13 *A.a.O., S. 465.*

14 *A.a.O., S. 193 und 157.*

15 *A.a.O., S. 132 und 145.*

16 *A.a.O., S. 147.*

17 *A.a.O., S. 124.*

18 *A.a.O., S. 151.*

19 *A.a.O., S. 205.*

20 *A.a.O., S. 470 f.*

21 *A.a.O., S. 132; 442; 450; 489f.*

22 *Gnomon, Kritische Zeitschrift für die gesamte klassische Altertumswissenschaft, erscheint seit 1925.*

23 *Erinnerungen und Gedanken, S. 173.*

24 *A.a.O., S. 14; 70; 85; 129; 154f.; u. ö.*

25 *A.a.O., S. 317; ferner S. 119; 329; 434.*

26 *A.a.O., S. 544f.*

Recht als Spiegel der Kultur

Franz Wieacker wird achtzig

Sein sprudelnder Lehrvortrag ist ein Faszinosum. «Meine Damen und Herren, ich verlasse jetzt die Konstruktion!», sagte er einmal, um neu einzusetzen, weil er sich verhaspelt hatte, weil die Zunge der gleichzeitig andrängenden Gedanken nicht Herr geworden war – zu olympischer Heiterkeit des Auditoriums. Seine Art, in freier Rede Probleme herauszuarbeiten, überraschende Zusammenhänge herzustellen, denkbare Einwände sofort mitzubedenken: All das ist Genuß und anfeuerndes Vorbild in einem, auch wenn man sehr genau weiß, daß man es ihm nie wird gleichtun können. Als «umfassendes Halbwissen» pflegt er selbst – in gespielter und zugleich der eigenen Grenzen bewußter Ironie – zu charakterisieren, was ihn so einmalig macht: die Breite der Interessen, die Fülle der stets verfügbaren Fakten, die enzyklopädische Bildung.

Franz Wieackers Welt ist die Welt des Geschichtlichen im weitesten Sinne: Er hat dargetan wie kaum ein zweiter seiner Generation, in welchem Maße auch das Recht durch das Ganze einer Kultur, einer Epoche, einer Nation bedingt ist – am handgreiflichsten in seiner berühmten «Privatrechtsgeschichte der Neuzeit», kaum minder beeindruckend in einigen fundamentalen Arbeiten zum römischen Recht. Dort hat ihn vor allem die Spätantike gefesselt: Rezeptionsgeschichte treibend, lange bevor die Literaturwissenschaft diese Perspektive zum Leit- und Modeprinzip erhob, suchte er das vielgeschmähte Zeitalter eines Justinian vom humanistischen Verdikt bloßen Niedergangs zu befreien. Seine Art des historischen Denkens ist in besonderem Maße darauf aus, eine jede geschichtliche Erscheinung durch Rekurs auf ihre spezifischen Bedingungen zu rekonstruieren, und so wird aus ihr unter seinen Händen ein

‹Fall›, der jeweils nach Maßgabe seiner eigenen Prämissen verstanden sein will.

Dogmen und Doktrinen, seien sie theologischer, philosophischer oder politischer Provenienz, sind daher nicht seine Sache: Nach seiner Überzeugung trägt alles wahrhaft Gewachsene Vernunft in sich (man muß sie nur zum Vorschein bringen), und für sein behutsames Entwicklungsdenken sind die gestaltenden Kräfte die besten, die das Gewordene stets nur so viel wie unbedingt nötig an die jeweiligen Rationalisierungserfordernisse anzupassen suchen. Abstraktionen, Programmen und Generalrezepten begegnet er mit großem Mißtrauen, hier sieht er (worin ihn die Geschichte unseres Jahrhunderts mannigfach bestätigt hat) zuallererst die Freiheit des Einzelnen bedroht. So läßt sich bei ihm schwerlich eine gewisse Affinität zu jenen knorrigen Römern ganz von der Hand weisen, die bei jedem Kasus vor allem das Besondere sahen, die zunächst zu bewahren suchten, was schon da war, und nur zaudernd reglementierten. Franz Wieacker hat seinen Spürsinn für langsam sich ausprägende Formen nicht nur an geschichtlichen Gegenständen erprobt: Weit entfernt, das geltende Zivilrecht nur als unvermeidliches Pflichtpensum seines Lehrstuhls zu betrachten, ist er gern zur Stelle, wenn es gilt, verworrene Materien geduldig zu ordnen und auf bestechend einfache Begriffe zu bringen. Seine Abhandlung «Zur rechtstheoretischen Präzisierung des § 242 BGB» (über den schuldrechtlichen Grundsatz von Treu und Glauben) ist ein Musterbeispiel für seine Kunst, die Schätze vergangener Erfahrung für Gegenwartsprobleme fruchtbar zu machen.

Das meiste verdankt Franz Wieacker sich selbst; es ist schwierig, ihn in Schulzusammenhänge einzuordnen. Immerhin hat er noch Otto Lenel gehört, und er ist in die strenge Zucht Fritz Pringsheims gegangen. Diesem Manne aber, der – wie so viele herausragende Rechtshistoriker – Deutschland in der NS-Zeit verlassen mußte, hat er unbeirrbar und in nie nachlassender Verehrung die Treue bewahrt. Als Kollege kehrt er nie seine – zweifellos oft vorhandende – Überlegenheit heraus, und als Rezensent ist er stets bereit, das vom Autor Geleistete anzuerkennen, statt nach bekannter Rezensentenmanier zu rügen, was noch hätte geleistet werden können. Die allgemeinen studentischen Belange haben ihm seit jeher in ungewöhnlichem Maße am Herzen gelegen, und bei Veranstaltungen des Studium generale ist er ganz in seinem Element. Unter den Studierenden gefallen ihm die am besten, die Zivilcourage zeigen, die sich nicht sogleich einschüchtern lassen, sondern mit guten Gründen und in guter Form zu widersprechen wissen – auch ihm selber gegenüber.

Franz Wieacker begeht seinen 80. Geburtstag bei guter Gesundheit und in voller Kraft des Schaffens. Er hat jüngst mit durchschlagendem Erfolg in eine archäologische Echtheitskontroverse eingegriffen, und in wenigen Monaten wird der 1. Band seiner Geschichte des römischen Rechts erscheinen, die Frucht nahezu zwanzigjährigen Suchens und Nachdenkens. Sein Fach gilt im gegenwärtigen Deutschland weithin als Spezialität, auf die sich selbst angehende Juristen nicht einzulassen brauchen. Diese Entwicklung stimmt nicht ganz froh, wenn man bedenkt, was die Archegeten der Rechtsgeschichte für unser Geistesleben bedeuten: von Friedrich Carl von Savigny bis Franz Wieacker.

Hinter der Fassade des Römischen Imperiums

In memoriam Sir Ronald Syme

Ein Dutzend Bücher, Hunderte von Aufsätzen: so stellt sich, summarisch betrachtet, der Ertrag eines reichen Forscherlebens dar, das sich am 4. September vollendet hat. Sir Ronald Syme, einer der Großen auf dem Felde der Alten Geschichte, ist im Alter von 86 Jahren gestorben. Er stammte aus Eltham auf Neuseeland, wo er am 11. März 1903 geboren wurde; er studierte in Oxford; er diente während des Zweiten Weltkrieges seiner Wahlheimat England als Diplomat, zunächst in Belgrad, dann in Ankara. Seine akademische Karriere begann in Istanbul, wo er eine Zeitlang eine Professur für Klassische Philologie innehatte. Im Jahre 1949 wurde er auf einen Lehrstuhl für Alte Geschichte nach Oxford berufen; hier blieb er, hier hatte er nunmehr das ihm gemäße Standquartier seines Forschens und Lehrens gefunden. Er reiste gern und weilte gern in Deutschland, dessen Sprache er vollendet beherrschte; unter den Ehrungen, mit denen man ihn, je berühmter er wurde, desto mehr überhäufte, ragte die Mitgliedschaft im deutschen Orden Pour le mérite für Wissenschaften und Künste hervor. Er war in höchstem Maße *homo litteratus,* geprägt vom Studium antiker und moderner Autoren: Geist sprühend im Gespräch, pointiert und auf versteckte Zitate erpicht in seiner an Tacitus geschulten Schreibweise.

Tacitus, der brillante Stilist, der grimmige Entlarver menschlicher Schwäche und Erbärmlichkeit: ihm hat Syme sein umfänglichstes und wohl auch bedeutendstes Werk gewidmet, ein Werk jedenfalls, das wie kein anderes erkennen läßt, worum es Syme ging, was er wollte und was er zu leisten vermochte. Da ist zuallererst die Beschränkung auf die römische Geschichte, auf einen Ausschnitt daraus, der von der späten Republik bis zum 4. Jahrhundert n. Chr. reicht: Syme, das Kind des britischen Empire, hat sich als Forscher stets im Bereich des Imperium Romanum bewegt, und hier fühlte er sich nirgends so zu Hause wie in der Friedensperiode von Augustus bis Hadrian, in der Epoche des Tacitus.

Da fällt an zweiter Stelle auf, in welch ungewöhnlichem Maße sich Syme seiner Quellen, seiner Gewährsleute annahm, ehe er zur Sache selbst, zu den geschichtlichen Prozessen vordrang. Antike Geschichte – die römische nicht minder als die griechische – ist nun einmal mehr als alle späteren Epochen durch eigenmächtige Künstlerpersönlichkeiten geprägt und auch verstellt. Syme hat daraus die Konsequenz gezogen, daß er die Mittler ebenso gründlich untersuchen müsse wie die vermittelten Gegenstände. Er, der Stilist, der Literat – vielleicht sollte man ruhig hinzufügen: der Künstler –, vereinigte also das Geschäft des Philologen mit dem des Historikers: er befaßte sich nicht nur mit Tacitus, sondern auch mit dessen Vorgänger Sallust und dessen Nachfolger Ammianus Marcellinus, und einem anonymen Schwindelautor, dem berühmt-berüchtigten Verfasser der weithin fiktiven Historia Augusta (einer «Geschichte» der Kaiser von Hadrian bis vor Diokletian), widmete er nicht weniger als vier Bücher. Stets ging es ihm darum, den historischen Ort des jeweiligen Autors zu ermitteln, von seinen sozialen und politischen sowie von seinen literarischen Voraussetzungen auf die Absichten und Schranken seiner Darstellung zu schließen.

Drittens die Sache selbst, die Geschichte der späten Republik und des Prinzipats. Syme hat sich nicht dazu verstanden, eine Gesamtdarstellung der römischen Geschichte oder einer Epoche daraus zu schreiben, im Unterschied zu Gibbon, von dessen skeptisch-aufklärerischem Impetus manches auf ihn übergegangen zu sein scheint, im Unterschied zu Mommsen oder zu Alfred Heuss. Am ehesten kommt das Werk des Fünfunddreißigjährigen, «The Roman Revolution», ein ebenso geniales wie parteiisches Buch über den Aufstieg des nachmaligen Kaisers Augustus, in sich geschlossener, erzählender Historiographie nahe. Doch schon hier will Syme auf anderes hinaus als auf einen wie immer reflektierenden

Bericht über Ereignisfolgen. Für ihn sind die großen Einzelnen – die Täter – Exponenten gesellschaftlicher Kräfte, wobei es sich im Falle Roms, in der Kaiserzeit nicht anders als in der Republik, für Syme um eine Führungselite, eine Aristokratie handelte. Wenn deutsche Althistoriker zu erklären suchen, was hinter den äußeren Geschehnissen steckt, dann pflegen sie seit Mommsen vor allem auf Rechtsverhältnisse und Institutionen, kurz: auf das Schwergewicht abstrakter Gegebenheiten zu verweisen. Der Engländer Syme hingegen hat sich zeit seines Lebens von der Annahme leiten lassen, daß konkrete Gruppierungen – Eliten, Gefolgschaften, die sich aus bestimmten Personen mit bestimmten, großenteils sozial bedingten Merkmalen zusammensetzen – entscheidend auf den Gang der Geschichte einwirken. So erklärt sich, daß die Prosopographie, die Erfassung aller verfügbaren und erschließbaren Lebensdaten von Personen als Repräsentanten bestimmter Gruppen, im Werke Symes eine beherrschende Rolle spielt: nicht nur in den großen Untersuchungen, sondern auch in der Vielfalt der Aufsätze, die jetzt die fünf Bände der «Roman Papers» füllen. Syme hat diese Methode nie um ihrer selbst willen praktiziert; sie diente ihm der Rekonstruktion maßgebender Gesellschaftsschichten, Gruppen und Cliquen – sie diente ihm also, das Geschichtsbild zu begründen, das er zu Beginn seiner «Römischen Revolution» wie folgt definiert hat: «Was auch immer die Form und der Name einer Regierung sein mag, Monarchie, Republik oder Demokratie, zu allen Zeiten lauert eine Oligarchie hinter der Fassade; und die römische Geschichte, die republikanische wie die kaiserliche, ist die Geschichte einer herrschenden Klasse.»

Kundig der Keller des europäischen Hauses

Zum Tode von Bernhard Bischoff

Die Mediävistik der Feiern, Jubiläen und Ausstellungen war nicht seine Sache. Er leistete Grundlagenforschung; er hat sich in seinem langen Leben mit schier beispielloser Beharrlichkeit um die Voraussetzungen unserer geschichtlichen und literarischen Überlieferung bemüht. Bernhard Bischoff, der am 17. September in seinem 86. Lebensjahr verstorbene einstige Inhaber des Münchener Lehrstuhls für Mittellateinische Philologie, war Handschriftenforscher. Der einzelne Codex und sein Ursprungsort, die klösterliche Schreibstube, sowie seine Bestimmung, die Klosterbibliothek: Hierin hat mehr als ein halbes Jahrhundert strenger Gelehrtenarbeit ihren Mittelpunkt und ihr Ziel gefunden. Bischoff hat Tausende von Handschriften gründlich untersucht, exakt datiert und historisch eingeordnet; das Ergebnis seiner Studien liegt in einer Fülle größerer und kleinerer Veröffentlichungen vor, insbesondere in dem zweibändigen Werk «Die südostdeutschen Schreibschulen und Bibliotheken in der Karolingerzeit» oder der Monographie «Lorsch im Spiegel seiner Handschriften». Eine Synthese des hierfür erforderlichen Handwerkszeugs ist wohl jedem seriösen Geschichtsstudenten bekannt: Bischoffs Lehrbuch «Paläographie des römischen Altertums und des abendländischen Mittelalters».

Zweierlei kam Bischoff bei seiner rastlosen Arbeit zustatten und verhalf ihm zu europäischer Geltung: seine Feinfühligkeit im Erspüren von handschriftlichen Nuancen und seine von einem stupenden Gedächtnis unterstützte Kombinationsgabe. Er ließ sich von der uniformierenden mittelalterlichen Kalligraphie nicht entmutigen: Er wußte anhand von winzigen Unterschieden in der Federführung und in den Formen einzelner Buchstaben nicht nur bestimmte Ursprungsorte, sondern auch einzelne Schreiberhände dingfest zu machen. Er hat auf diese Weise ein immer dichter werdendes Netz örtlicher und zeitlicher Fixpunkte geschaffen, so daß schließlich in seinem Kopfe und seinen Büchern wieder erstand, was es in der heutigen Wirklichkeit kaum noch gibt: die mehr oder minder vollständige Klosterbibliothek. Fast immer haben ja Nachlässigkeit, Verkauf, Diebstahl, Brand und schließlich die Säkularisation die Bestände schwer angeschlagen und in alle Winde zerstreut: Bischoffs Rekonstruktionsarbeit tat das Menschenmögliche, sämtliche Spuren und Reste bis zu ihrem Ursprung zurück zu verfolgen und so zu erschließen, was einst in den Schränken berühmter Klosterbibliotheken gestanden hatte.

Wer immerzu mit Handschriften umgeht, findet manches, was der Forschung durch eine kritische Ausgabe zugänglich gemacht zu werden verdient – so wuchs Bischoff wie von selbst auch die Aufgabe zu, sich als Editor zu betätigen. Das bekannteste Literaturwerk, bei dessen Herausgabe er mitgewirkt hat, sind die Carmina Burana, das größte eigene Unternehmen dieser Art – das unabgeschlossene Hauptgeschäft seines letzten Lebensjahrzehnts – die Bände Anecdota novissima, «Unveröffentlichte Neuheiten». Hier haben seine Schüler und Freunde noch manches einzubringen; zum Beispiel harren erhebliche von ihm entdeckte Teile eines Christus-Epos des siebten Jahrhunderts, verfaßt wohl von einem spanischen Kleriker namens Severus, noch der Erstveröffentlichung.

Seine Lehr- und Forschungstätigkeit hatte unverkennbar einige Schwerpunkte: Er beschäftigte sich am intensivsten mit den Handschriften Süddeutschlands und Österreichs, und er hatte sich am gründlichsten mit der Kultur der frühmittelalterlichen iroschottischen Klöster vertraut gemacht. Gleichwohl: Sein geistiger Raum war die gesamte Latinität ohne zeitliche oder räumliche Schranken: von der Antike bis zur Schwelle der Neuzeit und in ganz Europa. Man könnte ihn in dieser Hinsicht Ernst Robert Curtius zur Seite stellen, mit dem Unterschied allerdings, daß er sich gleichsam im Keller des europäischen Hauses eingerichtet hatte, während

Curtius den Piano nobile der Literatur bewohnte. Außerdem war Bischoff gewissermaßen eine Münchener Institution: Er hatte das Ordinariat für Mittellatein als Dritter in einer ruhmreichen Folge von Gelehrten inne, nach Ludwig Traube und nach seinem Lehrer Paul Lehmann. Dieser Tradition entstammen auch die Weite des Horizonts und der Stil des Forschens: die Hingabe an unendlich viele Details zum Zwecke einer möglichst genauen Zusammenschau der Überlieferungsgeschichte.

Und schließlich war Bischoff gänzlich unprätentiös und unprogrammatisch: Er stieß sich nicht an den konventionellen Grenzpfählen zwischen den Disziplinen; er nahm sie einfach nicht wahr. Seine Veröffentlichungen sind daher für alle von Belang, die sich forschend mit dem Mittelalter befassen, für Historiker, Philologen, Theologen oder wen immer, und sein Münchener Institut war eine stets hilfsbereite Auskunftei für handschriftenkundliche Probleme jeder Art. Die in- und ausländische Gelehrtenwelt hat ihm schon zu seinen Lebzeiten viel Dank und Anerkennung gezollt: Er war Mitglied in einem runden Dutzend europäischer Forschungsinstitutionen, darunter in der berühmten französischen Académie des Inscriptions et Belles-Lettres.

Kein Bedarf an Rezepten

Gerechtigkeit von Fall zu Fall: Zum Tode Franz Wieackers

«Die heutige Romanistik strebt nach einem rundplastischen Gesamtbild der ganzen empirischen Realität einer vergangenen Rechtsordnung.» So schrieb Franz Wieacker, der Romanist, der Historiker des Römischen Rechts, der, wie schon berichtet, am 17. Februar nach kurzer Krankheit in Göttingen verstorben ist, am Schluß einer seiner letzten Abhandlungen: «Vom Umgang des Romanisten mit den Nachbardisziplinen der Altertumswissenschaft». Wieacker hat damit ausgesprochen, was er zeit seines Lebens leisten wollte und zu leisten vermochte: Er war ein Enzyklopädist der griechisch-römischen Antike, mit den Problemen des Zustandekommens der homerischen Epen nicht minder vertraut als mit den Debatten über die Staatsverfassung des Augustus oder die Tendenzen der spätantiken Kunst. Mit Recht sah er sich daher mitunter veranlaßt, Belange anderer Disziplinen zu erörtern; ein bekanntes Beispiel ist sein Plädoyer für die Echtheit der Goldfibel aus Praeneste, auf der sich – wenn sie echt ist – der älteste lateinische Text (um 600 v. Chr.) erhalten hat.

Doch dergleichen war Nebenwerk, kam vor allem in Gesprächen und Briefen zum Vorschein: Im wissenschaftlichen Œuvre ging es Wieacker um die «empirische Realität» des Römischen Rechts, vom Zwölftafelgesetz in hocharchaischer Zeit (5. Jahrhundert v. Chr.) bis zum Corpus Iuris Justinians und den Kodifikationen der Germanenreiche, und dort mußten sich die altertumswissenschaftlichen Nachbardisziplinen, so intensiv sie zu Rate gezogen wurden, mit einer dienenden Funktion begnügen. In der Heuristik, im Entdecken von Problemen, war Wieacker unerschöpflich, und die Souveränität, mit der er seinen immensen Stoff handhabte, läßt sich nicht zuletzt daran ablesen, daß er sich weniger den Institutionen des Rechts (wie dem Eigentum, dem Kauf und so weiter) widmete als grundsätzlichen, das Rechtssystem quer durchziehenden Fragen, wobei ihm die Voraussetzungen der Textüberlieferung ebenso wichtig waren wie die epochenbedingten Veränderungen im «Stil» der römischen Jurisprudenz. Seine besondere Aufmerksamkeit galt der Argumentationstechnik, den jurisdiktionellen Kriterien der alten Rechtsgelehrten – notwendigerweise. Denn er bekannte sich unerschrocken zu der Einsicht, daß sich sein Fach mit einer «vergangenen Rechtsordnung» befasse, und er leugnete demgemäß die unmittelbare Übertragbarkeit des Einstigen auf die Gegenwart. Der Rekurs auf die Methodologie wiederum erlaubte ihm, diesen Verzicht weithin zurückzunehmen und vielerlei Brücken von den Digesten zur heutigen Rechtspraxis zu schlagen.

Im Jahre 1952 erschien zum ersten Mal das Buch, das bisher als Wieackers kühnster Wurf, als seine Pionierarbeit schlechthin, gilt: die «Privatrechtsgeschichte der Neuzeit». Dort sieht man in der Tat einen Forscher am Werke, der nicht nur die Antike (es geht ja vornehmlich um die Rezeption des Römischen Rechts), sondern das europäische Geistesleben überhaupt enzyklopädisch beherrscht: Breiteste Belesenheit, die stets die Dimensionen der Geschichte und der Philosophie aus eigener Kenntnis der Quellen einzubeziehen vermag, sucht hier die Entwicklung des Privatrechts aus dem Ganzen der Kultur abzuleiten. Daß Wieacker dieses Tableau der einander folgenden Richtungen nicht nur um seiner selbst willen entworfen hatte, zeigte er später vor allem auf zweierlei Weise. Er wollte die Antike nicht mehr mit Hilfe von klassizistischen Verkürzungen in eine scheinbare Nähe zum heutigen Betrachter rücken – nun aber, da er sich mit allen Brechungen der zwischen einst und jetzt vermittelnden Tradition vertraut gemacht hatte, war es ihm erlaubt, das vergangene Recht der Römer wieder in ein überzeugendes Verhältnis zum Rechtsalltag der Gegenwart zu setzen. Außerdem war er bei der Konzeption der «Privatrechtsgeschichte» in eine harte Schule fremder Theorien und Ideologien gegangen: Er, der selber kein Bedürfnis nach Allgemeingültigkeit beanspruchenden Abstraktionen verspürte, konnte sich jetzt auf jedem Fechtboden des Doktrinarismus sicher fühlen.

Der zweite Aspekt hat für den Juristen, zumal für den Praktiker, zweifellos das größere Gewicht. «Lebende Gerechtigkeit ist stets an Bedingungen und Situationen geknüpft, die nicht als allgemeine formuliert oder gar kodifiziert werden können.» Wieacker, der Kasuist, der Verfechter einer individualisierenden Rechtsmoral, der sich zu dem zitierten Satz bekannte wie zu kaum einem anderen, hat sich immer wieder als glänzender Kritiker von Generalrezepten hervorgetan: Er verteidigte unermüdlich die – wie ihm sehr wohl bewußt war, relative – Autonomie des Rechts, wenn sie ihm durch die Ansprüche von Theorien philosophischer, soziologischer oder sonstiger Provenienz bedroht schien. Er wies derartige Ansprüche in die Schranken, er lehnte sie keineswegs strikt ab; sein Ideal der Rechtsfindung war offensichtlich auf dem schmalen Grat zwischen Doktrin und Aporie angesiedelt.

Wieacker, eine europäische Figur wie wenige, hat sich bis zuletzt am Disput der Gelehrten, an Kolloquien und Kongressen beteiligt; er argumentierte stets aus fester Wesensmitte und entzog sich andererseits den vielfältigen Fragen nicht, die von außen an ihn herantraten. Er hinterläßt ein stattliches Erbe. Man möchte hoffen, daß sein monumentales Spätwerk, die «Römische Rechtsgeschichte», kein Torso bleibt, daß der für die Kaiserzeit vorgesehene Band nunmehr einen Zustand erreicht hat, der eine postume Veröffentlichung erlaubt. Die Aufsätze – ihre Zahl geht in die Hunderte – stellen eine weitere Aufgabe: Wieacker, stets vorwärtsstürmend und Rückblicken auf Erreichtes wenig zugetan, hat nur einen ganz geringen Teil davon zu Sammlungen vereinigt; hier bedarf es einiger bibliographischer und vor allem editorischer Tätigkeit, das über eine bunte Vielfalt von Zeitschriften und Kongreßberichten Zerstreute leichter zugänglich zu machen. Außerdem sollte sein Werk, das, dem Anschein nach disparat, seine Einheit in den nicht plan zutage liegenden Grundüberzeugungen seiner Person findet, durch eigens ihm geltende Untersuchungen erschlossen werden. Und endlich: Ob Wieacker, dessen ebenso kantige wie geistsprühende Art in so vielem an Samuel Johnson erinnert, bald einen James Boswell finden wird?

Verzeichnis der Schriften von Manfred Fuhrmann

1953–1994

I. Griechische und lateinische Literatur (Antike, Spätantike, Frühmittelalter)

1. Untersuchungen zur Religiosität des Horaz. Die Beziehungen des Herrschers und des Dichters zu den Göttern. Diss. phil. Freiburg i. Br. 1953. Maschinenschriftlich 189 S.
2. Cum dignitate otium – Politisches Programm und Staatstheorie bei Cicero, Gymnasium 67 (1960), S. 481–500.
3. Das Vierkaiserjahr bei Tacitus – Über den Aufbau der Historien, Buch I–III. Philologus 104 (1960), S. 250–278.
4. Die Alleinherrschaft und das Problem der Gerechtigkeit (Seneca: De clementia). Gymnasium 70 (1963), S. 481–514. Zweitveröffentlichung: Prinzipat und Freiheit, hrsg. von R. Klein. Darmstadt: Wissenschaftliche Buchgesellschaft 1969, S. 271–320.
5. Macrobius und Ambrosius. Philologus 107 (1963), S. 301–308.
6. Die lateinische Literatur der Spätantike – Ein literarhistorischer Beitrag zum Kontinuitätsproblem. Antike und Abendland 13 (1967), S. 56–79.
7. Die Funktion grausiger und ekelhafter Motive in der lateinischen Dichtung. Die nicht mehr schönen Künste, hrsg. von H. R. Jauß. Poetik und Hermeneutik, Arbeitsergebnisse einer Forschungsgruppe III. München: Fink 1968, S. 23–66.
8. Ad galli cantum – Ein Hymnus des Prudenz als Paradigma christlicher Dichtung. Der altsprachliche Unterricht 1971, 3: Zur Dichtung der Kaiserzeit II. Stuttgart: Klett, S. 82–106.
9. Seneca. Die Großen der Welt, Bd. 2. München: Kindler 1972, S. 294–309. Zweitveröffentlichung: Exempla historica – Epochen der Weltgeschichte in Biographien, Bd. 11. Frankfurt/M.: Fischer 1986, S. 43–65.
10. Die römische Komödie. Die römische Komödie: Plautus und Terenz, hrsg. von E. Lefèvre. Darmstadt: Wisssenschaftliche Buchgesellschaft 1973, S. 88–92.
11. Der Philosophen-Bios. Geschichte – Ereignis und Erzählung, hrsg. von R. Koselleck – W.-D. Stempel. Poetik und Hermeneutik, Arbeitsergebnisse einer Forschungsgruppe V. München: Fink 1973, S. 446–449.

12. Die römische Literatur. Römische Literatur (Neues Handbuch der Literaturwissenschaft 3), hrsg. von M. Fuhrmann. Frankfurt/M.: Athenaion 1974, S. 1–32.
13. Die römische Fachliteratur. Ebendort, S. 181–194.
14. Lizenzen und Tabus des Lachens – Zur sozialen Grammatik der hellenistisch-römischen Komödie. Das Komische, hrsg. von W. Preisendanz – R. Warning. Poetik und Hermeneutik, Arbeitsergebnisse einer Forschungsgruppe VII. München: Fink 1976, S. 65–101. Zweitveröffentlichung (gekürzt): Der altsprachliche Unterricht 1986, 5: Komik und Komödie. Seelze: Friedrich Verlag 1986, S. 20–43.
15. Die Mönchsgeschichten des Hieronymus – Formexperimente in erzählender Literatur. Christianisme et formes littéraires de l'antiquité tardive en occident. Entretiens sur l'antiquité classique XXIII. Vandœuvres-Genève: Fondation Hardt 1977, S. 41–89.
16. Narrative Techniken in Ciceros Zweiter Rede gegen Verres. Der altsprachliche Unterricht 1980, 3: Formen des Erzählens. Stuttgart: Klett, S. 5–17. Zweitveröffentlichung (italienisch): Tecniche narrative nella seconda orazione contro Verre. Ciceroniana N. S. 4, 1980: Atti del IV Colloquium Tullianum. Roma: Centro di Studi Ciceroniani, S. 27–42.
17. Am Anfang war Vergil – Der Mythos Roms und das humanistische Erbe – Gedanken zum zweitausendsten Todestag des Dichters. Frankfurter Allgemeine Zeitung, 19. 9. 1981, Bilder und Zeiten.
18. Die Epochen der griechischen und der römischen Literatur. Der Diskurs der Literatur- und Sprachhistorie, hrsg. von B. Cerquiglini – H. U. Gumbrecht. Frankfurt/M.: Suhrkamp 1983, S. 537–555.
19. Wunder und Wirklichkeit – Zur Siebenschläferlegende und anderen Texten aus christlicher Tradition. Funktionen des Fiktiven, hrsg. von D. Henrich – W. Iser. Poetik und Hermeneutik, Arbeitsergebnisse einer Forschungsgruppe X. München: Fink 1983, S. 209–224.
20. Narrative Techniken im Dienste der Geschichtsschreibung (Livius, Buch 21–22). Livius – Werk und Rezeption (Festschrift E. Burck), hrsg. von E. Lefèvre – E. Olshausen. München: Beck 1983, S. 19–29.
21. Cicero – Macht und Ohnmacht eines Intellektuellen in der Politik. Humanistische Bildung 7 (1983), S. 19–38. Zweitveröffentlichung: Der altsprachliche Unterricht 1986, 2: Rhetorik am Beispiel Ciceros. Seelze: Friedrich Verlag 1986, S. 7–16.
22. Einführung zu: Plutarch, Alexander und Caesar, Zürich-München: Artemis 1986, S. V–XVII.
23. Antike Geschichtsschreibung auf dem Buchmarkt: Von allem Fremden das

uns Nächste. Börsenblatt für den deutschen Buchhandel 42 (1986), S. 643–646.

24. Erneuerung als Wiederherstellung des Alten – Zur Funktion antiquarischer Forschung im spätrepublikanischen Rom. Epochenschwelle und Epochenbewußtsein, hrsg. von R. Herzog – R. Koselleck. Poetik und Hermeneutik, Arbeitsergebnisse einer Forschungsgruppe XII. München: Fink 1987, S. 131–151.

25. Literatur unter Augustus. Kaiser Augustus und die verlorene Republik. Antikenmuseum Berlin 1988, S. 607–612.

26. Cicero und die römische Republik – Eine Biographie. München-Zürich: Artemis 1989. 343 S. 2. Auflage 1990. 3. Auflage 1991 (347 S.). Lizenzausgabe München-Zürich: Piper (Taschenbuch) 1992. 2. Auflage 1994. In englischer Sprache: Cicero and the Roman Republic. Translated by W. E. Yuill. Oxford-Cambridge (Mass.): Blackwell 1992. 249 S.

27. Cato – Die altrömische Tradition im Kampf mit der griechischen Aufklärung. Aufklärung und Gegenaufklärung in der europäischen Literatur, Philosophie und Politik von der Antike bis zur Gegenwart, hrsg. von J. Schmidt. Darmstadt: Wissenschaftliche Buchgesellschaft 1989, S. 72–92.

28. Geographisch-topographische Gebrauchsliteratur. Handbuch der lateinischen Literatur der Antike, 5. Bd.: Restauration und Erneuerung – Die lateinische Literatur von 284 –374 n. Chr., hrsg. von R. Herzog. München: Beck 1989, §§ 516–520 = S. 94–100.

29. Das Itinerarium Alexandri. Ebendort, § 540. 2 = S. 214 f.

30. Mündlichkeit und fiktive Mündlichkeit in den von Cicero veröffentlichten Reden. Strukturen der Mündlichkeit in der römischen Literatur, hrsg. von G. Vogt-Spira. Tübingen: Gunter Narr 1990. S. 53–62.

31. Nachwort zu: Cicero, Von den Pflichten, lateinisch und deutsch, neu übertragen und hrsg. von H. Merklin, Frankfurt/M. Leipzig: Insel Verlag 1991, S. 387–407.

32. Einführung zu: Tacitus, Annalen, übersetzt und erläutert von E. Heller. München: dtv-Artemis 1991, S. 5-22. Zweitveröffentlichung: Tacitus, Annalen, lateinisch und deutsch, hrsg. von E. Heller. München-Zürich: Artemis & Winkler 1992, S. 971–990.

33. Komposition oder Schema? – Zur Ars poetica des Horaz. Horace: L'œuvre et les imitations – Un siècle d'interprétation. Entretiens sur l'antiquité classique XXXIX. Vandœuvres-Genève: Fondation Hardt 1993, S. 171–198.

34. Rom in der Spätantike – Porträt einer Epoche. München: Artemis und Winkler 1994. 416 S.

II. Antike Wissenschaften, Rhetorik, Poetik, Ethik

35. Das systematische Lehrbuch. Ein Beitrag zur Geschichte der Wissenschaften in der Antike. Göttingen: Vandenhoeck & Ruprecht 1960. 192 S.

36. Untersuchungen zur Textgeschichte der pseudoaristotelischen Alexander-Rhetorik (der Τέχνη des Anaximenes von Lampsakos). Akademie der Wissenschaften und der Literatur Mainz, Geistes- und sozialwiss. Kl. 1964, 7. Wiesbaden: Steiner 1965. 209 S.

37. Anaximenis Ars rhetorica quae vulgo fertur Aristotelis ad Alexandrum. Leipzig: Teubner 1966. XLVIII + 114 S.

38. Obscuritas – Das Problem der Dunkelheit in der rhetorischen und literarästhetischen Theorie der Antike. Immanente Ästhetik– Ästhetische Reflexion, hrsg. von W. Iser. Poetik und Hermeneutik, Arbeitsergebnisse einer Forschungsgruppe II. München: Fink 1966, S. 47–72.

39. Antike Ethik. Moral – wozu?, hrsg. von R. Italiaander. München: Delp 1972, S. 74–87.

40. Das Exemplum in der antiken Rhetorik. Geschichte – Ereignis und Erzählung, hrsg. von R. Koselleck – W. D. Stempel. Poetik und Hermeneutik, Arbeitsergebnisse einer Forschungsgruppe V. München: Fink 1973, S. 449–452.

41. Einführung in die antike Dichtungstheorie. Darmstadt: Wissenschaftliche Buchgesellschaft 1973. XVI + 325 S.

42. Die aristotelische Lehre vom Wirklichkeitsbezug der Dichtung. Positionen der Negativität, hrsg. von H. Weinrich. Poetik und Hermeneutik, Arbeitsergebnisse einer Forschungsgruppe VI. München: Fink 1975, S. 519 f.

43. Fallhöhe, einmal wörtlich genommen. Das Komische, hrsg von W. Preisendanz – R. Warning. Poetik und Hermeneutik, Arbeitsergebnisse einer Forschungsgruppe VII. München: Fink 1976, S. 432–435.

44. Aristoteles, Poetik, München: Heimeran 1976. 117 S. Zweitveröffentlichung: Aristoteles, Poetik, griechisch-deutsch. Stuttgart: Reclam 1982. 181 S.

45. Rechtfertigung durch Identität – Über eine Wurzel des Autobiographischen. Identität, hrsg. von O. Marquard – K. H. Stierle. Poetik und Hermeneutik, Arbeitsergebnisse einer Forschungsgruppe VIII. München: Fink 1979, S. 685–690.

46. Diabolé – Zwei Bemerkungen zur Übersetzungsliteratur in Sachen Rhetorik. A propos Artemis (Privatdruck). Zürich-München: Artemis 1982, S. 27–30.

47. Rhetorik und öffentliche Rede – Über die Ursachen des Verfalls der Rhe-

torik im ausgehenden 18. Jahrhundert. Konstanz: Universitätsverlag 1983. 29 S.

48. Die antike Rhetorik – Eine Einführung. München-Zürich: Artemis 1984. 160 S. 2. Auflage 1987. 3. Auflage 1990.
49. Klassik in der Antike. Literarische Klassik, hrsg. von H.-J. Simm. Frankfurt/M.: Suhrkamp 1988, S. 101–119. Zweitveröffentlichung in griechischer Sprache: Ἡ ἔννοια τοῦ κλασικοῦ στὴν ἀρχαιότητα. Παλίμψηστον 9/10 (1989/90), S. 51–68.
50. Dichtungstheorie der Antike: Aristoteles – Horaz – «Longin». Darmstadt: Wissenschaftliche Buchgesellschaft 1992. X + 232 S. (2. Auflage, überarbeitet und verändert, von: Einführung in die antike Dichtungstheorie, Nr. 41)

III. Übersetzungen aus dem Griechischen und Lateinischen, Theorie der Übersetzung

51. Cicero, Sämtliche Reden, Band 1. Zürich-Stuttgart: Artemis 1970. 400 S. 2. Auflage 1985.
52. Cicero, Sämtliche Reden, Band 2. Ebendort 1970. 400 S. 2. Auflage 1985.
53. Cicero, Sämtliche Reden, Band 3. Ebendort 1971. 327 S. 2. Auflage 1983.
54. Cicero, Sämtliche Reden, Band 4. Ebendort 1971. 384 S. 2. Auflage 1982.
55. Tacitus, Germania. Stuttgart: Reclam, 1971. 80 S.
56. Tacitus, Germania, lateinisch und deutsch. Stuttgart: Reclam 1972. 112 S.
57. Aristophanes, Die Wolken. Zürich-München: Artemis 1977. 92 S.
58. Cicero, Sämtliche Reden, Band 5. Zürich-München: Artemis 1978. 540 S.
59. Cicero, Sämtliche Reden, Band 6. Ebendort 1980. 461 S.
60. Cicero, Sämtliche Reden, Band 7. Ebendort 1982. 526 S.
61. Cicero, Meisterreden. Ebendort 1983. 448 S. Lizenzausgabe München: dtv 1987.
62. Christen in der Wüste: Drei Hieronymus-Legenden. Zürich-München: Artemis 1983. 111 S.
63. Sind neue Übersetzungen klassischer Autoren gerechtfertigt? Jahresgabe 1985. Ebendort 1985. 29 S.
64. Vom Übersetzen aus dem Lateinischen. Freiburg Br.: Sonderdruck der Stiftung «Humanismus heute» 1986. 35 S. 2. Auflage 1988.
65. Platon, Apologie des Sokrates, griechisch-deutsch. Stuttgart: Reclam 1986. 123 S.
66. Platon, Apologie des Sokrates – Kriton. Stuttgart: Reclam 1987. 96 S.
67. Von Wieland bis Voss: Wie verdeutscht man antike Autoren? Jahrbuch des Freien Deutschen Hochstifts 1987, S. 1–22.

68. Exempla Iuris Romani – Römische Rechtstexte (gemeinsam mit D. Liebs). München: dtv 1988. 223 S.
69. Die gute Übersetzung: Was zeichnet sie aus, und gehört sie zum Pensum des altsprachlichen Unterrichts? Der altsprachliche Unterricht 1992, 1: Die Kunst des Übersetzens. Seelze: Friedrich Verlag 1992, S. 4–20. Zweitveröffentlichung: Lampas 25 (1992), S. 97–116.
70. Übersetzungen antiker Autoren. Die Antike in der europäischen Gegenwart, hrsg. von W. Ludwig. Göttingen: Vandenhoeck & Ruprecht 1993, S. 19–30.
71. Iulius Caesar Scaliger, Poetices libri septem – Sieben Bücher über die Dichtkunst, Band 1: Buch 1 und 2 (gemeinsam mit L. Deitz und G. Vogt-Spira). Stuttgart-Bad Cannstatt: Frommann-Holzboog 1994. 633 S.
72. Idem, Bd. 2: Buch 3,1–94 (gemeinsam mit L. Deitz und G. Vogt-Spira). Stuttgart-Bad Cannstatt: Fromann–Holzboog 1994. 575 S.

IV. Die Vermittlung der alten Sprachen am Gymnasium und an der Universität; Unterrichtshilfsmittel

73. Die Antike und ihre Vermittler. Bemerkungen zur gegenwärtigen Situation der klassischen Philologie. Konstanz: Universitätsverlag 1969. 43 S.
74. Wie klassisch ist die klassische Antike? (gemeinsam mit H. Tränkle). Zürich-Stuttgart: Artemis 1970. 56 S. Zweitveröffentlichung in griechischer Sprache: Πόσο κλασική είναι η κλασική αρχαιότητα: Εκδόσεις Καρδαμιτσα 1992. 103 S.
75. Der geheime Miterzieher – Asterix und der Lateinunterricht. Rheinischer Merkur, 7. 6. 1974, S. 15.
76. Fälle aus dem römischen Recht, Text und Kommentar (gemeinsam mit D. Liebs). Bamberg: Buchner 1974. 40 und 95 S. 2. Auflage 1976. 3. Auflage 1978. 4. Auflage 1987.
77. Cäsar oder Erasmus? Überlegungen zur lateinischen Lektüre am Gymnasium. Gymnasium 81 (1974), S. 394–407. Zweitveröffentlichung: Acta Conventus Neo-Latini Amstelodamensis, hrsg. von P. Tuynman – G. C. Kuiper – E. Kessler. München: Fink 1979, S. 390–409.
78. Zur lateinischen Übergangslektüre (gemeinsam mit J. Klowski). Der altsprachliche Unterricht 1975, 5. Stuttgart: Klett. 98 und 24 S. (Hrsg.) Separatausgabe der Textbeilage: Ohrfeigen gegen Barzahlung, Stuttgart: Klett 1976. 2. Auflage 1979. Erweiterte Neuausgabe 1985.
79. Über kleine Gattungen als Gegenstand der Anfangslektüre. In Nr. 78, S. 24–43.

80. Alte Sprachen in der Krise? Analysen und Programme. Stuttgart: Klett 1976. 127 S.
81. Nota – Lehrgang für Latein als dritte Fremdsprache (gemeinsam mit E. Hermes, H. Steinthal, N. Wilsing). Stuttgart: Klett 1976/7. Lese- und Arbeitsbuch: 257 S. Lehrerheft: 47 S. Lösungsheft: 89 S. Zusatzheft: 64 S.
82. Zur lateinischen Philologie. Gebremste Reform, hrsg. von H. R. Jauss – H. Nesselhauf. Konstanz: Universitätsverlag 1977, S. 201–212.
83. Curriculum-Probleme der gymnasialen Oberstufe: Latein. Gymnasium 84 (1977), S. 241–258.
84. Der altsprachliche Unterricht zwischen Traditionspflege und Traditionsabbruch. Handbuch für den Lateinunterricht – Sekundarstufe II, hrsg. von W. Höhn – N. Zink. Frankfurt/M.: Diesterweg 1979, S. 18–30. Zweitveröffentlichung: Pädagogische Rundschau 33 (1979), S. 275–288.
85. Bielefelder Kolloquium – Didaktische Grundprobleme des altsprachlichen Unterrichts I–II (gemeinsam mit J. Klowski). Der altsprachliche Unterricht 1979, 1–2. Stuttgart: Klett. 108 und 82 Seiten (Hrsg.).
86. Sallusts «Catilina» als historische Schrift im Unterricht. In Nr. 85, Heft 2, S. 43–51.
87. Christliches Leben im spätrömischen Reich. Eine Auswahl aus den lateinischen Kirchenvätern: Text, Erläuterungen und Lehrerheft (gemeinsam mit D. Berger). Münster (Westfalen): Aschendorff 1979/80. VI/92, 59 und 20 S. 2. Auflage 1982 (Text und Erläuterungen). 2. Auflage 1981, 3. Auflage 1984 (Lehrerheft).
88. Formen des Erzählens – Beispiele aus der lateinischen Literatur (gemeinsam mit G. Fink). Der altsprachliche Unterricht 1980, 3. Stuttgart: Klett. 78 und 20 S. (Hrsg.)
89. Erwartungshorizont und Lesersteuerung: Drei Beispiele aus Notkers Gesta Karoli (gemeinsam mit G. Fink). In Nr. 88, S. 42–53 und Beilage, S. 2–11. Siehe auch Nr. 16.
90. Wunder und Wirklichkeit: Die Siebenschläferlegende des Jacobus de Voragine (gemeinsam mit G. Fink). Der altsprachliche Unterricht 1980, 4: Zur Lektüre mittelalterlicher Texte VI. Stuttgart: Klett. S. 39–50 und Beilage, S. 25–28.
91. Christliches Leben in der Kirchenväterzeit: Ein Lektürevorschlag. Dialog: Klassische Sprachen und Literaturen 13, hrsg von P. Neukam. München: Bayerischer Schulbuch-Verlag 1980, S. 5–23.
92. Der heilige Christoph. Informationen zum altsprachlichen Unterricht 1980, 2, S. 64–69.
93. Allgemeinbildung – Staatsethos – Alte Sprachen. Mitteilungsblatt des

Deutschen Altphilologenverbandes 23, 2 (1980), S. 1–11 und 23, 3 (1980), S. 2–4.

94. Caesars eiskalte Luft. Latein in Baden-Württemberg: ein großes Ärgernis. Stuttgarter Zeitung, 10. 6. 1983, Feuilleton.

95. Rhetorik am Beispiel Ciceros (gemeinsam mit W. Schulze). Der altsprachliche Unterricht 1986, 2. Seelze: Friedrich Verlag 82 S. (Hrsg.) Siehe auch Nr. 21.

96. Wielands Horaz: ein philologischer Weg zu einer philosophischen Betrachtung des Lebens. Gymnasium Beiheft 9 (1988), S. 193–210.

97. Die humanistische Bildung des 19. Jahrhunderts und was davon erhaltenswert gewesen wäre. Konstanzer Blätter für Hochschulfragen 97 (1987), S. 19–29.

98. Klassische Philologie seit 1945. Erstarrung, Geltungsverlust, neue Perspektiven. Die sog. Geisteswissenschaften: Innenansichten, hrsg. von W. Prinz – P. Weingart. Frankfurt/Main: Suhrkamp 1990, S. 313–328.

99. Neues über die «Fälle aus dem römischen Recht» – Ein bedauerlicher Prozeß um Urheberrechte. Mitteilungsblatt des Deutschen Altphilologenverbandes 33, 2 (1990), S. 24–27.

100. Marx müßte umschulen – Die alten Sprachen haben es schwer in Ostdeutschland. Frankfurter Allgemeine Zeitung, 26. 2. 1991, Feuilleton, S. 31. Zweitveröffentlichung: Mitteilungsblatt des Deutschen Altphilologenverbandes 34, 2 (1991), S. 35–37.

101. Das Rinnsal war ein unterirdischer Strom – In der DDR wurden die alten Sprachen unterdrückt, doch die Antikenforschung hat sich behauptet. Frankfurter Allgemeine Zeitung, 17. 5. 1991, Feuilleton, S. 35.

102. Der neue Kanon lateinischer Autoren – Traditionsverluste im neuhumanistischen Gymnasium. Klassik im Vergleich: Normativität und Historizität europäischer Klassiken, hrsg. von W. Vosskamp. Stuttgart-Weimar: J. B. Metzler 1993, S. 389–402.

V. Rezeption der Antike im Mittelalter und in der Neuzeit

103. Friedrich August Wolf. Deutsche Vierteljahrsschrift für Literaturwissenschaft und Geistesgeschichte 33 (1959), S. 187–236.

104. Neuhumanismus. I. Philosophisch. Die Religion in Geschichte und Gegenwart, Bd. 4, Sp. 1416–1418 (1960).

105. Mythos als Wiederholung in der griechischen Tragödie und im Drama des 20. Jahrhunderts. Terror und Spiel – Probleme der Mythenrezeption, hrsg. von M. Fuhrmann. Poetik und Hermeneutik, Arbeitsergebnisse einer Forschungsgruppe IV. München: Fink 1971, S. 121–143. Zweitver-

öffentlichung in englischer Sprache: Myth as a Recurrent Theme in Greek Tragedy and Twentieth-Century Drama. New Perspectives in German Literary Criticism, hrsg. von R. E. Amacher – V. Lange. Princeton: University Press 1979, S. 295–319.

106. Winckelmann – Ein deutsches Symbol. Neue Rundschau 83 (1972), S. 265–283.

107. Zweimal «Antigone» – Überlegungen zu einem zeitgemäßen Humanismus. Mitteilungsblatt des Rudi-Stephan-Gymnasiums Worms, 2. Folge, 7 (November 1977), S. 200–210.

108. Einige Dokumente zur Rezeption der taciteischen «Germania». Der altsprachliche Unterricht 1978,1: Rezeptionsgeschichte I. Stuttgart: Klett. S. 39–49 und Beilage, S. 11–17.

109. Die «Querelle des Anciens et des Modernes», der Nationalismus und die deutsche Klassik. Classical Influences 1650–1870, hrsg. von R. R. Bolgar. Cambridge: University Press 1979, S. 107–129. Zweitveröffentlichung: Deutschlands kulturelle Entfaltung. Studien zum achtzehnten Jahrhundert, Bd. 2–3, hrsg. von B. Fabian u. a. München: Kraus International Publications 1980, S. 49–67.

110. Die Brücke zwischen den Zeitaltern – Zur Blüte der Bodenseeklöster im 9. und 10. Jahrhundert. Ungedruckter Vortrag, Auszug in: Merian: Bodensee (Januar 1979), S. 66–67.

111. Die Rezeption der aristotelischen Tragödienpoetik in Deutschland. Handbuch des deutschen Dramas, hrsg. von W. Hinck. Düsseldorf: Bagel 1980, S. 93–105 und 540f.

112. Das bürgerliche Gymnasium ist tot – Zwei Briefe und einige Überlegungen zur Allgemeinbildung. Frankfurter Allgemeine Zeitung, 29. 10. 1980, S. 7.

113. Scheffels Erzählwerk: Bildungsbeflissenheit, Deutschtümelei. Allmende 1981, 1, S. 60–69.

114. Brechungen – Wirkungsgeschichtliche Studien zur antik-europäischen Bildungstradition. Stuttgart: Klett-Cotta 1982. 246 S.

115. Die Geschichte der Literaturgeschichtsschreibung von den Anfängen bis zum 19. Jahrhundert. Der Diskurs der Literatur- und Sprachhistorie, hrsg. von B. Cerquiglini – H. U. Gumbrecht. Frankfurt/M.: Suhrkamp 1983, S. 49–72.

116. Fluch und Segen der Arbeit – Vergils Lehrgedicht von der Landwirtschaft in der europäischen Tradition. Gymnasium 90 (1983), S. 240–257.

117. Die humanistische Bildungstradition im Dritten Reich. Humanistische Bildung 8 (1984), S. 139–160.

118. Kommentierte Klassiker? Über die Erklärungsbedürftigkeit der klassischen deutschen Literatur. Warum Klassiker?, hrsg. von G. Honnefelder. Frankfurt/M.: Deutscher Klassiker Verlag 1985, S. 37–57.

119. Nichts Neues unter der Sonne – Das Verdikt über Wieland und sein Bild der Antike. Frankfurter Allgemeine Zeitung, 3. 9. 1986, Geisteswissenschaften.

120. Christa Wolf über «Penthesilea». Kleist-Jahrbuch 1986, S. 81–92.

121. Die Tradition der Rhetorik-Verachtung und das deutsche Bild vom «Advokaten» Cicero. Ciceroniana N. S. 6, 1988: Atti del VI Colloquium Tullianum. Roma: Centro di Studi Ciceroniani, S. 19–30. Zweitveröffentlichung: Rhetorik 8 (1989), S. 43–55. Weitere Veröffentlichung: Humanistische Bildung 13 (1989), S. 27–43.

122. Die «Germania» in der Forschung der klassischen Philologie und im gymnasialen Unterricht. Beiträge zum Verständnis der Germania des Tacitus I, hrsg. von H. Jankuhn – D. Timpe. Abhandlungen der Akademie der Wissenschaften Göttingen, Phil.-hist. Kl. 3, 175, Göttingen 1989, S. 180–197.

123. Der Griechenglaube der Goethezeit und das Nationalbewußtsein der Deutschen. Humanistische Bildung 13 (1989), S. 87–100.

124. Die Griechen, die Römer und wir Heutige. 3000 Jahre Gegenwart – Zur Bibliothek der Antike im Deutschen Taschenbuch Verlag. München: dtv (Privatdruck) 1990. S. 23–43.

125. Antico e Moderno. Bari: Levante Editori 1992. 135 S.

126. Die Spätantike und ihre Folgen – Über ein unterschätztes Zeitalter der lateinischen Literatur. Zeitschrift für deutsches Altertum und deutsche Literatur 121 (1992), S. 253–274.

127. Vom Humanismus und von der humanistischen Bildung in Osteuropa. Gymnasium 100 (1993), S. 75–96.

128. Der Schulmeister im Werke Wilhelm Raabes: Der Altphilologe als Prototyp bürgerlicher Bildung. Jahrbuch der Raabe-Gesellschaft 1993, S. 1–25.

129. Mythos und Herrschaft in Christa Wolfs «Kassandra» und Christoph Ransmayrs «Die letzte Welt». Der altsprachliche Unterricht 1994, 2: Antikerezeption in der deutschen Literatur der Gegenwart. Seelze: Friedrich Verlag 1994, S. 11–24.

VI. Geschichte des römischen Rechts

130. Zur Entstehung des Veroneser Gaius-Textes. Savigny-Zeitschrift für Rechtsgeschichte, Rom. Abt. 73 (1956), S. 341–356.

131. publicatio bonorum, die Vermögenseinziehung des römischen Strafrechts. Paulys Realencyclopädie, Bd. 23, Sp. 2484–2515 (1959).
132. proscriptio, die Bekanntmachung. Ebendort, Bd. 23, Sp. 2440–2444 (1959).
133. poena, die Buße, die Strafe. Paulys Realencyclopädie, Suppl.-Bd. 9, Sp. 843–861 (1962).
134. proditio, der Landes- und Kriegsverrat im römischen Strafrecht. Ebendort, Suppl.-Bd. 9, Sp. 1221–1230 (1962).
135. verbera, Schläge als Strafe und Zuchtmittel bei den Römern. Ebendort, Suppl.-Bd. 9, Sp. 1589–1597 (1962).
136. Philologische Bemerkungen zur Sentenz Summum ius summa iniuria. Festschrift Volterra. Mailand: Giuffrè 1969, Bd. 2, S. 53–81.
137. Interpretatio – Notizen zur Wortgeschichte. Sympotica Franz Wieacker. Göttingen: Vandenhoeck & Ruprecht 1970, S. 80–110.
138. Philologische Bemerkungen zu Theodulfs Paraenesis ad iudices. Das Profil des Juristen in der europäischen Tradition, hrsg. von K. Luig – D. Liebs. Ebelsbach: Gremer 1980, S. 257–277.
139. Die Fiktion im römischen Recht. Funktionen des Fiktiven, hrsg. von D. Henrich – W. Iser. Poetik und Hermeneutik, Arbeitsergebnisse einer Forschungsgruppe X. München: Fink 1983, S. 413–415.
140. Die Kaisermacht braucht nicht nur Waffen – Das Gesetzgebungswerk des oströmischen Kaisers Justinian. Frankfurter Allgemeine Zeitung, 8. 10. 1983, Bilder und Zeiten.
141. «Grundrechte» im Strafprozeß der römischen Republik und ihr Widerhall im 18. und 19. Jahrhundert. Libertas – Grundrechtliche und rechtsstaatliche Gewährungen in Antike und Gegenwart, hrsg. von O. Behrends – M. Diesselhorst. Ebelsbach: Gremer 1991, S. 97–112.
142. Theodulf von Orléans. Handwörterbuch der deutschen Rechtsgeschichte. Bd. 5 , Sp.170–173 (1991).
143. Vom Übersetzen lateinischer Rechtstexte. Savigny-Zeitschrift für Rechtsgeschichte, Rom. Abt. 111 (1994), S. 363–375.

VII. Antike Kultur- und Ideengeschichte

144. Die Romidee der Spätantike. Historische Zeitschrift 207 (1968), S. 529–561. Zweitveröffentlichung: Rom als Idee, hrsg. von B. Kytzler. Darmstadt: Wissenschaftliche Buchgesellschaft 1993, S. 86–123.
145. Augustus. Die Großen der Welt, Bd. 2. München: Kindler 1972, S. 190–209. Zweitveröffentlichung: Exempla historica – Epochen der

Weltgeschichte in Biographien, Bd. 8. Frankfurt/M.: Fischer 1985, S. 115–143.

146. Selbstbestimmung und Fremdbestimmung – Ein motivgeschichtlicher Überblick. Mitteilungsblatt des deutschen Altphilologenverbandes 17, 2 (1974), S. 1–12.

147. Persona, ein römischer Rollenbegriff. Identität, hrsg. von O. Marquard – K. H. Stierle. Poetik und Hermeneutik, Arbeitsergebnisse einer Forschungsgruppe VIII, München: Fink 1979, S. 83–106.

148. Fasnacht als Utopie: Vom Saturnalienfest im alten Rom. Narrenfreiheit – Beiträge zur Fastnachtsforschung, hrsg. von H. Bausinger u.a. Tübingen: Tübinger Vereinigung für Volkskunde e.V. Schloß, 1980, S. 29–42.

149. Dichtung als Normtext. Text und Applikation, hrsg. von M. Fuhrmann – H. R. Jauß – W. Pannenberg. Poetik und Hermeneutik, Arbeitsergebnisse einer Forschungsgruppe IX, München: Fink 1981, S. 429–433.

150. Europa – Zur Geschichte einer kulturellen und politischen Idee. Konstanz: Universitätsverlag 1981. 35 S. Zweitveröffentlichung in französischer Sprache: L'Europe – Contribution à l'histoire d'une idée culturelle et politique. History of European Ideas 4 (1983), S. 1–15.

151. Streng oder milde? Über Jugenderziehung im Altertum. Jugend – Beiträge zum Verständnis und zur Bewertung des Jugendproblems, hrsg. von H. Rabe. Konstanz: Universitätsverlag 1984, S. 9–24.

152. Die Vier Jahreszeiten bei den Griechen und Römern. Die Vier Jahreszeiten im 18. Jahrhundert. Heidelberg: Winter 1986, S. 9–17.

153. Rom und die Provinzen – Latein als Instrument des Kulturfortschritts. Brigantium im Spiegel Roms, hrsg. von K. H. Burmeister – E. Gmeiner. Dornbirn: Vorarlberger Verlagsanstalt 1987, S. 75–84.

154. Person I: Von der Antike bis zum Mittelalter. Historisches Wörterbuch der Philosophie, Bd. 7, Sp. 269–283 (1989).

155. Die antiken Mythen im christlich-heidnischen Weltanschauungskampf der Spätantike. Antike und Abendland 36 (1990), S. 138–151.

156. Eurogenese. Frankfurter Allgemeine Zeitung, 20. 3. 1951, Geisteswissenschaften.

157. Antike. HistorischesWörterbuch der Rhetorik, Bd. 1, Sp. 689–699 (1992).

158. «Wie die jungen Leute die Dichter auffassen sollen» – Dichtung als Norm. Wahrheit der Schrift – Wahrheit der Auslegung, hrsg. von H. Fr. Geissler u.a. Zürich: Theologischer Verlag 1993, S. 125–158.

159. Alexander von Roes: ein Wegbereiter des Europagedankens? Sitzungsbe-

richte der Heidelberger Akademie der Wissenschaften, Phil.-hist. Kl. 1994, 4. Heidelberg: Winter 1994. 41 S.

VIII. Editionen (soweit nicht in den vorhergehenden Abteilungen genannt)

160. Goethe, Schriften zur Farbenlehre I–II: Register IV (Übersetzung fremdsprachlicher Stellen). Johann Wolfgang Goethe, Gesamtausgabe der Werke und Schriften, Bd. 22, hrsg. von R. Habel. Stuttgart: Cotta 1963, S. 1282–1342.
161. G. Fuchs, Architekturdarstellungen auf römischen Münzen der Republik und der frühen Kaiserzeit (gemeinsam mit J. Bleicken). Berlin: de Gruyter 1969, 138 S. und 20 Tafeln.
162. Terror und Spiel – Probleme der Mythenrezeption, Poetik und Hermeneutik, Arbeitsergebnisse einer Forschungsgruppe IV. München: Fink 1971, 732 S.
163. Römische Literatur (Neues Handbuch der Literaturwissenschaft 3). Frankfurt/M.: Athenaion 1974, 332 S. Zweitveröffentlichung in spanischer Sprache: Literatura Romana. Versión Española de R. de la Vega. Madrid: Editorial Gredos 1985. 438 S.
164. Text und Applikation – Theologie, Jurisprudenz und Literaturwissenschaft im hermeneutischen Gespräch (gemeinsam mit H. R. Jauß und W. Pannenberg). Poetik und Hermeneutik, Ergebnisse einer Arbeitsgruppe IX. München: Fink 1981. 656 S.
165. Boethius (gemeinsam mit J. Gruber). Wege der Forschung 483. Darmstadt: Wissenschaftliche Buchgesellschaft 1984. 466 S.
166. Christoph Martin Wieland, Übersetzung des Horaz. Werke, Bd. 9. Frankfurt/M.: Deutscher Klassiker Verlag 1986. 1288 S.
167. Römisches Lesebuch. Frankfurt/M.: Insel Verlag 1987. 638 S.
168. Epos der Antike: Homer, Ilias – Homer, Odyssee und Homerische Hymnen – Vergil, Aeneis – Ovid, Metamorphosen – Hesiod, Werke und Tage / Vergil, Vom Landbau / Ovid, Liebeskunst. 5 Bde., 553, 558, 344, 493 und 323 S. München: dtv-Artemis 1990.
169. Drama der Antike: Aischylos, Tragödien – Sophokles, Tragödien – Euripides, Tragödien – Aristophanes, Komödien – Plautus / Terenz, Die römische Komödie. 5 Bde., 326, 409, 623, 698 und 787 S. München: dtv-Artemis 1990.
170. Erzählkunst der Antike: Longos, Daphnis und Chloe / Achilleus Tatios, Leukippe und Kleitophon – Heliodor, Die Abenteuer der schönen Charikleia – Lukian, Der Lügenfreund und andere Erzählungen – Petron, Sa-

tyrikon – Apuleius, Der goldene Esel. 5 Bde., 293, 321, 199, 204 und 270 S. München: dtv-Artemis 1990.

171. Geschichtsschreibung der Antike: Herodot, Historien I und II – Thukydides, Der Peloponnesische Krieg – Plutarch, Von großen Griechen und Römern – Caesar, Der Gallische Krieg – Sallust, Historische Schriften – Livius, Die Anfänge Roms – Tacitus, Annalen. 8 Bde., 466, 382, 730, 647, 279, 249, 526 und 626 S. München: dtv-Artemis 1991.

172. Philosophie der Antike: Die Anfänge der abendländischen Philosophie – Platon, Die großen Dialoge – Platon, Der Staat – Aristoteles, Die Nikomachische Ethik – Epikur, Von der Überwindung der Furcht – Epiktet, Teles, Musonius, Wege zum Glück – Lukrez, Von der Natur – Cicero, Gespräche in Tusculum – Seneca, Von der Ruhe der Seele – Boethius, Trost der Philosophie. 10 Bde., 272, 649, 521, 431, 192, 320, 383, 398, 321 und 238 S. München: dtv-Artemis 1991.

173. Cicero, Die politischen Reden, lateinisch – deutsch. 3 Bde., 738, 724 und 716 S. München: Artemis & Winkler 1993.

IX. Varia

174. Ach, – Die Venus ist perdü. Der Reiz der Wörter – Eine Anthologie zum 150jährigen Bestehen des Reclam-Verlages. Stuttgart: Reclam 1978, S. 67–69.

175. Zum Pachtvertrag Gott/Adam und zur eigenmächtigen Besitzentziehung wegen einer Vertragsverletzung (1. Mose 2, 8–3, 24). Text und Applikation, hrsg. von M. Fuhrmann – H.R. Jauß – W. Pannenberg. Poetik und Hermeneutik, Arbeitsergebnisse einer Forschungsgruppe IX. München: Fink 1981, S. 37–52.

176. Das Kattenhorner Schweigen – Zur Verleihung des Bodensee-Literaturpreises 1985 an Werner Dürrson. Allmende 12 (1986), S. 100–108.

177. Jugendjahre am Bodensee – Laudatio zur Verleihung des Bodensee-Literaturpreises 1987 an Golo Mann. Allmende 18/19 (1987), S.228–237. Zweitveröffentlichung: Salem – Bodensee-Literaturpreis der Stadt Überlingen 1987 an Golo Mann. Salem: Schule Schloß Salem 1987, S. 6–15.

178. Kommentierte Klassiker: Was man von einem guten Kommentar erwarten darf. Klassiker-Magazin 3. Frankfurt/M.: Deutscher Klassiker Verlag o.J. (1988), S. 6–21 .

X. Rezensionen in Fachzeitschriften (Auswahl)

179 A. Reiff, Interpretatio, imitatio, aemulatio: Begriff und Vorstellung

literarischer Abhängigkeit bei den Römern. Gnomon 33 (1961), S. 445–448.
180. L. Lombardi, Dalla «fides» alla «bona fides». Gnomon 35 (1963), S. 680–690.
181. Chr. Gnilka, Studien zur Psychomachie des Prudentius. Gnomon 38 (1966), S. 53–57.
182. A. D. Leeman, Orationis ratio, 2 Bde. Gnomon 38 (1966), S. 354–364.
183. W. Kunkel, Untersuchungen zur Entwicklung des römischen Kriminalverfahrens in vorsullanischer Zeit. Göttingische Gelehrte Anzeigen 219 (1967), S. 81–98.
184. Lexikon der Alten Welt (gemeinsam mit J. Bleicken und K. Parlasca). Gnomon 39 (1967), S. 737–758.
185. Christa Wolf, Kassandra. Arbitrium 1984, S. 209–215.
186. Christoph Ransmayr, Die letzte Welt. Arbitrium 1989, S. 250–254.

Quellenvermerk

Die Titel der einzelnen Aufsätze sind hier im Wortlaut des Erstdrucks aufgeführt.

Streit um den Bart des Telemach. Uraltes Weltmärchen – Uvo Hölschers überzeugendes Plädoyer für die dichterische Einheit der Odyssee
Frankfurter Allgemeine Zeitung, 27. Mai 1989

Bett der Gewalt. Jean Bollacks «König Ödipus»
Frankfurter Allgemeine Zeitung, 4. Oktober 1994

Inszenierung der Antike. Das griechische Drama auf der Bühne der Neuzeit
Rhein-Neckar-Zeitung, 7./8. Dezember 1991

Politik, Schuld und Verhängnis – Christian Meiers Deutung der antiken Tragödien
Süddeutsche Zeitung, 5. Oktober 1988

Ein Mordfall? Luciano Canfora über Thukydides
Frankfurter Allgemeine Zeitung, 2. Oktober 1990

Verkenne dich selbst. Aus englischer Sicht: Oliver Taplin beschreibt das Erbe der Antike ohne humanistisches Pathos
Frankfurter Allgemeine Zeitung, 23. November 1991

Herodot kommt bis Brüssel – Eurogenese
Frankfurter Allgemeine Zeitung, 20. März 1991

Am Anfang war Vergil. Der Mythos Roms und das humanistische Erbe – Gedanken zum zweitausendsten Todestag des Dichters
Frankfurter Allgemeine Zeitung, 19. September 1981

Das Hauptbuch der wahren Mythen. Gerhard Fink hat die «Metamorphosen» Ovids neu übersetzt
Frankfurter Allgemeine Zeitung, 5. Dezember 1989

Streit um Fortunas Schuld. Doch sonst ist Marion Giebel mit Ovid einer Meinung
Frankfurter Allgemeine Zeitung, 5. November 1991

Mit Cicero und Ovid durch das antike Rom. Aktuelle Spiegelungen: Christoff Neumeister legt eine originelle Kulturgeschichte vor
Frankfurter Allgemeine Zeitung, 14. Dezember 1991

Priap und Properz. Eine Sammlung römischer Gedichte
Frankfurter Allgemeine Zeitung, 13. Oktober 1994
Leiden um der Ideale willen. Pierre Grimals neue Cicero-Biographie
Süddeutsche Zeitung, 8. Dezember 1988
Wie überholt ist Cicero? Die Klassiker werden immer wieder vergessen und neu entdeckt
Tagesspiegel, 25. Januar 1992
Was den Stempel Roms trägt. Schematisch, anregend: Michael von Albrechts Literaturgeschichte
Frankfurter Allgemeine Zeitung, 27. Mai 1993
Panorama der Kaiserzeit. Albrechts Dihles antike Literaturgeschichte
Frankfurter Allgemeine Zeitung, 10. April 1990
Wehe Herr, die Türken sind da! Peter Burke verschenkt ein großes Thema: das nachmittelalterliche Latein
Frankfurter Allgemeine Zeitung, 12. September 1989
Europas fremd gewordene Fundamente. Franz Wieacker zieht die Summe fünfzigjähriger Studien zur römischen Rechtsgeschichte
Frankfurter Allgemeine Zeitung, 16. März 1989
Ex oriente ius. Ein ziemlich flüchtiger und allzu knapper Überblick über die antike Rechtsgeschichte
Frankfurter Allgemeine Zeitung, 18. November 1993
Ein aristokratischer Beruf. Römisches Recht nach Bretone
Frankfurter Allgemeine Zeitung, 8. Dezember 1992
Das Himmelsgewölbe aller Rechtssytematik. Eines der zwölf wichtigsten Bücher der Welt: Das Corpus Iuris Civilis und seine «Institutionen»
Frankfurter Allgemeine Zeitung, 4. September 1990
Die Kaisermacht braucht nicht nur Waffen. Das Gesetzgebungswerk des oströmischen Kaisers Justinian
Frankfurter Allgemeine Zeitung, 8. Oktober 1983
Nichts Neues unter der Sonne. Das Verdikt über Wieland und sein Bild der Antike
Frankfurter Allgemeine Zeitung, 3. September 1986
Sprich, Oßmannstedt, sprich. Jan Philipp Reemtsma entdeckt seinen Wieland
Frankfurter Allgemeine Zeitung, 30. April 1994
Sprachgewänder. Schillers Neuschöpfungen der Antike
Frankfurter Allgemeine Zeitung, 5. Februar 1994
Scheffels Erzählwerk: Bildungsbeflissenheit, Deutschtümelei
Allmende 1981, 1, S. 60–69.

Stile des Erbens: Grimmiger Janus-Kopf
Frankfurter Allgemeine Zeitung, 16. April 1994
Das Rinnsal war ein unterirdischer Strom. In der DDR wurden die alten Sprachen unterdrückt, doch die Antike-Forschung hat sich behauptet
Frankfurter Allgemeine Zeitung, 17. Mai 1991
Die Deutschen, die Griechen der Neuzeit. Über die Entstehung eines denkwürdigen Versuchs deutscher Selbstdarstellung
Frankfurter Allgemeine Zeitung, 27. November 1982
Ach, – Die Venus ist perdü ...
Der Reiz der Wörter – Eine Anthologie zum 150jährigen Bestehen des Reclam-Verlages. Stuttgart 1978, S. 67–69
«Das bürgerliche Gymnasium ist tot». Zwei Briefe und einige Überlegungen zur Allgemeinbildung
Frankfurter Allgemeine Zeitung, 29. Oktober 1980
Caesars eiskalte Luft. Latein in Baden-Württemberg: ein großes Ärgernis
Stuttgarter Zeitung, 10. Juni 1983
Marx müsste umschulen. Die alten Sprachen haben es schwer in Ostdeutschland
Frankfurter Allgemeine Zeitung, 26. Februar 1991
Jugendjahre am Bodensee. Zur Verleihung des Bodensee-Literaturpreises 1987 an Golo Mann
Allmende 18/19, 1987, S. 228–237
Franz Wieacker wird achtzig
Frankfurter Allgemeine Zeitung, 4. August 1988
Hinter der Fassade des Römischen Imperiums. In memoriam Sir Ronald Syme
Frankfurter Allgemeine Zeitung, 8. September 1989
Zu Hause in den Kellern des europäischen Hauses. Zum Tode von Bernhard Bischoff
Frankfurter Allgemeine Zeitung, 21. September 1991
Kein Bedarf an Rezepten. Gerechtigkeit von Fall zu Fall: Zum Tode Franz Wieackers
Frankfurter Allgemeine Zeitung, 21. Februar 1994

Bild S. 8: Foto Siegfried Lauterwasser (Überlingen)